ŒUVRES COMPLÈTES D'HECTOR MALOT

UN
MARIAGE
SOUS LE SECOND EMPIRE

PARIS

MARPON-FLAMMARION, ÉDITEUR

26, RUE RACINE, PRÈS L'ODÉON

EN COURS DE PUBLICATION
ŒUVRES COMPLÈTES D'HECTOR MALOT
à 1 fr. 25 le volume

Le Lieutenant Bonnet	1 vol.
Suzanne	1 vol.
Miss Clifton	1 vol.
Clotilde Martory	1 vol.
Pompon	1 vol.
Marichette	1 vol.
Un Curé de Province	1 vol.
Un Miracle	1 vol.
Romain Kalbris	1 vol.
La Fille de la Comédienne	1 vol.
L'Héritage d'Arthur	1 vol.
Le Colonel Chamberlain	1 vol.
La Marquise de Lucillière	1 vol.
Ida et Carmelita	1 vol.
Thérèse	1 vol.
Le Mariage de Juliette	1 vol.
Une Belle-Mère	1 vol.
Séduction	1 vol.
Paulette	1 vol.
Bon Jeune homme	1 vol.
Comte du Pape	1 vol.
Marié par les Prêtres	1 vol.
Cara	1 vol.
Vices Français	1 vol.
Raphaelle	1 vol.
Duchesse d'Arvernes	1 vol.
Corysandre	1 vol.
Anie	1 vol.
Les Millions Honteux	1 vol.
Le docteur Claude	1 vol.
Le Mari de Charlotte	1 vol.
Conscience	1 vol.
Justice	1 vol.
Les Amants	1 vol.
Les Époux	1 vol.
Les Enfants	1 vol.
Les Amours de Jacques	1 vol.

UN MARIAGE

SOUS LE

SECOND EMPIRE

Ouvrages de HECTOR MALOT

COLLECTION GRAND IN-18 JÉSUS

LES VICTIMES D'AMOUR : LES AMANTS, LES ÉPOUX, LES ENFANTS.......... 3 vol.	SANS FAMILLE.......... 2 vol.
LES AMOURS DE JACQUES. 1 —	LE DOCTEUR CLAUDE.... 1 —
ROMAIN KALBRIS....... 1 —	LA BOHÈME TAPAGEUSE.. 3 —
UN BEAU-FRÈRE........ 1 —	UNE FEMME D'ARGENT... 1 —
MADAME OBERNIN....... 1 —	POMPON............... 1 —
UNE BONNE AFFAIRE.... 1 —	SÉDUCTION............ 1 —
UN CURÉ DE PROVINCE... 1 —	LES MILLIONS HONTEUX.. 1 —
UN MIRACLE........... 1 —	LA PETITE SŒUR....... 2 —
SOUVENIRS D'UN BLESSÉ : SUZANNE............ 1 —	PAULETTE............. 1 —
SOUVENIRS D'UN BLESSÉ : MISS CLIFTON........ 1 —	LES BESOIGNEUX....... 2 —
LA BELLE MADAME DONIS. 1 —	MARICHETTE........... 2 —
CLOTILDE MARTORY..... 1 —	MICHELINE............ 1 —
UNE BELLE-MÈRE....... 1 —	LE SANG BLEU......... 1 —
LE MARI DE CHARLOTTE.. 1 —	LE LIEUTENANT BONNET. 1 —
L'HÉRITAGE D'ARTHUR... 1 —	BACCARA.............. 1 —
L'AUBERGE DU MONDE : LE COLONEL CHAMBERLAIN, LA MARQUISE DE LUCIL- LIÈRE.............. 2 —	ZYTE................. 1 —
	VICES FRANÇAIS....... 1 —
	GHISLAINE............ 1 —
	CONSCIENCE........... 1 —
	JUSTICE.............. 1 —
L'AUBERGE DU MONDE : IDA ET CARMELITA, THÉRÈSE 2 —	MARIAGE RICHE........ 1 —
	MONDAINE............. 1 —
MADAME PRÉTAVOINE.... 2 —	MÈRE................. 1 —
CARA................. 1 —	ANIE................. 1 —
	COMPLICES............ 1 —
	EN FAMILLE........... 2 —

Mme HECTOR MALOT

FOLIE D'AMOUR......... 1 vol.	LE PRINCE............ 1 vol.

ÉMILE COLIN — IMPRIMERIE DE LAGNY

UN MARIAGE

sous le

SECOND EMPIRE

par

HECTOR MALOT

PARIS
ERNEST FLAMMARION, ÉDITEUR
26, RUE RACINE, PRÈS L'ODÉON

Tous droits réservés.

UN MARIAGE

sous le

SECOND EMPIRE

I

Pendant les belles années de l'empire, il s'était établi à Paris une société de jeunes gens qui, sous le nom de la « Sainte-Barbe, » a eu un moment de célébrité dans le monde des cercles et du sport.

Malgré ce titre, qui semblait la placer sous la protection de la patronne des artilleurs, cette association n'était point guerrière. Pacifique au contraire et commerciale, elle avait pour unique objet de chercher les ressources nécessaires à son existence dans le jeu et dans les spéculations sur les courses de chevaux.

Ce nom de « Sainte-Barbe » était ce que la rhétorique appelle « un trope; » il signifiait que cette association, exposée au hasard et au danger, pouvait sauter d'un moment à l'autre, comme la soute aux poudres d'un navire de guerre. Une nuit de déveine, un cheval boiteux dans une grande course, et la « Sainte-Barbe » disparaissait après avoir fait explosion.

Grâce à l'habileté de son équipage, elle sut naviguer heureusement sur la mer parisienne, si fertile en désastres, et pendant plusieurs saisons on vit flotter son pavillon toujours triomphant. Plus d'une fois, il est vrai, elle subit de terribles bourrasques et menaça de sombrer; plus d'une fois elle eut à supporter de rudes assauts qui la mirent à deux doigts de sa perte; mais en fin de compte elle n'éprouva jamais de défaites décisives, et, pendant le cours de ses laborieuses campagnes, elle fit quelques riches prises qui illustrèrent son nom. Ainsi ce fut elle qui eut l'honneur de battre le prince Lemonosoff, le redoutable adversaire des banques d'Allemagne, et ce fut elle encore qui, après une lutte de plusieurs mois, obligea Naïma-Effendi à retourner en Turquie faire de la politique pour se relever de sa ruine au jeu (*Un beau-père*).

Mais ce fut là son dernier succès. Au moment même où elle atteignait son apogée, elle se disloqua. Tout à coup le bruit se répandit que les trois associés qui avaient fondé la « Sainte-Barbe » se séparaient.

Ce n'est pas seulement dans le monde des portiers que l'on connaît les cancans; le *high-life* aussi a ses commérages. Lorsqu'on commença à parler de la disparition de la « Sainte-Barbe, » ce fut un concert de questions, d'indiscrétions, d'insinuations.

— Cela devait arriver. Est-ce que des associations de ce genre peuvent durer? Alors que deviendrait le monde?

— Il paraît qu'ils ne pouvaient plus marcher?

— Au contraire, ils ont gagné cet hiver de très-grosses sommes, et ils n'ont presque jamais perdu.

— Comment cela?

— Tout le monde vous le dira.

— Est-ce vrai que c'est d'Ypréau et Plouha qui veulent se retirer?

— Parbleu! ce n'est assurément pas Sainte-Austreberthe qui aurait cette idée; la « Sainte-Barbe » lui est trop utile. Sans elle, que deviendrait-il?

— Son père le caserait quelque part.

— Où cela? il n'est pas commode à caser. Devant une table de jeu, il tient sa place mieux que personne, je vous l'accorde; dans une course pour gentlemen, il a son mérite, cela est certain. Mais après? Cela n'est pas suffisant pour le bombarder dans une grande position. Comment diable en faire un préfet, un diplomate, un receveur-général? Malgré la puissance et la faveur dont jouit son père, la tâche serait trop lourde; le général n'y réussirait pas. D'ailleurs il n'est pas homme à l'entreprendre. Même pour son fils, on ne le verra jamais s'engager dans des démarches qui ne devraient rien lui rapporter personnellement et immédiatement. Sa force est de n'avoir jamais demandé que pour lui seul, et Dieu sait ce qu'il a demandé et obtenu.

— Pourquoi donc d'Ypréau et Plouha veulent-ils se retirer de la « Sainte-Barbe ? »

— Vous savez que d'Ypréau est la loyauté en personne?

— Et Plouha aussi, il me semble.

— Sans doute.

— Eh bien! alors?

— Alors ils se retirent.

D'autres, moins réservés dans leurs propos, ne se gênaient point pour appuyer sur les causes, qui avaient amené la division entre les trois associés.

— Sainte-Austreberthe a une manière de comprendre le jeu que n'admettent pas d'Ypréau et Plouha.

— Est-ce que?...

— Je ne dis pas cela; mais enfin il est certain que depuis assez longtemps déjà, il y a des dissentiments entre eux, non-seulement à propos du jeu, mais encore à propos des courses, à propos de tout. Vous connaissez l'incident de *Nabucho*. Ils avaient deux chevaux dans la course : *Nabucho* et *Arquebuse*, et c'était avec *Nabucho* que l'écurie voulait gagner; au moins elle le disait. On a promené ostensiblement *Nabucho* devant tout le monde, et on a pesé son jockey; celui-ci s'est mis en selle, et, au moment où le cheval allait entrer sur la piste, on l'a fait revenir, il n'est pas parti : c'est *Arquebuse* qui a gagné comme elle a voulu. Sainte-Austreberthe était seul à Paris, et les ordres ont été donnés par lui : le *ring* a été *rincé*.

— C'est une volerie?

— Pas précisément, puisqu'à la rigueur cela est légal. En tous cas, l'affaire a fait un bruit de tous les diables, les journaux en ont parlé, et l'on va introduire un nouvel article dans le règlement pour empêcher des coups de ce genre. Quoi qu'il en soit, d'Ypréau n'a pas voulu profiter de celui-là, et, à son retour, il a déclaré renoncer à ses paris. Naturellement Plouha s'est rangé du côté de d'Ypréau, et cette dernière difficulté, s'ajoutant à toutes celles qui, petit à petit, s'étaient amassées, a mis le feu aux poudres : la Sainte-Barbe a sauté.

— Les morceaux en sont bons encore.

— Peut-être, mais ni d'Ypréau ni Plouha ne voudront les ramasser.

— Sainte-Austreberthe sera moins difficile, et il est à croire que nous allons le voir continuer seul ce qui lui a si bien réussi lorsqu'ils étaient trois.

— C'est possible, mais je parie dix contre un, cinq cents louis contre cinquante, qu'il s'enfoncera avant deux ans. Voyez-vous, on a beau faire, on a beau dire, il n'y a encore rien de tel que l'honneur pour réussir. La part de d'Ypréau et de Plouha ôtée, la « Sainte-Barbe » ne sera pas assez riche.

— Et la part de Sainte-Austreberthe?

— Sainte-Austreberthe représentait l'habileté dans l'association, et l'on se défie des gens habiles.

Vous me direz que ceux qui allaient à la Sainte-Barbe savaient bien qu'ils n'y rencontreraient pas seulement d'Ypréau et Plouha. Cela est parfaitement vrai; mais d'Ypréau et Plouha étaient une garantie, une sorte de couverture; l'équipage faisait passer le capitaine. Maintenant le capitaine va rester seul. Je ne prétends pas que pour cela la Sainte-Barbe va être abandonnée par tout le monde. Elle trouvera toujours des joueurs qui préfèrent une maison particulière, où l'on peut jouer sans craindre les curieux et les indiscrets, aux cercles où tout se sait, et où l'on est exposé à voir son nom affiché au tableau, si l'on ne paye pas dans les vingt-quatre heures. Mais ce sera une clientèle spéciale : ce ne sera plus vous, ce ne sera plus moi. Puis, petit à petit, cette clientèle diminuera, fatiguée de perdre toujours, car avec Sainte-Austreberthe on finit toujours par perdre; les joueurs qui ont l'habitude de payer se retireront, et il ne restera plus que ceux qui ne payent que quelquefois et les étrangers. A Paris, les étrangers se forment vite, ils trouvent des amis complaisants pour leur ouvrir les yeux et les oreilles; les étrangers bientôt se tiendront aussi à l'abri. Pour toutes ces raisons, je persiste dans mon pari, vous va-t-il ?

Cette séparation des trois amis s'accomplit comme

on l'avait prévu, et d'Ypréau et Plouha quittèrent Paris : l'un pour s'exiler dans l'Amérique du Sud, où il fut heureux d'accepter une de ces places de consul qu'on réserve pour les fils de famille bien apparentés ; l'autre pour aller s'enterrer dans sa province, au fond de la Bretagne, où il vécut tristement, n'ayant d'autres plaisirs que de parler du passé et de dire avec orgueil : j'ai été ; si j'avais voulu, je serais encore.

Mais cette séparation, qui se fit discrètement, sans les querelles et les plaintes qu'espéraient les curieux, n'amena point la disparition de la Sainte-Barbe ; Sainte-Austreberthe garda le petit hôtel des Champs-Élysées où elle avait été fondée, racheta les chevaux de course qui avaient appartenu à la société, et les choses continuèrent comme elles avaient longtemps marché : un maître de maison au lieu de trois, voilà tout. Il y eut même cela de remarquable, que ce maître fit plus de bruit à lui seul que n'en avaient fait les trois associés réunis.

On donna, à la Sainte-Barbe, des fêtes que tous les journaux à informations célébrèrent ; on y joua une opérette grivoise, dans laquelle une grande dame à la mode fut fière de tenir un rôle travesti, avec deux cocottes fameuses pour partenaires ; on y exhiba un médium, qui fit des prédictions étour dissantes en politique et des révélations prodigieuses en histoire ; Thérésa y chanta son répertoire le plus salé devant un public « d'honnêtes femmes, » et les héritières de mademoiselle Rigolboche y dansèrent quelques pas originaux devant le même public. Jamais impresario qui veut réussir coûte que coûte ne déploya plus d'activité. On ne parlait que de la Sainte-Barbe, et il y avait d'honnêtes gens, à deux cents lieues de Paris, qui ouvraient leur journal pour voir ce qu'on en disait ; dans leurs villages, il y avait de petits jeunes gens, dévorés d'impatience en attendant le moment où ils pourraient contempler ces splendeurs, qui toutes les nuits rêvaient du vicomte de Sainte-Austreberthe.

Mais à l'étranger c'était mieux encore, et dans ce monde cosmopolite qui vit, les yeux fixés sur Paris, la Sainte-Barbe était un sujet de curiosité et d'attraction. Seulement comme les échos de la vie parisienne n'arrivent au loin que par bribes et au hasard, à peu près comme les notes éclatantes des cornets à piston qui s'échappent d'un orchestre, on se faisait de la Sainte-Barbe et de son propriétaire les idées les plus étranges. A Madrid, dans une soirée de jeunes gens, on alluma les cigares avec des billets de banque roulés en allumettes, et la raison qui détermina cette coûteuse niaiserie fut qu'on en avait fait autant à la Sainte-Barbe. A Saint-Pétersbourg, à Vienne, Sainte-Austreberthe avait des élèves qui ne juraient que par lui ; à New-York on parlait des allures de son trotteur ; à Londres, des vêtements de son tailleur. Il était si bien à la mode qu'il devenait un appoint qu'on devait porter au compte de notre gloire nationale, entre Gladiateur et les opérettes d'Hervé.

Cependant, au milieu de ces succès plus bruyants que réels, des indices certains d'embarras et de gêne se manifestèrent pour les curieux et les envieux ; puis peu à peu ces indices s'accentuèrent, se précisèrent, même pour les moins clairvoyants. Les soirées de jeu, à la Sainte-Barbe, étaient presque entièrement désertées, et au *ring* on ne voulait plus parier ni pour ni contre les chevaux qui portaient les couleurs de Sainte-Austreberthe.

Enfin, en moins de dix-huit mois, les choses en arrivèrent au point qu'il devint évident que la Sainte-Barbe n'avait plus devant elle que quelques jours de grâce : les créanciers exaspérés s'étaient fait remplacer par les huissiers, les protêts pleuvaient, les saisies menaçaient, la Sainte-Barbe allait sauter.

— Il était temps que ça finît.

— Ça devenait *infect*.

— C'est maintenant que ça va être drôle.

— L'amusant sera de voir comment Sainte-Austreberthe en sortira.

II

Le jour où commence ce récit, le vicomte Agénor de Sainte-Austreberthe était rentré de son club à cinq heures du matin, et, avant de se coucher, il avait recommandé à son valet de chambre de ne le réveiller sous aucun prétexte.

A sa voix en donnant cet ordre, à son geste saccadé et tremblant, surtout à la façon dont il avait froissé et jeté au loin les cinq ou six feuilles de papier timbré qu'on lui présentait sur un plateau d'argent, il était visible qu'il se trouvait dans un accès de mécontentement ou de colère.

Tout en allant et venant par la chambre, le valet regarda du coin de l'œil son maître vider ses poches, et, voyant qu'il en jetait négligemmem le contenu sur la cheminée, au lieu de le mettre sous clé comme à l'ordinaire :

— Bon! se dit-il, M. le vicomte a perdu ou n'a pas pu jouer; ça va mal.

Et il sortit discrètement en glissant sur le tapis.

Mais, malgré l'ordre qui lui avait été si nettement donné, il n'attendit pas que son maître le sonnât pour rentrer dans la chambre, et, avant neuf heures du matin, il vint tirer bruyamment les rideaux et ouvrir à deux battants les volets matelassés qui fermaient les fenêtres. Un flot de lumière et un souffle d'air chaud emplirent l'appartement; mais ni le bruit, ni le soleil, ne troublèrent le sommeil du dormeur.

Ceux qui la veille, au théâtre des Bouffes, avaient vu le vicomte de Sainte-Austreberthe, appuyé contre le montant de sa loge, la poitrine bombée, la chevelure frisée, le regard brillant, les lèvres souriantes, représentant admirablement la fleur des pois du *gandinisme*, ne l'auraient assurément pas reconnu dans l'homme qui dormait là, sur ce lit, d'un sommeil de plomb, la face bouffie, les paupières rouges, les traits contractés, les lèvres exsangues, montrant sur son visage jaune les stigmates de la fatigue, et dans son attitude les marques d'un profond affaissement.

— Monsieur le vicomte, appela le valet de chambre, monsieur le vicomte!

Mais le vicomte ne bougea point. Un second appel ne produisit pas plus d'effet que le premier. Alors le valet le prit par le bras et le secoua, doucement d'abord, plus fort ensuite; pour tout mouvement, le vicomte se retourna du côté de la ruelle sans se réveiller.

Le valet de chambre leva les bras au ciel dans un mouvement désespéré; puis tout à coup, comme s'il était frappé d'une inspiration, il pencha sur son maître, et d'une voix forte :

— C'est M. Brazier qui est là, dit-il.

Ce nom fut plus puissant que ne l'avaient été le bruit et le soleil; le vicomte se dressa vivement.

— Brazier, dit-il, quoi ?

— Il est là, il demande à voir monsieur le vicomte.

— Bien.

En un tour de main, il fut habillé. Mais il était chancelant; son esprit s'était subitement réveillé par un effort de volonté, son corps dormait toujours. Avant de passer dans le parloir où on l'attendait, il entra dans un cabinet de toilette et se plongea la tête, à plusieurs reprises, dans une cuvette pleine d'eau.

— Je vous ai réveillé? dit le visiteur, sans autrement s'excuser.

— Je ne vous attendais que dans l'après-midi, notre rendez-vous était pour trois heures.

— Oui; mais, passant par ici, je suis entré : ça ne me dérange pas.

— Quel résultat m'apportez-vous ?

— Aucun. Ronsin ne veut rien entendre. Il dit que vous l'avez lanterné et joué de toutes les manières; ses clients l'accusent de s'être fait rouler par vous. Son amour-propre d'huissier est maintenant engagé à vous mener rondement, en vous montrant ce dont il est capable. Or, tout le monde sait qu'il est le plus fort des huissiers de Paris et qu'il sait faire payer ceux-là mêmes qui n'ont jamais payé personne. Défiez-vous de lui. Quant à Carbans, il m'a été impossible de lui faire accepter une seule des valeurs que vous voulez négocier; à aucun prix il ne veut les prendre. Je crois que désormais, quand vous voudrez avoir la certitude d'escompter vos billets, vous ferez bien de les signer d'un nom autre que le vôtre.

M. Brazier, Tom Brazier, comme on l'appelait généralement, Anglais de naissance, établi à Paris depuis quarante ans, rue de la Paix, où il tenait un magasin de brosses, de cosmétiques, de coutellerie, auquel il avait joint un cabinet d'affaires, un bureau de location d'appartements meublés et une agence de courses, était un patriarche à cheveux blancs qui, malgré la gravité de sa prestance et la loyauté de ses principes, pratiquait la plaisanterie ; sa coutume était de toujours réconforter ses clients malheureux par un petit mot pour rire. En voyant que Sainte-Austreberthe ne riait pas de cette consolation, il parut désolé.

— Ne m'accusez pas, dit-il, de n'avoir pas mis dans cette négociation tout le soin dont je suis capable ; j'ai fait le possible, et c'était l'impossible qu'il fallait. J'ai bien des fois, il est vrai, arrangé des affaires presque aussi mauvaises que les vôtres, mais alors j'offrais quelque chose, et maintenant ce n'est pas notre cas : au lieu d'offrir, nous demandons...

— Du temps.

— Sans doute, mais à quoi le temps peut-il vous servir? Dans six mois, dans un an, serez-vous en meilleure situation qu'aujourd'hui? Non ; vous aurez un an de plus de dépenses à ajouter à votre passif, voilà tout. Bien entendu, ce n'est pas moi qui parle ainsi : ce sont les créanciers, les huissiers, les escompteurs. On accorde du temps à ceux qui ont un patrimoine, m'ont-ils répondu ; ou une position, ou un avenir assuré, et ce n'est pas le cas de M. le vicomte de Sainte-Austreberthe. De patrimoine, il n'en a jamais eu, et si depuis douze ou quinze ans il a pu dépenser cent cinquante mille francs par an, c'est un tour de force qui l'a éreinté, — ce sont eux qui parlent; — la Sainte-Barbe a été sa dernière invention, et elle est usée. De position, il n'en a pas d'autre que celle de gentleman à la mode, et ça coûte plus que ça ne rapporte; d'avenir, on ne lui en voit pas, son passé lui rendant tout impossible.

— J'ai mon père.

— C'est précisément ce que j'ai dit : « Et le général de Sainte-Austreberthe, le comptez-vous donc pour rien? n'a-t-il pas une position, n'est-il pas tout-puissant, ne peut-il pas obtenir pour son fils ce qu'il voudra? » Savez-vous ce qu'ils m'ont répliqué? Que le fils n'était pas le père, et que d'ailleurs le général, si grandes que fussent son influence et son importance (que tout le monde connaît), avait assez de débrouiller ses propres affaires, sans se charger encore de celles de son fils, qui étaient désespérées.

— Je ne les vois pas si désespérées que vous dites.

— Tant mieux, monsieur le vicomte; au moins il vous reste l'espérance, et c'est toujours quelque chose.

— Il me reste aussi mon écurie de courses, le mobilier de cet hôtel, ces tableaux.

— Je sais, je sais ; seulement il ne faut rien exagérer et ne pas faire comme ces commerçants qui, à la veille de déposer leur bilan, grossissent leur actif. Ce mobilier, je le reconnais, a dû coûter cher ; mais par malheur il n'a rien d'original, d'artistique, d'unique, si vous aimez mieux, tout cela, tapis, tentures, meubles, bronzes, est de fabrication courante. Quant à vos tableaux, je ne voudrais pas vous blesser ; cependant il faut bien dire qu'ils sont loin d'avoir la valeur que vous leur attribuez.

— Cette valeur est reconnue.

— Par des gens qui ne se connaissent pas en peinture ou par des complaisants qui ont voulu vous plaire. Parce que les journaux ont parlé de votre galerie, il ne faut pas croire que vous en avez une.

— Enfin j'ai des tableaux ; les voici, ils sont là, visibles.

— Des toiles peintes, oui ; des tableaux, non. Ce n'est, parbleu ! pas votre faute ; vous n'êtes pas artiste, vous vous en êtes rapporté à ceux en qui vous aviez confiance. Mais aussi pourquoi n'avoir pas acheté des tableaux modernes ? Vous auriez traité avec les artistes eux-mêmes et vous en auriez eu pour votre argent. Vous avez voulu des tableaux anciens, et naturellement on vous a trompé : votre Terburg vaut 300 fr.; votre Cuyp 100 fr.; votre Berghem est faux, faux aussi est votre Velasquez. C'est là un accident qui ne vous est pas particulier, et, dans quelques années, quand on vendra les galeries formées en ces derniers temps, on verra une jolie dégringolade.

— Et mes chevaux ?

— Oh! pour cela, vous vous y connaissez, et si j'ai l'avantage sur vous d'avoir brocanté des tableaux, vous avez brocanté assez de chevaux de courses pour en remontrer au plus fin ; seulement vous savez aussi que j'ai une certaine expérience des choses du turf. Eh bien! vos chevaux sont dans un état à n'en tirer rien de bon : ceux de trois ans sont *sucés* et ceux de deux ans ont été entraînés trop tôt, sans qu'on choisît ceux qui pouvaient l'être immédiatement et ceux qui devaient attendre; quant à ceux de quatre ans, il n'en faut pas parler, il n'y en a pas un sur ses jambes. Vous avez suivi pour vos chevaux votre système général : coûte que coûte, faire un beau coup, et vous avez mangé votre bien en herbe. Si vous aviez réussi, c'était parfait, vous pouviez vous rattraper ; le malheur est que vous n'avez pas réussi. Aussi, je vous le dis en toute loyauté, il faut prendre un parti, monsieur le vicomte.

— Et lequel?

— Faire le plongeon, disparaître du monde parisien pendant quelques années. Il faut voir les choses telles qu'elles sont. Pour le moment, vous êtes fini, et tout ce que vous ferez pour vous cramponner au-dessus de l'eau vous sera imputé à crime. J'avais conscience de cet état avant de m'occuper de vos affaires. Maintenant, que j'ai vu de près vos ennemis et vos amis, je vous répète mon conseil : disparaissez.

— Les conseils sont souvent plus faciles à donner qu'à suivre.

— C'est vrai, mais je ne vois pas en quoi celui que je vous indique est difficile. Je vous fais vendre à un bon prix votre écurie et ce mobilier.

— Vous avez donc un acheteur?

— J'en trouverai : avec le prix que j'en retire, j'offre quelque chose à vos créanciers, je les fatigue, et dans deux ans, trois ans, quand vous revenez, je vous offre une jolie collection de quittances obtenues avec 75 ou 80 pour 100 de rabais. Aujourd'hui tout le monde est contre vous ; à ce moment, tout le monde sera pour vous : une absence intelligente aura fait ce miracle. Voilà mon conseil.

— J'y réfléchirai.

— Vous ferez sagement d'y réfléchir le plus vite possible : vous êtes plus menacé que vous ne croyez, et il suffit d'un acte d'huissier pour rendre impossible la vente que je vous propose. Alors vous n'auriez plus qu'à disparaître pour de bon, sans espoir de retour. Je serai ce soir au *Betting*, vous me direz ce que vous aurez décidé.

Il se dirigea vers la porte ; puis, revenant sur ses pas, il se plaça devant Sainte-Austreberthe, et, avec la gravité d'un clown anglais, il simula le mouvement d'un homme qui s'enfonce dans une trappe.

— Tout est là, dit-il ; pour vous, c'est le salut.

III

Nous ne sommes plus au temps où les gentilshommes étaient pour les gens d'affaires une proie facile, sur laquelle on peut s'attacher et vivre grassement ; aujourd'hui les termes sont renversés ; ce sont bien souvent les gens d'affaires qui sont la proie des gentilshommes.

Sainte-Austreberthe était un gentilhomme d'aujourd'hui, et il n'avait écouté si tranquillement Tom Brazier que pour le voir venir ; il n'était pas assez naïf pour se laisser prendre aux paroles de ce vénérable patriarche.

— Veut-il se charger de ma liquidation pour y pêcher en eau trouble, s'était-il demandé, ou bien veut-il payer un de mes créanciers, son client, au détriment des autres ?

Les deux suppositions étaient également probables avec un homme tel que Brazier, et ç'avait été seulement lorsque celui-ci avait parlé de la vente de l'écurie que Sainte-Austreberthe avait deviné son but.

— Il veut mes poulains de deux ans ; c'est pour cela qu'il tâche de m'effrayer et qu'il me conseille de disparaître. Au lieu d'arranger mes affaires, il aura exaspéré mes créanciers ; il lui faut ma ruine pour pouvoir acheter mon écurie.

Ce que Brazier avait dit de cette écurie était vrai, au moins pour la grande partie des chevaux qui la composaient. Ceux de quatre ans et de trois ans étaient *sucés*, selon son argot sportique, c'est-à-dire qu'un entraînement sans repos et des courses répétées sur tous les hippodromes de France, où on les avait fait travailler comme des chevaux de cirque, les avaient exténués ; ils étaient à bout de force ; on leur avait fait donner tout ce qu'il était possible d'en tirer. Mais ceux de deux ans n'avaient point été tous entraînés, comme il l'avait prétendu ; parmi ceux-là s'en trouvaient qui n'avaient point été encore essayés, et c'était peut-être l'un de ces inconnus qui devait gagner le futur Derby. Brazier avait-il à ce sujet des indices ou des renseignements que lui-même n'avait pas ?

Dans ce monde du sport, où, pour beaucoup de gens, habileté et volerie sont synonymes, tout est possible. Il se pouvait très-bien que son entraîneur, le trahissant, l'eût trompé sur la valeur d'un de ces jeunes poulains. Il se pouvait aussi qu'un de ses concurrents connût cette valeur et voulût le cheval : de là l'intervention et le plan de Brazier.

Il se pouvait... Mille hypothèses se présentaient. Mais celle à laquelle il s'était arrêté était qu'il avait entre les mains une chance sérieuse pour gagner le derby, et, le derby gagné, c'étaient en manœuvrant bien cinq, six, huit cent mille francs, c'est-à-dire de quoi réparer largement le présent et préparer l'avenir. Pour cela il fallait donc ne pas vendre ses chevaux, il fallait au contraire garder ce billet de loterie et ne pas l'abandonner juste au moment où son numéro allait sortir. Il fallait attendre.

Seulement c'était là précisément que se trouvait la difficulté. Comment attendre alors que les embarras, qui le pressaient de tous côtés depuis plusieurs mois, l'avaient enserré de telle sorte, qu'ils l'étouffaient. C'était pour se dégager qu'il avait appelé Brazier à son secours, et celui-ci, au lieu de lui venir en aide, allait lui porter de nouveaux coups. Que faire pour les parer? Il avait tout essayé, tout usé. Il était à bout d'expédients, et, ce qui était plus grave, à bout de forces.

Il en était là, cherchant dans son esprit et n'arrivant qu'à se donner le sentiment désespérant de son impuissance, quand son valet de chambre entra pour lui annoncer que le docteur Horton demandait à le voir.

Pour peu qu'on ait approché le monde cosmopolite qui composait alors le *high-life* parisien, on a connu le docteur Horton, ce médecin anglais qui a eu l'idée originale d'importer chez nous la médecine à l'alcool, et de s'en faire, avec une riche clientèle, 100,000 francs de rente. Sainte-Austreberthe était trop à la mode dans ce monde, et trop en vue, pour que le docteur Horton n'ait pas tenu à l'avoir pour malade et pour ami.

— Eh bien, dit-il en entrant, vous avez donc pris la peine de venir hier chez moi?

— Oui, et je ne vous ai point trouvé.

— De quoi s'agit-il?

— De rien de grave; je voulais vous dire que ce malaise général dont je vous ai parlé ne se passe pas.

— Vous avez fait ce que je vous avais conseillé?

— Oui.

— Tout?

— C'est-à-dire...

— C'est-à-dire que vous avez pris les drogues de votre ordonnance, n'est-ce pas? Et vous vous en êtes tenu à cela, sans vous soucier du reste.

— A peu près.

— Je sais. Notre estomac, nous le donnons assez volontiers à notre médecin ; mais notre vie, nos goûts, nos occupations ou nos plaisirs, non. La science ordonne d'avaler les remèdes les plus amers ou les plus nauséeux, nous avalons ; elle conseille de changer quelque chose à nos habitudes, nous refusons : « Me lever de bonne heure, c'est impossible, docteur. — Ne pas manger de farineux, j'aime mieux mourir. »

— Dois-je mourir pour ne pas vous avoir obéi ? dit Sainte-Austreberthe en riant.

— Peut-être, répliqua le docteur Horton de sa voix la plus sérieuse et de son geste le plus solennel. Je vous ai conseillé, n'est-ce pas, de vous coucher tôt, de quitter mademoiselle Balbine, de ne plus monter vos chevaux en courses et de faire de l'exercice à pied ?

— C'est cela même.

— A quelle heure vous êtes-vous couché ce matin ?

— A cinq heures.

— Et hier ?

— A sept heures.

— Et avant-hier et les jours précédents, ç'a été

la même chose. Quand avez-vous vu mademoiselle Balbine?

— Hier.

— Et avant-hier et les jours précédents. Pour les courses, je n'ai pas à vous interroger; je vous ai vu dimanche. Il est certain que, pour ne peser que 65 kilogrammes, vous avez dû vous faire maigrir et vous vous êtes fait suer sous le suaire

— C'est vrai.

— Je n'ai pas besoin que vous me le disiez, je l'ai vu; vous avez admirablement monté, aussi bien que le meilleur jockey; mais vous avez manqué de bras, vous ne pouviez pas tenir votre cheval, et vous avez dû le laisser aller : aussi n'avez-vous pas gagné. Quoi d'étonnant à cela? Quand vous vous enveloppez dans un suaire de caoutchouc, et que vous placez deux lampes sous ce suaire, il est naturel que, par la transpiration que provoque la chaleur, vous perdiez votre chair et votre graisse; mais il est naturel aussi que vous perdiez vos forces par cette suée artificielle. Se faire maigrir comme les jockeys, au moyen de l'abstinence, de la marche et de la transpiration, n'a rien de mauvais : se faire maigrir sous le suaire, quand on n'a pas le courage de s'imposer un régime sévère, est désastreux, surtout lorsque cela se répète souvent et dure depuis longtemps, ce qui est votre cas. Alors on vient chez son médecin et l'on se plaint que les malaises pour lesquels on l'a déjà consulté ne se passent pas. C'est cela, n'est-il pas vrai? Eh bien! causons sérieusement.

— Vous m'effrayez presque.

— Je ne veux pas vous effrayer; mais je dois vous éclairer et, — puisque vous n'avez pas fait attention à ce que je vous ai déjà dit, — y revenir en appuyant. Il faut absolument changer le genre de vie que vous menez depuis dix ou douze ans; vous entendez, il le faut. Toutes les drogues, tous les remèdes que je vous ordonnerai ne feront rien, si vous ne commencez pas par vivre de la vie simple du vulgaire. Ce n'est pas un excès qui nous tue, c'est la continuité de l'excès, et cette continuité a été votre règle; aujourd'hui vous êtes arrivé au bout du rouleau. Déjà le fil qui attache votre existence est tendu autant que possible : un pas de plus, il casse. Tenez, donnez-moi votre main et comparez vos ongles aux miens; les vôtres sont mous, flexibles, transparents, ils ont l'épaisseur d'une pellicule; tandis que les miens sont formés d'une lame dure et cornée. D'où vient cette différence?

— Peut-être de ce que nous ne sommes pas de la même race.

— J'entends : le sang des Horton est un sang plébéien ; celui des Sainte-Austreberthe, un sang noble. Eh bien ! non. Regardez-vous dans la glace et voyez vos cheveux ; ils sont fins, maigres, desséchés, et il ne faut pas tirer fort dessus pour les arracher. Amincissement de l'ongle, dessèchement du cheveu, ont une même cause, qui est une grande faiblesse chez vous, un appauvrissement général. J'ai pris ces deux exemples parce qu'ils tombent sous les yeux ; je pourrais vous en montrer bien d'autres si je voulais entrer dans une dissertation médicale, mais je ne la crois pas nécessaire.

— Vous savez que j'ai pleine confiance en vous.

— D'ailleurs ce que je vous dis là n'est pas nouveau pour vous, car si vous n'avez pas fait d'études médicales, vous connaissez à fond la science de l'entraînement et vous pouvez y trouver des règles qui vous sont applicables, sauf le respect qui vous est dû, comme disent les paysans. Vous savez qu'il est pour ainsi dire impossible de maintenir en bonne condition d'entraînement un cheval qui a reçu une préparation complète et a été *confirmé*, comme on dit dans la langue du sport. Eh bien ! vous êtes ce cheval. Votre préparation a été plus que complète et elle a été confirmée plus de mille fois pendant dix ans ; aujourd'hui, si vous êtes encore sur vos jambes, c'est un miracle, après le travail que vous avez fait. Là encore, la ressemblance entre votre existence et celle du cheval de course est frappante. Le vulgaire qui vous voit de loin, l'un et l'autre, brillants et superbes, peut croire que vous n'avez rien à faire qu'à briller, mais celui qui connaît les choses sait que le cheval de course dépense plus de force dans trois ou quatre minutes de lutte que le cheval de fiacre dans un mois de travail ; de même, de minuit à six ou huit heures du matin, autour d'une table de jeu, dévoré par la fièvre, crispé jusque dans les entrailles par l'angoisse du désir, concentrant toute votre énergie pour rester maître de vous, vous fatiguez plus qu'un ouvrier dans toute sa semaine.

— C'est bien vrai.

— Et ce qui est vrai aussi, c'est qu'on ne demande au cheval cet excès de force qu'une fois par semaine pendant quelques mois, tandis que vous le demandez à votre nature tous les soirs pendant plusieurs années, sans vous priver d'une quantité d'autres excès dont les chevaux, heureusement pour eux, sont préservés. Aussi n'est-il pas étrange qu'après avoir mené cette vie à outrance, on soit dans l'état où vous êtes, c'est-à-dire épuisé. Voilà pourquoi je vous ordonne de vous mettre au vert et au repos; pour vous, c'est une question de vie ou de mort. Voyez le duc de Seran, qu'une phthisie galopante a enlevé en quelques semaines; voyez Cugny, voyez Bittlestone : ils étaient dans le même état que vous. Je ne veux point que leur fin soit la vôtre, d'abord parce que vous êtes mon ami, et aussi parce que vous êtes mon malade : je serais déshonoré.

Qu'un indifférent nous rencontre et nous dise en l'air : « Tiens, comme vous êtes changé, » c'en est souvent assez pour nous inquiéter. Mais quand c'est un médecin qui parle et qu'on a confiance en lui, ses paroles donnent à réfléchir.

Le docteur Horton parti, les réflexions de Sainte-Austreberthe furent sérieuses, et, pendant un grand quart d'heure, il resta la tête appuyée dans ses deux mains. Puis tout à coup il se leva et alla se poser devant la glace; puis, après s'être longuement regardé :

— Allons, dit-il à mi-voix, il faut se marier.

Il sonna. Le valet de chambre entra.

— Commandez qu'on attèle le coupé et venez me coiffer.

IV

Quand il descendit, son coupé l'attendait devant le perron.

— Chez mon père, dit-il au cocher, qui se tenait sur son siége dans une attitude correcte, le fouet et les guides en main.

Mais celui-ci, au lieu de toucher le cheval, se pencha vers la glace que Sainte-Austreberthe venait d'abaisser.

— Vous êtes donc sourd! Je vous ai dit chez mon père.

— J'ai bien entendu, mais je ne sais pas le numéro de monsieur le comte.

— Vous ne m'avez jamais conduit chez mon père?

— Jamais.

— Depuis combien de temps êtes-vous chez moi?

— Depuis trois mois.

— Ah !... Enfin c'est bien : rue de Rivoli, n° 188. Allez.

Le général était encore au lit, et comme les rapports entre un père et un fils qui ne se sont pas vus depuis trois mois n'autorisent pas la familiarité, Sainte-Austreberthe entra au salon, après avoir fait prévenir son père qu'il attendait son lever.

Dans ce salon, qui ouvrait ses hautes fenêtres sur les Tuileries, se trouvait déjà un visiteur, attendant, lui aussi, le moment d'être reçu par le général. Sur un fauteuil, devant lui, était posé un vieux coffret recouvert en peau et fermé de fermoirs en cuivre brillant.

En voyant entrer Sainte-Austreberthe, le visiteur se leva vivement et vint au-devant.

— Ah ! monsieur le vicomte, dit-il d'un ton respectueux, c'est un hasard vraiment heureux qui me permet de vous rencontrer ici. Je me suis présenté à votre hôtel plus de dix fois, et je vous ai écrit plus de trois lettres sans pouvoir être reçu par vous.

— C'est possible, je n'en ai rien su, répondit Sainte-Austreberthe, qui avait l'habitude de ne pas lire les lettres qu'on lui adressait.

— Je comprends cela, vous avez un valet de chambre qui est vraiment un homme précieux; il n'a vu en moi qu'un créancier venant vous relancer, il a toujours trouvé moyen de vous préserver de mes réclamations; j'ai eu beau lui répéter, lui jurer que je ne venais pas au sujet de ce que vous me devez, rien n'a fait.

— Eh bien ! que me vouliez-vous ? me voici.

— Croyez bien, monsieur le vicomte, que, si je vous parle de ce que vous me devez, ce n'est pas pour vous le réclamer, au contraire, et même, si j'avais pu vous voir, je ne me serais jamais adressé à monsieur votre père.

— Est-ce que vous venez demander à mon père ce que je vous dois?

— Non, monsieur le vicomte ; je ne suis pas assez simple pour cela. J'ai besoin d'une protection, d'une introduction : j'avais compté sur vous pour me l'obtenir. N'ayant pu vous rencontrer, j'ai pensé à M. le général; mais je ne suis pas connu de lui comme de vous.

— De quoi s'agit-il?

— De faire accepter ce coffret.

— Et qu'est-ce que c'est que ce coffret?

— C'est un coffret qui contient des objets de toilette ayant appartenu à Marie-Antoinette. Voici la cuvette, le pot à l'eau ; enfin, vous voyez, c'est complet.

— Et authentique ?

— J'ai les preuves entre les mains. Notez que je ne veux pas vendre, je demande à offrir.

— Pour le plaisir d'offrir ?

— Ça, c'est mon affaire, et il est certain qu'étant commerçant, je dois penser à mes intérêts. Mais, tout en m'occupant des miens, je saurais reconnaître le service qu'on me rendrait en présentant ce coffret et en le faisant accepter. Ainsi je suppose que ce soit M. le vicomte qui veuille bien être mon introducteur, voici ce que je ferais : au lieu de m'associer aux autres créanciers de M. le vicomte, comme on est venu me le proposer, pour le poursuivre vivement, je prierais M. le vicomte de me faire des billets pour les 17,580 francs qu'il me doit ; ces billets seraient échelonnés de trois mois en trois mois, et le premier ne serait payable que dans un an. De plus, j'aurais le plaisir d'offrir à mademoiselle Balbine un petit chandelier à branches qu'elle a vu l'autre jour au magasin, et dont elle paraît avoir envie.

— Quel est le prix de ce chandelier ?

— Cinq cents francs.

— Vous déduirez ces 500 fr. de mon compte ;

vous ferez pour 17,000 fr. de billets, comme vous me le proposez, et vous aurez le plaisir de présenter vous-même votre coffret et de le faire accepter. Au moins, je l'espère, le culte de Marie-Antoinette tourne au fétichisme. Laissez ce coffret, que je le montre à mon père.

— C'est que...

— Vous aimez mieux l'emporter?

— A cause de la fragilité.

— Emportez alors. Je vais voir mon père; je lui recommanderai votre affaire.

— Qui est un peu la vôtre aussi.

— Notre affaire, si vous voulez; et je vous ferai prévenir.

— Alors, il est inutile que j'attende le général?

— Tenez-vous à lui offrir aussi un chandelier?

— Non, non.

— Eh bien, vous n'avez pas besoin de le voir; mon père vous refuserait peut-être ce qu'il m'accordera.

Sainte-Austreberthe n'eut pas longtemps à attendre, et ce solliciteur était à peine parti, emportant précieusement son coffret sous son bras, que le général entra dans le salon. Son pantalon et son veston de flanelle prouvaient qu'il avait quitté son lit pour recevoir son fils.

— Qui me vaut le plaisir de ta visite matinale? dit-il en venant au-devant de celui-ci et en lui tendant la main; c'est un miracle de te voir ici. Je t'ai aperçu l'autre jour à Longchamps, mais tu étais avec Balbine et je n'ai pas osé affronter les reproches de cette grosse endiablée... Ah! ça, c'est donc entre vous à la vie et à la mort? Quelle constance! Elle est donc bien drôle?

— Ce n'est pas de la constance.

— Vraiment. Alors qu'est-ce donc?

— Si je quittais Balbine, on dirait que je suis ruiné ou tout au moins gêné; elle est en vue, elle vaut pour mon crédit ce que valent les trois signatures pour l'escompte de la Banque.

— Très-fort, positivement, tu es très-fort; je l'ai toujours dit, et quand on veut me chicaner à propos de toi, parce que tu n'es rien, ma réponse est toujours la même : « Mon fils sera ce qu'il voudra. » Et tu sais, ce n'est pas l'orgueil d'un père qui parle; c'est une conviction.

— Vous êtes trop bon.

— Je voudrais l'être; par malheur, les circonstances ne me permettent même pas de faire ce que je devrais. Elles me sont dures, mon cher ami, très-dures.

— Ne craignez rien, je ne viens pas vous imposer le chagrin de me refuser un service d'argent.

— Et ce chagrin serait réel, je t'assure, et très vif. Dans ma position, les difficultés d'argent, au milieu desquelles je me débats sans cesse, me sont une humiliation, et il y a des imbéciles qui nous accusent de gaspiller la fortune de la France! Je vis d'expédients.

— Il me semble pourtant...

— Oui, mes places, n'est-ce pas? mes traitements, les intérêts que j'ai dans quelques affaires, les dons que j'ai reçus, qu'est-ce que tout cela? Une goutte d'eau dans la mer. Ce qu'il aurait fallu, c'aurait été qu'on payât mes dettes d'un seul coup, mais cela je n'ai jamais pu l'obtenir. Des à-compte, oui, donnés généreusement, cela est certain, mais non intelligemment, puisqu'ils ne m'ont jamais débarrassé complétement de mon passé, qui est lourd à traîner. Tu ne sais pas ce que j'ai à payer, sans compter la vie quotidienne, qui est chaque jour plus difficile; et puis enfin chacun a ses vices. Mais, rassure-toi, tout ce que je te dis là n'est pas pour en arriver à t'emprunter quelques billets de mille francs.

— Heureusement.

— Est-ce que tu es mal dans tes affaires?

— Si mal, que je viens vous annoncer qu'il faut absolument que je me marie.

— Toi ?

— Et le plus tôt possible.

— Allons donc ! toi, te marier, toi ! Laisse-moi rire un peu. C'est trop drôle.

Et le général se mit à rire de si bon cœur que les veines de son front se gonflèrent comme si elles allaient crever.

— Je vous assure que je parle sérieusement.

— C'est bien cela qui te rend si drôle, parbleu. Tu es impayable avec ton flegme anglais.

— Enfin, mon père, vous vous êtes bien marié, vous.

— Ah ! oui, oui, je me suis marié, c'est vrai.

— Eh bien ! alors vous ne devez pas trouver étrange que je fasse aujourd'hui ce que vous avez fait autrefois.

— Aujourd'hui n'est pas autrefois, et tu n'es pas ce que j'étais.

— Enfin vous vous êtes marié ?

— J'avais dû donner ma démission de capitaine, je n'avais plus de patrimoine, je devais une centaine de mille francs ; que faire ? Sans cela, est-ce que l'idée me serait jamais venue de me marier ? Ce que je dis là n'est pas pour accuser ta mère, et même, si mon opinion sur le mariage avait pu changer, elle eût certainement été la seule femme qui eût fait ce miracle. Excellente femme, bonne, douce, indulgente, dévouée. Mais le mariage ! Enfin la Providence a permis que je n'y laisse pas ma santé et mon intelligence ; Dieu a rappelé ta mère à lui, et j'ai recouvré ma liberté. Crois-tu donc que, si j'avais vingt années de mariage à porter, je serais ce que je suis ?

— Il est vrai que vous rajeunissez ; malheureusement je ne suis pas comme vous, je vieillis.

— Quel âge as-tu donc ? vingt-quatre ans ?

— J'ai trente ans.

— Trente ans ! Ce n'est pas possible. Tu es né un dimanche, je me rappelle parfaitement.

— Le 14 septembre.

— Précisément. Je devais ce jour-là aller aux courses à la Croix-de-Berny. Le matin, ta mère a été prise des douleurs ; j'ai cru qu'elle se trompait, et je suis parti quand même. Le soir, quand je suis rentré, tu étais couché dans ton berceau auprès de ta mère. Je te vois encore avec ton béguin, et tu n'étais pas beau. Les enfants, en voilà encore un plaisir ! Eh bien ! l'année de ta naissance, j'avais trente-quatre ans ; si tu avais trente ans aujourd'hui, j'aurais, moi, soixante-quatre ans, ce qui est absurde. Je n'ai pas soixante-quatre ans et ne les ai jamais eus.

— Vous ne les aurez jamais. Quoi qu'il en soit, moi, j'ai trente ans, j'en suis sûr.

— Sois sûr de ton âge, c'est très-bien ; mais laisse-moi la liberté d'être sûr du mien. Et c'est parce que tu crois avoir trente ans que tu t'es mis dans la tête que tu devais te marier. Allons, tu n'es pas l'homme fort que je pensais.

— Je veux me marier parce que pécuniairement je suis à bout de ressources et physiquement à bout de forces. Horton, que vous connaissez et que vous estimez...

— Comme homme, oui ; mais, comme médecin, je me moque de lui.

— Eh bien, Horton déclare que, si je continue le genre de vie qui a été le mien, depuis douze ans, je suis perdu.

— Hé! hé!

— Alors que faire? Je n'ai trouvé qu'une réponse, précisément celle qui a été la vôtre quand vous vous êtes posé cette question : me marier, et je viens vous consulter à ce sujet. Si vous avez mieux à m'offrir, j'accepte.

— Ceci devient sérieux, et je n'ai plus envie de

rire. Reste à déjeuner avec moi et nous allons causer.

Il sonna, un domestique parut.

— Qu'on mette deux couverts et qu'on ne reçoive personne.

Puis se tournant vers son fils :

— Donne-moi le temps de m'habiller, dit-il, et je suis tout à toi. C'est égal, tu as une manière de réveiller ton monde qui est bonne; comme tu vous remues!

V

Si le général de Sainte-Austreberthe vivait d'expédients, comme il l'avait dit, il était impossible de soupçonner cette gêne en voyant sa table.

Elle était, cette table, servie avec luxe, et dans les mets dont elle était chargée, aussi bien que dans le linge, les porcelaines, les verreries, on sentait un maître de maison qui tient aux délicatesse, de la cuisine.

On le sentait encore mieux en le regardant manger, car, bien qu'il fût éveillé depuis peu de temps, il déjeunait comme s'il avait employé toute sa matinée à courir les bois en chassant. Cet appétit solide et joyeux chez le père contrastait avec la façon indolente dont le fils rompait son pain du bout des doigts et trempait ses lèvres dans son verre. L'un, assis carrément sur sa chaise, les épaules effacées, la tête droite, la face colorée, mangeait en homme heureux de vivre qui défie les atteintes de l'âge et de la peine; l'autre, nonchalant et fatigué, ennuyé, dégoûté de tout, semblait boire l'eau claire et le sauterne avec une égale inappétence.

Lorsque le dessert fut servi, et qu'on eut placé à portée du général une machine à faire le café et les bouteilles aux liqueurs, le domestique se retira et ferma la porte derrière lui.

— Maintenant, dit le général en allumant l'esprit-de-vin de la machine et en mesurant scrupuleusement le café moulu, causons. Mais d'abord je dois te faire des excuses, pour avoir ri de ton projet de mariage. Tout en m'habillant, j'ai réfléchi à ce projet, qui m'avait saisi comme une douche d'eau froide; car enfin tu conviendras que jusqu'à présent rien en toi ne pouvait faire soupçonner que tu finirais de cette façon tragique, et de réflexions en réflexions, j'en suis arrivé à me dire que décidément tu étais bien l'homme fort que j'ai eu la sottise de méconnaître tout à l'heure. Donc tu as mon approbation et mon consentement.

— Il me faut plus.

— Mes conseils aussi, mon expérience, mon influence, tout ce que j'ai est à toi, car il importe que nous nous hâtions.

— Craignez-vous donc quelque chose ? êtes-vous menacé ?

— Ce n'est pas pour moi que je crains. On est habitué à moi ; on ne pourrait guère se passer de mes services, on n'est pas jaloux de mon influence, que je limite à mes intérêts ; on n'a pas peur que je prenne trop d'autorité : enfin, à toutes ces raisons de sécurité personnelle, se joint celle qui résulte de certains papiers qu'on sait en ma possession ou plutôt en sûreté et à ma disposition. Aussi n'est-ce pas pour moi que j'ai des craintes, mais pour le système général ; ça va mal, tout est noir. Nous ne sommes plus dans l'empire et nous ne sommes pas dans le régime parlementaire ; nous sommes dans un état indécis, incertain, qui jette le désarroi parmi les plus fermes et trouble les esprits. Il y a irritation, malveillance et anarchie partout. Les choses ne peuvent pas durer longtemps ainsi. Combien dureront-elles encore ? que se passera-t-il ? Je n'en sais rien. Mais il faut s'attendre à un effondrement général. Nous sommes au printemps, les glaces couvrent encore la mer et se tiennent solides en apparence ; mais qu'il souffle un vent venant de n'importe où, il se fera un craquement immense et ce sera fini, tout se disloquera et disparaîtra. Alors à quoi se cramponner, comment se sauver?... Veux-tu ton café fort?

— Oui, volontiers.

— Ces craintes ne me sont pas personnelles et bien d'autres que moi les partagent. Nous nous sommes préoccupés de ce danger; nous avons cherché un remède, mais lequel? C'est chercher un préservatif contre la mort. On ne peut pas toujours durer. Convaincu de l'imminence de cette débâcle, je me suis demandé ce que je ferais quand elle arriverait, et à qui je me rattacherais; car, si les systèmes doivent fatalement périr, les individus ont le droit de chercher à se sauver. Un système meurt, renaît et remeurt; un individu ne meurt qu'une fois. Je n'ai rien trouvé; isolé, sans autre appui en ce monde que celui que je prends dans ma position présente, je dois disparaître avec elle. Par bonheur, tu me tends la main, et, avec ton mariage, tu m'offres un nouveau point d'appui. En ce moment, tu es mon fils; la débâcle arrivée, je serai ton père. Voilà où la famille commence à avoir du bon... Rhum ou cognac ?

— Merci, ni l'un ni l'autre.

— Il faut donc que tu fasses un mariage solide, qui te donne une position inexpugnable, dans laquelle les révolutions ne puissent pas nous atteindre. Or, les seules positions inexpugnables sont celles qui ont leurs fondations sur la fortune. C'est là qu'il nous faut chercher. Est-ce ton avis ?

— Parfaitement.

— Cherchons donc ensemble; car, si tu ne me parles de personne, c'est que tu n'as pas fait ton choix. Donc condition qui prime toutes les autres : fortune certaine, bien établie, à l'abri des hasards. Que dis-tu de mademoiselle Laurot ?

— Est-ce que M. Laurot n'a point passé, il y a quelques années, en police correctionnelle?

— Oui, mais il a été acquitté. Je ne sais s'il était coupable ou innocent des faits qu'on lui reprochait; mais ce que je sais, c'est qu'il a acquis une fortune considérable dans les travaux publics, que cette fortune est visible aux yeux de tous, puisqu'elle consiste en propriétés en province et à Paris. Ce dont j'ai la certitude pour avoir eu quelques affaires avec Laurot en ces derniers temps, c'est que cette fortune est nette de toute charge et qu'elle est à l'abri de tous risques. Tu ne changeras pas d'ailleurs ton nom en celui de Laurot, c'est mademoiselle Laurot qui s'appellera madame la vicomtesse de Sainte-Austreberthe.

— C'est égal.

— Bon! tu n'en veux pas. Veux-tu la fille d'Éphraïm aîné ?

— Mais elle a été gravement compromise; son aventure a été notoire, vous le savez mieux que personne.

— Je sais qu'on a pu parler; mais ce qui s'est passé au juste, je ne le sais pas; seulement, il est assez probable que, comme presque toujours, il ne s'est rien passé de grave.

— Les propos du monde me suffisent.

— Alors, mon cher ami, tu te figures que j'ai sur la planche une collection de cousines de la sainte Vierge, d'hermines sans une tache, que je vais prendre par la main et te présenter; et encore faudra-t-il que celle-ci n'ait pas le nez trop gros, et celle-là les mains trop rouges. Voyons, voyons, parlons-nous sérieusement d'affaires? ou bien discutons-nous, au point de vue esthétique, les qualités essentielles qui doivent se rencontrer chez une jeune fille à marier? Tu veux la fortune, n'est-ce pas?

— Et autre chose aussi.

— Toutes les perfections réunies, je comprends cela. Mais enfin il faut être pratique. Tu demandes; en échange de tes prétentions, qu'offres-tu? C'est ce qu'il faut voir.

— Mon nom et ma position.

— Ton nom, je veux bien; mais ta position... Je

ne t'en vois pas d'autre que d'être mon fils. Or, de cette position je peux parler sans te blesser, n'est-ce pas, puisque c'est la mienne? Eh bien! qu'est-elle? Celle d'un général de cour tout simplement, c'est-à-dire qu'elle est bâtie sur le sable. Il est certain qu'à la tête d'un état-major ou bien dans une grande cérémonie, c'est brillant; il est certain aussi que dans un almanach, l'énumération de mes titres a quelque chose d'imposant, mais un souffle peut renverser tout cela. Ah! si tu avais voulu être quelque chose au lieu de vouloir être quelqu'un; si tu avais voulu prendre une carrière quelconque, les armes, la diplomatie, dans laquelle je t'aurais poussé, ce serait bien différent; personnellement, tu présenterais une valeur. Mais, arrivé au bout de la voie qu'il t'a plu de suivre, fatigué, fini, *crevé*, comme vous dites, tu veux te marier et tu fais le difficile.

— C'est qu'aussi vous êtes, vous, un peu trop facile.

— En vérité! Ce beau-père? Ah! non. Cette jeune fille? Pensez-donc! Alors que nous reste-t-il? Si tu tiens à une sainte, cherche toi-même. Et que veux-tu qu'une sainte fasse dans la vie, si elle n'est que sainte? J'en ai connu des saintes femmes, renfermées étroitement dans leur ménage; il n'y avait rien à dire contre elles; les maris seuls avaient à se plaindre, les malheureux ! Je comprends toutes les ambitions, mais à condition qu'elles soient proportionnées à nos moyens d'action. Au lieu de poursuivre l'impossible, contente-toi de ce que tu peux atteindre : on n'épouse pas qui on veut, on épouse qui on peut, et tel est parti pour conquérir les pommes hespérides qui s'est contenté d'un navet. Et ceux-là étaient des habiles; le navet trouvé, ils persuadaient les imbéciles que c'était leur idéal : les pommes hespérides n'étaient pas ce qu'un vain peuple pense, tandis que le navet !

— Alors ne parlons plus de mon projet.

— Parlons-en, au contraire, et cherchons; je ne suis pas homme à me décourager pour si peu. Seulement je crains que nous ne trouvions pas à Paris ce que tu exiges ; non pas qu'il manque de saintes à Paris, mais celles que tu voudrais ne voudraient peut-être pas de nous. C'est en province que tu trouveras ton affaire. As-tu des préventions contre les provinciales ?

— Pas la moindre.

— C'est heureux, car maintenant que me voilà sur cette voie, je crois que nous pourrions réussir. J'ai vu l'autre jour le comte de Cheylus, l'ancien préfet de Strasbourg, qui est maintenant à Bordeaux, et, en me parlant de l'esprit de la province, il me disait qu'il était fâcheux pour nous de voir presque toutes les grandes fortunes aller par mariage aux mains des orléanistes. A ce propos, il me citait M. Donis, qui très-probablement allait suivre cet exemple.

— Donis, l'ancien député?

— Précisément. Donis, l'un des plus riches commerçants de Bordeaux, qui n'a qu'une fille ; laquelle, il me semble, doit épouser un jeune homme appartenant à un famille orléaniste. Le mariage est-il arrêté ou simplement projeté, je ne sais, n'ayant pas prêté grande attention à ce que Cheylus me disait. Mais maintenant il faut voir. De ce côté, tu trouverais tout ce que tu désires : fortune et pureté.

— Si le mariage de la jeune fille est décidé?

— C'est ce que je vais savoir; s'il ne l'est pas, tu me feras le plaisir de partir pour Bordeaux, où Cheylus te conseillera et te dirigera. C'est un homme à nous, habile, délié.

— Je le connais.

— C'est parfait. Il sera bien aise de nous rendre service et de plus il a tout intérêt à empêcher la grande fortune des Donis de passer aux mains des orléanistes ; on lui en saura gré, et ce sera pou lui une victoire qui lui sera comptée. Quant à toi, et en attendant, je vais m'occuper de te caser quelque part, dans une charge quelconque qui te donne une position ; car maintenant il ne suffit plus d'être M. le vicomte de Sainte-Austreberthe, célèbre sur le turf, il te faut quelque chose qui te recommande à Donis. Ce quelque chose sera-t-il suffisant ? là est la question. Je l'ai connu quand il était député ; c'était un homme intelligent, droit et légèrement glorieux. Sa gloriole sera-t-elle satisfaite de t'avoir pour gendre ? C'est à étudier. Je vais écrire immédiatement à Cheylus, reviens me voir après-demain ; sa réponse règlera notre plan.

Comme Saint-Austreberthe allait sortir, le général le rappela :

— A propos, romps immédiatement avec Balbine et, comme tu n'es pas en état de le faire convenablement, dis-lui que je la fais engager aux Français. Ç'a toujours été son ambition ; elle va être heureuse. Mais en même temps dis-lui de ma part qu'elle est niaise : pouvoir jouer le sentiment avec une supériorité écrasante, et vouloir jouer la comédie, médiocrement. Enfin c'est son affaire. A vendredi, n'est-ce pas ? Viens déjeuner.

VI

Le vendredi soir, après un long entretien avec son père, le vicomte de Sainte-Austreberthe prenait, à la gare d'Orléans, le train express pour Bordeaux.

Il avait demandé qu'on lui gardât un coupé pour lui seul, sans payer d'autre place que la sienne, bien entendu; mais cette faveur n'avait pu lui être accordée que conditionnellement; tant que les places de coupé qui se trouvaient dans le train ne seraient pas prises, on le laisserait seul; mais si, par hasard, toutes ces places étaient occupées, et s'il se présentait alors un nouveau voyageur, il faudrait bien qu'on le fît monter avec lui. Assurément on avait le plus grand désir d'être agréable à M. le vicomte, mais les règlements étaient là.

Le hasard voulut que ce soir-là il y eut affluence de voyageurs, et, quelques minutes avant le départ, un sous-chef de gare vint d'un air désolé annoncer à Sainte-Austreberthe qu'on était obligé de lui donner un compagnon de route ; au reste ce compagnon était un homme charmant, don José Rivadeynera, le fils du riche banquier de Madrid.

— Don José Rivadeynera! Comment donc? amenez-le, amenez-le.

Les minutes étaient mesurées; l'Espagnol arriva, courant aussi vite que le permettaient ses petites jambes, car c'était plutôt une réduction d'homme qu'un homme véritable, mais une réduction très-joliment réussie.

— Comment, mon cher, s'écria Sainte-Austreberthe, tandis qu'on fermait la portière, vous étiez à Paris et je ne vous y ai pas vu?

— Je n'étais pas à Paris, j'y passais en transit.

— Vous arrivez de voyage?

— D'Amsterdam, où j'étais allé pour les affaires de notre maison.

— Il me semble que, la dernière fois que j'ai eu le plaisir de vous voir, vous reveniez aussi d'Amsterdam, ce qui ne vous a pas empêché de passer à la Sainte-Barbe.

— Où vous m'avez complètement nettoyé.

— Il fallait venir me demander votre revanche.

— Assurément, dit l'Espagnol avec un certain embarras, c'était mon intention, c'était même mon désir le plus vif ; mais j'ai été retardé en Hollande plus que je ne croyais, et forcé d'être à Bordeaux à jour fixe, il m'a été impossible de m'arrêter à Paris, je vous donne ma parole que cela m'a beaucoup contrarié. Vous me croyez, n'est-ce pas? Je serais désolé, si vous ne me croyiez pas.

— Et pourquoi ne vous croirais-je pas?

— C'est évident.

Le train s'était mis en marche.

— Positivement, continua don José se penchant par la vitre et regardant les monuments élevés qui se perdaient dans la brume du soir, ce m'est un véritable chagrin de quitter ainsi Paris : je suis comme un collégien à la rentrée des vacances, j'ai presque la larme à l'œil. Vous ne comprenez pas cela, vous qui avez le bonheur de toujours vivre à Paris.

— J'avoue qu'il me paraît impossible qu'on puisse vivre ailleurs.

— On ne vit pas ailleurs; on désire, on attend ou l'on se souvient. Paris est le seul endroit du monde où un homme qui se respecte puisse dépenser sa fortune, et ce sera la gloire de l'empereur d'avoir fait de Paris une ville de plaisir où l'on accourt des quatre coins du monde pour s'amuser.

— Est-ce que vous dormez en chemin de fer? interrompit Sainte-Austreberthe, qui n'écoutait cette dissertation que d'une oreille distraite.

— Jamais, il m'est tout à fait impossible de fermer l'œil.

— A quoi employez-vous votre temps? la nuit est longue.

— Je fume.

Disant cela, don José tira de sa poche un étui à cigares et, l'ayant ouvert, il le présenta à Sainte-Austreberthe.

La conversation resta un moment suspendue, mais bientôt Sainte-Austreberthe la reprit :

— Et quand vous avez fumé deux, trois, quatre cigares? dit-il, poursuivant son idée.

— Je m'ennuie, et vous?

— Je m'ennuie avant le quatrième cigare, à moins toutefois que je ne trouve à employer mon temps.

— A quoi?

— A jouer, si un heureux hasard m'a donné un compagnon de route.

Don José s'inclina sans répondre, comme s'il ne lui plaisait pas de s'engager sur ce terrain.

— Le malheur est, continua Sainte-Austreberthe, que je n'ai pas de cartes, et vous?

— Je n'en ai jamais.

— Moi, j'en ai toujours ; mais je croyais si bien voyager seul, que je n'en ai pas fait mettre dans mon sac.

Le train arrivait à Étampes. Sainte-Austreberthe descendit vivement et bientôt après il revint, suivi d'un garçon du buffet, qui portait une lampe d'une main et de l'autre un de ces plateaux en bois recouvert de drap, qui sont en usage dans les cafés pour les joueurs.

— Mettez cela là-dessus, dit Sainte-Austreberthe au garçon, en montrant la tablette du coupé.

Puis quand la portière fut refermée :

— Puisque vous regrettiez de n'avoir pas pu venir me demander votre revanche, je devais vous l'offrir. Voici des cartes, — il tira de sa poche deux jeux neufs, — de la lumière, une table ; comment trouvez-vous mon idée ?

— Il me semble que tout cela est assez difficile à organiser.

— Rien n'est plus facile au contraire. Tenez, voyez. Me voici à votre disposition. Nous n'arrivons à Bordeaux qu'à sept heures ; cela nous donne dix heures ; l'écarté vous plaît-il ?

Il était évident que l'écarté, comme tout autre jeu, ne plaisait pas à l'Espagnol : cela se lisait dans son attitude contrainte, dans ses regards embarrassés, dans ses paroles hésitantes. Mais, devant une proposition si nettement formulée, il fallait répondre par un refus tout aussi net qu'il ne voulait pas jouer, et cela ne lui plaisait pas davantage. Sous quel prétexte refuser de jouer, alors que tout le monde savait qu'il était joueur passionné? Trois mois auparavant, il avait joué, pendant quatre nuits consécutives, à la Sainte-Barbe; et si, après la dernière nuit, qui avait porté sa perte au joli total de 55,000 francs, il avait compris, averti par un ami, qu'il était imprudent de jouer avec Sainte-Austreberthe, il ne pouvait pas parler à celui-ci de l'avertissement qu'il avait reçu, pas plus qu'il ne pouvait parler des doutes qui s'étaient alors élevés dans son esprit. Si forts que fussent ces doutes d'ailleurs, ils ne s'appuyaient en réalité sur rien de précis : Sainte-Austreberthe gagnait trop constamment, cela était évident; mais personne n'avait d'autres reproches que celui-là à lui adresser, et la chance n'a jamais été un crime. On peut très-bien ne pas vouloir jouer avec ceux qui gagnent toujours, mais on ne peut guère le leur dire, ou bien il faut avouer en même temps qu'on a peur de perdre, et il y a peu de gens disposés à cet aveu.

Don José Rivadeynera, fier de sa fortune, était

moins décidé que personne à se retrancher derrière une pareille défense.

— Cinquante louis la partie vous conviennent-ils ? dit-il en tirant de son portefeuille une liasse de billets de banque.

— Parfaitement.

— Alors, c'est bien. Vous avez la dame, moi le valet ; à vous.

Aux Aubrais, les voyageurs qui se trouvaient sur le quai voulurent voir ce qui se passait dans ce coupé éclairé d'une façon insolite ; mais Sainte-Austreberthe tira les stores brusquement, et les curieux en furent réduits aux conjectures. — Pourquoi cette lumière ? — Pourquoi ces stores fermés ? — Que se passait-il là-dedans ?

Il s'y passait un fait bien étrange : Sainte-Austreberthe perdait 8,000 francs. Tout d'abord il avait commencé par gagner, puis la chance avait brusquement tourné, et, en moins de trois quarts d'heure, il avait perdu quatre cents louis. Or, comme la somme qu'il avait pu à grand'peine réunir avant son départ n'atteignait que 3,000 francs, il se trouvait endetté de 5,000 francs en arrivant aux Aubrais.

— Prêtez-moi donc 10,000 francs, dit-il à son adversaire ; cela m'enlève toute liberté d'esprit de retenir ce que je vous dois en augmentant ou diminuant ma dette, selon les hasards du jeu.

— En toutes circonstances, ces 10,000 francs seraient à votre disposition; mais, vous savez que chaque joueur a ses idées, ses superstitions : il me semble que si je touchais à mon argent en ce moment, je vous donnerais ma chance. Excusez-moi de vous refuser.

— Alors ne jouons plus.

— Et pourquoi cela? dit l'Espagnol, qui, depuis qu'il gagnait, n'avait plus de répugnance à jouer avec Sainte-Austreberthe, et commençait à croire que les avertissements qui lui avaient été donnés naguère étaient peut-être un peu risqués.

— Mais parce que, comme je vous l'ai dit, la préoccupation du calcul me place à votre égard dans une infériorité trop grande, et vous n'êtes pas homme à vouloir profiter d'un avantage ainsi obtenu.

— Qu'à cela ne tienne. Prenez une vingtaine de vos cartes de visite, écrivez dessus: « Mille francs; » je les accepte pour cette valeur, exactement comme si elles étaient des billets de banque. C'est un moyen de battre monnaie.

En quelques minutes, les cartes furent transformées en billets de mille francs, et la partie recommença. A Saint-Pierre-des-Corps, l'équilibre s'était rétabli, Sainte-Austreberthe avait regagné ses propres billets et jouait avec son argent. A Poitiers, au contraire, un écart considérable s'était fait : Sainte-Austreberthe avait perdu ses billets et en plus ses vingt cartes fabriquées aux Aubrais. N'en ayant plus dans son carnet, il était obligé de couper des lettres en petits morceaux et de donner à chacun d'eux la valeur convenue de 1,000 francs. Don José rayonnait de joie et sa conviction bien arrêtée cette fois, était que Sainte-Austreberthe était décidément le plus galant homme qu'on pût connaître.

Sur le quai de la station, les quelques voyageurs qui étaient descendus du train s'étaient groupés devant ce coupé aux stores obstinément tendus, et ils restaient là ébahis, malgré le froid du matin et les appels réitérés des conducteurs, qui passaient en criant : « Les voyageurs en voiture, en voiture! »

Le train se remit en marche et le jeu reprit, empressé, dévorant comme s'il suivait la marche rapide de la locomotive, qui descendait la vallée de la Charente. Mais qu'importait à ces joueurs le pays qu'ils traversaient? ce dont ils avaient souci, c'était du temps qui s'écoulait. Il était trois heures du matin, ils avaient encore quatre heures devant

eux ; cartes et paroles tombaient précipitamment :
— J'en demande. — Non. — Le roi. — Vous m'avez refusé, je marque trois. — A vous.

A Angoulême, la chance continuait à être contraire à Sainte-Austreberthe : il perdait 49,000 francs ; à Libourne, il n'en perdait plus au contraire que trente mille, mais il n'avait plus qu'une heure pour les regagner. Bientôt le train, à la sortie des tunnels de Lormont, arriva en vue de la Gironde, couverte de navires à l'ancre et de vapeurs qui chauffaient ; puis il traversa les vignes et les jardins de la Bastide, franchit la Gironde, et, le mouvement s'étant ralenti, les wagons sonnèrent avec un bruit de ferraille sur les plaques tournantes de la gare Saint-Jean. On était arrivé : Sainte-Austreberthe perdait 21,000 francs.

— Encore une partie !

Et tandis que les voyageurs descendaient heureux de sortir de leur prison, ils continuèrent à jouer dans leur coupé fermé.

Les employés vinrent ouvrir la portière : il fallut bien descendre. Sainte-Austreberthe avait gagné cette dernière partie, et il ne perdait plus que 20,000 francs, représentés par les vingt cartes de visite.

— Vous savez que je suis sans argent? dit-il.

— Oh! peu importe, je reste toute la journée à Bordeaux ; vous me trouverez à l'hôtel de France ; et vous, où descendez-vous?

— A la préfecture.

— A propos, ne venez pas dans l'après-midi, parce que j'irai très-probablement à Château-Pignon, chez M. Donis, où je passerai sans doute la soirée et la nuit. Au revoir.

VII

Ce n'était pas la première fois que Sainte-Austreberthe perdait 20,000 francs, car malgré la juste réputation qui lui était faite de gagner toujours, il avait parfois des moments de déveine où la fortune lui était contraire. Aussi était-il habitué à ces émotions.

Cependant jamais perte ne lui avait été plus désagréable.

Il n'avait pas ces 20,000 francs, il ne savait ni où ni comment les trouver, et cependant il fallait les payer dans les vingt-quatre heures.

Il le fallait, parce que c'était une dette de jeu et qu'une dette de ce genre, se paye dans les vingt-quatre heures, sous peine de déshonneur.

Il le fallait surtout, parce que don José Rivadeynera était en relations d'amitié avec M. Donis. Comment se présenter dans cette famille bourgeoise, qui devait être empestée de préjugés sur le jeu, si l'Espagnol avait parlé? et le plus sûr moyen de le pousser à une indiscrétion, c'était de ne pas le payer.

Il fallait donc lui donner les 20,000 francs avant qu'il vît M. Donis. Mais comment se les procurer dans un si court délai? Le préfet pouvait seul le tirer de cet embarras; un préfet doit avoir 20,000 francs ou tout au moins il doit les trouver facilement, et il n'était pas douteux que M. de Cheylus ne s'empressât de lui rendre ce service. Lui aussi avait intérêt à ce que ce projet de mariage réussît.

En arrivant à la préfecture, Sainte-Austreberthe vit qu'il était attendu, et lorsqu'il descendit de voiture, un valet de chambre vint au-devant de lui pour le conduire à l'appartement qui lui avait été préparé.

— Ce n'est pas d'un appartement que j'ai besoin pour le moment, c'est de M. le comte de Cheylus. Conduisez-moi près de lui.

— C'est tout à fait impossible. M. le comte m'a dit de dire à M. le vicomte qu'il le verrait au déjeuner, à midi.

— C'est tout de suite que je dois le voir.

— Je ne peux pas prendre cela sur moi; je vais aller prévenir M. Poultier.

M. Poultier, huissier du préfet et son homme de confiance, était sans doute endormi comme son maître, car il fut plus d'un quart d'heure à venir. Enfin il arriva et Sainte-Austreberthe lui répéta sa demande.

— Oh! monsieur le vicomte, c'est impossible, vous ne pouvez entrer chez monsieur le comte.

— Est-ce que madame la comtesse est à Bordeaux?

— Madame la comtesse est à Paris chez M. le duc de Saint-Nabor, son père; elle ne vient à la préfecture que pendant la saison d'hiver pour les réceptions.

— Eh bien! alors laissez-moi entrer, je vous répète que c'est pour une affaire très-grave et très-pressée.

— Alors je vais prévenir M. le préfet: si monsieur le vicomte veut me suivre?

Et on le conduisit dans un petit salon contigu à la chambre du préfet; presque aussitôt celui-ci parut. En le voyant dans l'encadrement de la porte, Sainte-Austreberthe voulut aller au-devant de lui; mais vivement M. de Cheylus laissa retomber la portière et se plaça devant, un doigt sur ses lèvres:

— Non, non, dit-il, on n'entre pas.

— Pardonnez-moi, mon cher comte, de vous

troubler si matin ; je serais sans excuse sans la gravité des circonstances.

— Quoi de plus grave, en effet? Une jeune fille charmante, des millions non moins charmants ; vos excuses sont acceptées d'avance.

— Il ne s'agit pas pour le moment de mademoiselle Donis et de ses millions. Je suis venu de Paris avec le petit José Rivadeynera, nous avons joué pendant toute la nuit, et j'ai perdu 23,000 francs.

— Vous, mon cher ?

— Oui, moi ; est-ce assez stupide? Mais le sérieux de l'affaire, c'est que je n'avais pas ces 23,000 fr. J'en avais 3,000, que j'ai payés ; j'en dois 20,000.

— Désagréable!

— D'autant plus désagréable que le petit Rivadeynera va passer la journée chez M. Donis, de sorte que s'il n'est pas payé avant, il peut très-bien parler et me perdre dans l'esprit de la famille Donis. Il est descendu à l'hôtel de France, où il attend mes 20,000 francs ; les avez-vous et voulez-vous me les prêter ?

— Vingt-mille francs, moi? Ah ! mon ami, si je les avais eus hier soir, vous m'auriez vu ce matin à Paris, non à Bordeaux.

— Ne pouvez-vous pas vous les procurer?

— C'est une grosse somme, et, en toute sincérité, je ne vois pas où la trouver.

— Il est cependant très-important que nous la trouvions immédiatement.

— Sans doute, et j'en vois comme vous toute la nécessité. Si M. Donis apprenait que son futur gendre a perdu 20,000 francs dans le voyage de Paris à Bordeaux, il ne vous donnerait jamais sa fille. Il serait bon même qu'il ne sût jamais que vous avez joué en wagon. Qu'un jeune homme passe la nuit au jeu à Paris, cela peut s'expliquer par toutes sortes de raisons, mais, en voyage, employer la nuit à jouer, au lieu de dormir, et perdre 23,000 fr. c'est ce que vous ne ferez jamais comprendre à nos bons bourgeois.

— Il a été un moment où j'en perdais 50,000.

— Ce n'est pas le chiffre qui est grave ; c'est l'acte lui-même, qui indique que vous êtes un joueur, et les pères de famille sont généralement assez mal disposés pour les joueurs. Je ne vous dirai pas comme Géronte : « Pourquoi, diable ! êtes-vous monté en wagon avec ce jeune Espagnol ? » Mais enfin, il est bien regrettable que vous vous soyez embarqué dans cette galère.

— Sans doute, mais enfin, puisque j'y suis, il faut que j'en sorte.

— C'est là précisément qu'est la difficulté.

— Vous n'avez pas de fonds disponibles ?

— Un préfet, cher ami, n'est pas un receveur général : il approuve, il ordonnance des payements ; il ne les fait pas.

— Au moyen d'un virement, d'une manœuvre quelconque de trésorerie, vous ne pouvez pas trouver ces 20,000 francs ? A Paris, mon père fait cela tous les jours.

— Le général a dans son service des facilités que je n'ai pas. Il faut chercher autre chose. Je vais appeler Poultier.

Il sonna ; l'huissier entra aussitôt.

— Jean, qu'est-ce que tu as en caisse ?

— Je n'ai rien.

— Comment, rien ?

— Dame ! le 5, je vous ai donné 1,000 fr. ; le 6, 1,500 fr. ; le 7...

— Non, non, arrête ; assez d'énumération. Prends cette clef, et va voir en bas, dans mon bureau, ce que j'ai. Apporte tout.

— C'est votre caissier ? demanda Sainte-Austreberthe, quand l'huissier fut sorti.

— Mon caissier, mon huissier, mon valet de chambre, mon intendant, mon secrétaire intime, mon maître Jacques ; en un mot, mon frère de lait.

Sous son enveloppe épaisse et son apparente bonhomie, ce gros garçon est l'homme le plus fin de la préfecture ; il m'a toujours accompagné partout, et il y a des gens malveillants mais intelligents qui disent qu'il est plus préfet que moi. La vérité est que, dans certains cas difficiles, je me trouve bien de le consulter : ces animaux primitifs ont en eux des raisons déterminantes, une sorte d'instinct qui les guide sûrement ; Jean appelle ça sa conscience. C'est quelque chose comme les voix de Jeanne d'Arc ; seulement, pour avoir ça, il faut être doué, et moi je ne le suis pas, tandis que cet imbécile l'est.

L'huissier rentra portant quelques menues pièces de monnaie dans sa main.

— Voilà tout ce que j'ai trouvé, dit-il en posant sur un guéridon, 13 fr. 50 c.

— Comment, 13 francs 50 centimes ? Mais j'ai reçu...

— Je sais bien ce que vous avez reçu, mais je sais aussi ce que vous avez dépensé. Le 1er, pour argent donné à...

— Assez, tu es ennuyeux avec tes additions ; tire-nous plutôt d'affaire si tu peux. Il nous faut 20,000 francs avant midi ; où les trouver ?

— Vingt-mille francs à trouver avant midi, à Bordeaux, vous? Voyons, vous savez bien que c'est impossible ; depuis que nous sommes ici, vous avez tout fait pour ruiner notre crédit ; ainsi, il y a trois semaines, quand vous avez eu besoin de 4,000 fr. ; il y a quinze jours, quand il vous en a fallu 2,000...

— Encore des additions ! Je t'en dispense. Toi personnellement, as-tu quelque chose ?

— Trois mille francs qui me sont rentrés hier ; je vais vous les chercher.

— Voilà comment je dresse les braves gens, dit M. de Cheylus quand Poultier fut sorti ; mais ses 3,000 francs ne peuvent pas nous tirer d'affaire. Il ne nous reste qu'un moyen. Je vais vous écrire un mot pour inviter M. Rivadeynera à déjeuner ; vous allez le lui porter : l'hôtel de France est tout près d'ici, rue Esprit-des-Lois. Vous le ramènerez avec vous ; et après déjeuner je tâcherai de lui regagner vos 20,000 francs.

— Et si vous en perdez dix autres ?

— Trente mille francs ne nous seront guère plus difficile à payer que vingt ; en tout cas, nous avons chance de ne rien payer du tout, et, surtout le grand point à obtenir, en retenant votre adversaire ici, nous l'empêchons de voir M. Donis. Je ne trouve que ce moyen ou plutôt cet expédient ; si vous en avez un autre, je le prends.

L'Espagnol se fit un peu prier; mais le mot du préfet était si aimable, les instances de Sainte-Austreberthe étaient si vives, qu'il finit par se laisser amener à la préfecture.

Après le déjeuner, qui fut long et arrosé des meilleurs des grands vins du Médoc, M. de Cheylus, qui s'était fait raconter les incidents de la nuit précédente comme s'il les entendait pour la première fois, déclara qu'il ne laisserait pas partir don José Rivadeynera sans avoir lui-même éprouvé sa force redoutable, et l'on quitta la table à manger pour s'asseoir à une table de jeu.

— Je marquerai les parties, dit Sainte-Austreberthe; cela vous épargnera l'ennui du maniement d'argent.

A trois heures, don José pensa à se rendre chez M. Donis; mais comme M. de Cheylus était en perte de 5,000 fr., il n'osa abandonner la partie : cela eût eu quelque chose de grossier qui ne convenait ni à son honnêteté ni à sa fierté.

A six heures, le préfet perdait 10,000 francs.

— Vous allez me faire l'honneur de dîner avec nous, dit-il au moment où l'Espagnol se leva, et ce soir nous continuerons.

Après le dîner on continua, et M. de Cheylus perdit encore; mais vers onze heures la veine changea : à une heure du matin il n'y avait plus ni perdant ni gagnant.

Don José se leva :

— Maintenant, dit-il, c'est le moment de rentrer.

— Et moi, s'écria Sainte-Austreberthe en intervenant vivement, ne me donnez-vous pas ma revanche ?

— Ce serait à moi de vous demander la continuation de la mienne ; mais, à vrai dire, j'aimerais à en rester là ; je suis fatigué de la nuit dernière.

Il tint, malgré tout, à se retirer ; mais M. de Cheylus n'y consentit pas, il avait fait préparer une chambre à la préfecture pour son hôte, et celui-ci dut l'accepter.

— Eh bien ? dit le préfet lorsqu'il fut seul avec Sainte-Austreberthe, nous l'avons échappé belle ?

— Rien n'est gagné.

— Rien qu'un jour, ce qui est déjà quelque chose. Mais ce n'est pas tout, en y réfléchissant, je crois avoir trouvé un moyen pour que vous puissiez payer votre créancier demain à son réveil. Laissez-moi écrire quelques mots.

Il écrivit deux lettres ; puis, ayant fait appeler le fidèle Poultier :

— Prends une voiture, dit-il, et porte ces deux lettres au maire de Saint-Michel de Médoc et au receveur municipal ; réveille-les, et qu'ils soient ici demain matin. — Affaire urgente.

— Que voulez-vous ? demanda Sainte-Austreberthe.

— Payer ; jusque-là dormons.

VIII

Le lendemain matin, à huit heures et demie, Sainte-Austreberthe fut réveillé par le valet de chambre qui avait été attaché à sa personne.

— M. le préfet attend M. le vicomte dans son cabinet; si M. le vicomte le désire, je vais le conduire.

— Cher ami, dit M. de Cheylus après avoir serré la main de son hôte, j'attends le maire et le receveur municipal de Saint-Michel, et comme vous êtes une utilité dans la comédie que je vais jouer à votre bénéfice, moi premier rôle, j'ai dû vous faire réveiller de bonne heure. Excusez-moi donc. Les minutes sont précieuses, car notre Espagnol, dont je ne connais pas les habitudes, peut avoir l'idée de se lever matin, et, dans ce cas, il faut que nous soyons prêts à le recevoir.

— Et s'il se lève avant?

— Il ne se lèvera pas.

— Vous l'avez fait enchaîner?

— A peu près. S'il veut se lever, il faudra qu'il sonne pour avoir ses habits : on le fera attendre; il attendra aussi pour ses chaussures, pour sa toilette, pour tout. Il pourra accuser ma maison d'être mal tenue, mais au moins nous aurons gagné du temps. D'ailleurs on viendra nous prévenir quand il s'éveillera.

— Et votre comédie avec le maire de Saint-Michel doit être longue?

— Pas trop, je l'espère.

— Ne serait-il pas à propos de me faire répéter le rôle que je dois jouer, car je ne m'en doute pas?

— C'est précisément pour cela que je vous ai fait réveiller. Quand vous m'avez parlé hier de moyens de trésorerie pour nous tirer d'embarras, j'ai commencé par vous répondre, que je n'en voyais pas de possibles pour nous. Mais, tout en jouant avec notre Espagnol, et surtout en me trouvant exposé à payer 30 ou 40,000 fr., dont je n'avais pas le premier sou, j'ai cherché et étudié diverses combinaisons plus ou moins praticables. Tout d'abord, j'ai pensé à prendre cette somme sur le crédit affecté à la construction d'un asile d'aliénés, mais il y avait des difficultés de détail qui m'ont fait abandonner cette idée. Alors j'ai voulu vous traiter comme un adjudicataire de bois, auquel j'aurais fait rembourser son cautionnement. Mais il fallait des récépissés; vous auriez sans doute été obligé de donner une signature qui n'eût pas été la vôtre, et cela vous eût peut-être choqué.

— J'avoue que...

— Jusqu'à un certain point, je comprends cela, et c'est après avoir été au-devant de vos scrupules que je me suis rabattu sur le maire de Saint-Michel. Le hasard permet que la commune de Saint-Michel ait un pont à construire; ce pont, par suite de toutes sortes de difficultés, n'a pas encore été mis en adjudication. Je vous donne les travaux à exécuter, et immédiatement je vous fais verser par le receveur municipal les 20,000 fr. qui vous sont nécessaires.

— Comment? vous me transformez en entrepreneur de travaux, moi!

— Mais, cher ami, cela est absolument fictif, vous n'exécuterez rien du tout, vous toucherez seulement vos 20,000 fr.

— C'est égal, entrepreneur est risqué, entrepreneur!

Cette explosion de susceptibilité fut interrompue

par l'intervention de l'huissier Poultier. Il était debout devant une table, occupé à mettre en ordre des pièces et des dossiers; son voyage à Saint-Michel l'ayant empêché de faire cette besogne en temps, il s'avança devant son préfet dans l'attitude d'un homme qui veut parler.

— Que veux-tu?
— Vous dire un mot.
— Dis-le.
— C'est que...
— Parle devant M. le vicomte, et dépêche-toi.
— Eh bien, ce que vous allez faire là, vous savez, c'est une...

Il hésita.

— Allons, une quoi?
— Eh bien! ce n'est pas à faire.
— Hein! s'écria M. de Cheylus en riant, qu'est-ce que je vous disais hier, ce garçon n'est-il pas admirable? Sur tout, il a des opinions et des mots de cette profondeur. Ce que c'est que d'être doué. Merci de ton observation, mon brave Jean, mais pour le moment, ce dont j'ai besoin, c'est que tu introduises le maire de Saint-Michel aussitôt qu'il arrivera, et que, quand on t'avertira que M. Rivadeynera a sonné, tu viennes me le dire tout de suite. Va, grosse bête.

— Sans doute, continua M. de Cheylus lorsque l'huissier fut sorti, je regrette de faire jouer le rôle d'un entrepreneur à un homme tel que vous; mais enfin c'est une dure nécessité, par laquelle vous devez passer. D'ailleurs je vais arranger les choses de telle sorte que ce rôle sera insignifiant et ne durera que peu de temps.

— Comment cela?

— En écrivant la pièce qui doit enlever l'autorisation du maire de Saint-Michel, je vais vous l'expliquer.

Disant cela, M. de Cheylus se mit à son bureau et commença à écrire, sur une feuille de grand papier à en-tête, la lettre suivante, prononçant haut les mots à mesure qu'il les traçait :

« Monsieur le maire.

« En raison de circonstances urgentes... »

Puis s'arrêtant :

— Quelles circonstances? dit-il; il nous faudrait quelque chose de décisif qui touchât le maire. Bon! j'y suis, un voyage de l'empereur pour visiter Saint-Michel.

« En raison de circonstances urgentes, il est in-

» dispensable de commencer, dans le plus bref
» délai, les travaux de construction du pont de la
» Lizaigne et de les activer avec... »

— Avec quoi?
— Avec rien; et de les activer, suffit.
— Dans le Nord peut-être ; dans le Midi, non.

« De les pousser avec une activité dévorante.
» Dans l'impossibilité où nous nous trouvons
» d'observer les délais réglementaires de l'adjudi-
» cation, il y a donc lieu d'appliquer les disposi-
» tions de l'article 7 de la loi du 19 juillet 1847, et
» de faire exécuter ces travaux par économie... »

— Comment trouvez-vous le « par économie? »
— Très-joli.

« De faire exécuter ces travaux par économie
» sous la régie de M. de Sainte-Austreberthe. »

— Il faut me nommer?
— C'est indispensable; mais, en ne mettant ni
vos prénoms ni votre titre, ce n'est plus vous.

« En conséquence, je vous invite, monsieur le
» maire, à mandater au nom de cet agent... »

— Comment! je deviens un agent? Mais c'est horrible.

— Supérieur ; un agent supérieur n'est plus un agent. Au reste, je vais envelopper le mot.

« A mandater, au nom de cet agent supérieur,
» une avance de vingt mille francs (20,000 fr.) sur
» le montant disponible des ressources de votre
» commune.

» Agréez, monsieur le maire, l'assurance de mon
» attachement.

» Le préfet. »

— N'économisons rien, mettons-nous en cérémonie.

« Le conseiller d'État en service extraor-
» dinaire, préfet de la Gironde, officier
» de la Légion d'honneur,

» Comte DE CHEYLUS. »

— Maintenant le maire peut arriver, il n'a qu'à s'exécuter.

— Il va nous donner les 20,000 francs, tout de suite? C'est charmant.

— Le maire n'a pas les 20,000 francs, mais il va nous donner un mandat sur la caisse du receveur municipal.

— Et alors?

— Alors, comme le receveur municipal, qui va arriver aussi, n'a pas davantage ces 20,000 fr., il va lui falloir une autorisation pour prendre les fonds placés au trésor, et, comme la somme est supérieure à 1,000 francs, je me trouve avoir seul qualité pour autoriser ce remboursement. C'est en ce moment que vous devrez intervenir. Vous quittancerez le mandat et vous prendrez l'engagement par écrit de rapporter, dans un délai de vingt jours, les quittances et les pièces justificatives exigées par les règlements.

— Vous disiez que mon rôle était insignifiant ; il me semble que ces quittances, ces pièces...

— Il n'y aura pour vous ni quittances, ni pièces puisque vous n'aurez pas de travaux à exécuter. Dans huit jours, dix jours, quinze jours, quand vous vous serez procuré ces 20,000 francs, nous apprendrons que le voyage de l'empereur, qui devait se faire très-prochainement, n'aura pas lieu. Alors, l'urgence qu'il y avait à exécuter le pont n'existant plus, nous rentrerons dans la règle ; comme je suis un administrateur soucieux des intérêts de mes communes, je reviendrai à l'adjudication, et vous, comme vous êtes un entrepreneur désintéressé, vous renoncerez à vos travaux « par économie. » Nous serons tous deux les bienfaiteurs de la commune de Saint-Michel. Après avoir déployé le plus grand zèle pour la doter de son pont, nous déploierons non moins de zèle et de vertu, pour que ce pont ne lui coûte pas trop cher. Qui pourrait se plaindre?

— En réalité, je ne vois pas de quoi on se plaindrait; mais, pour m'obliger, ne vous exposez-vous pas à des reproches d'irrégularité?

— L'irrégularité? mais, cher ami, nous y vivons en plein du plus haut au plus bas; et comment pourrait-on gouverner, administrer, si l'on s'enfermait strictement dans la régularité? Ce qui fait la force et la grandeur du gouvernement impérial, c'est qu'il sait se mettre au-dessus des lois, quand cela est utile à tous. Où en serions-nous, si en 1851 le prince-président avait eu la simplicité de rester le serviteur naïf de la constitution? Si l'empereur avait dû demander des crédits au Corps législatif pour entreprendre l'expédition du Mexique, croyez vous que cette expédition eût été entreprise? On aurait chicané, discuté; tandis que, les irrégularités étant commises, il a fallu les couvrir. Si je voulais me lancer dans une énumération, je vous montrerais que tout ce qui a été fait de grand dans ce règne, l'a été en violant les lois ou les règlements.

— Je suis pleinement de votre avis.

— Supposons que d'un inspecteur des finances, d'un ministre, de la Cour des comptes, enfin supposons que d'un côté quelconque me viennent des réclamations au sujet de ces 20,000 francs. Je n'aurai qu'un mot à dire : sans ces 20,000 francs, un grand nom était compromis; sans eux, un mariage, qui peut apporter un appui considérable au gouvernement, était manqué, et je suis certain qu'il ne se trouvera pas un esprit assez pointu pour me blâmer. Au reste, je me moquerais parfaitement de ce blâme, comme je me suis déjà moqué de ceux que la Cour des comptes a tenté plusieurs fois de m'infliger : elle doit commencer à comprendre qu'avec moi ses observations sont en pure perte, je suis plus fort qu'elle.

L'huissier entra.

— M. le maire de Saint-Michel vient d'arriver avec le receveur.

— Fais entrer le maire et prie le receveur d'attendre.

— En même temps que le maire entrait, on est venu me prévenir que M. Rivadeynera avait sonné.

— C'est trop tôt; il nous faut au moins une heure. Qu'on gagne cette heure et qu'on le retienne à sa chambre.

— Mais s'il descend malgré tout?

— Alors tu lui diras que je suis occupé à une affaire très-sérieuse avec M. le vicomte de Sainte-Austreberthe, et que nous le prions de nous attendre quelques minutes. Maintenant au maire. C'est un bonhomme vaniteux, ambitieux, fier comme un paon et bête comme une oie, riche d'ailleurs, et qui eût pu vivre heureux chez lui, mais qui, pour le plaisir de dominer, de commander, de ceindre son bedon d'une écharpe, s'est fait nommer maire dans une commune impossible à administrer. Vous allez voir un homme appliqué aux petites choses et les réunissant.

IX

Le maire de Saint-Michel fit son entrée dans le cabinet du préfet, marchant courbé en deux, le dos voûté, les bras arrondis. C'était, à la lettre, l'homme qui dépose ses hommages aux pieds de son supérieur.

— Mon cher maire, dit M. de Cheylus en le relevant et en lui tapotant la main dans les siennes, arrivez, arrivez vite, vous êtes le bienvenu!

— Suis-je assez malheureux pour avoir fait attendre M. le préfet?

— La vérité est que je vous attends depuis quelques instants, mais il n'y a pas de mal à cela. J'aime à attendre mes amis et vous êtes de mes amis, monsieur le maire. En les attendant, je pense à eux, et quand j'ai quelqu'un avec moi, je parle d'eux. Demandez à M. le vicomte de Sainte-

Austreberthe ce que je disais de vous quand vous êtes entré.

Et comme Sainte-Austreberthe, surpris, hésitait, le préfet continua :

— Je lui disais : Vous allez voir un maire modèle, le roi des maires de mon département. Est-ce vrai cela ?

Sainte-Austreberthe s'inclina, tandis que le maire se redressait et s'élevait dans le ciel.

— Un homme simple, continua le préfet, sans ambition, sans aucune vanité, malgré sa grande intelligence et sa droiture d'esprit, qui eût pu vivre heureux chez lui, et qui, pour le seul plaisir d'être utile, de servir ses concitoyens, a accepté d'être maire dans une commune difficile à administrer. Est-ce vrai encore ?

— Oh! monsieur le préfet !

— Oui, mon cher maire, voilà ce que je pense de vous, et je suis bien aise de vous le dire en face et devant témoin, puisque l'occasion s'en présente. Vous voyez que je vous connais bien.

— C'est trop d'indulgence.

— Je ne suis pas indulgent, car c'est l'indulgence qui perd le gouvernement ; je suis juste et franc. Au reste vous allez en avoir la preuve dans la question que je vais vous adresser. D'avance je vous demande pardon si elle vous blesse, mais la justice veut qu'elle soit posée. Dans les circonstances graves, solennelles, où nous nous trouvons, je ne peux pas m'en fier à la haute opinion que j'ai de vos mérites et de votre caractère ; il me faut plus que les inductions auxquelles je suis amené par la sympathie que j'éprouve pour votre personne, il me faut quelque chose de précis, de certain. Monsieur le maire, êtes-vous discret ? La main sur la conscience, répondez.

— Je ne crois pas que personne sur la terre ou dans le ciel puisse m'accuser d'avoir jamais...

— On ne vous accuse pas d'indiscrétion. C'est moi, mon cher maire, qui, ayant une nouvelle grave à vous communiquer, vous demande si vous êtes homme à la tenir renfermée dans votre cœur sous une triple serrure.

Le maire de Saint-Michel se rappela qu'il avait été une fois chef du jury ; mettant sa main gauche sur son cœur et levant sa main droite, la paume en l'air :

— Sur mon âme et sur ma conscience, dit-il, devant Dieu et devant les hommes, je le jure.

— Vous comprenez, mon cher maire, que cette discrétion doit être absolue, même pour madame...

— Ma femme? vous n'y pensez pas, monsieur le préfet.

— J'y pense beaucoup, au contraire; c'est une personne intelligente, remarquable, digne en tous points d'être la femme d'un homme tel que vous et il est facile d'admettre que...

— Impossible.

— Ni elle ni les autres, n'est-ce pas?

— Comment les autres?

— Silence là-dessus. Quand je vous demande la discrétion, je ne vais pas naturellement vous pousser à parler de choses qu'un galant homme n'avoue jamais; mais enfin je sais à quoi m'en tenir. Monsieur le maire, vous êtes un coquin, un heureux coquin.

— Mais, monsieur le préfet...

— Ne vous défendez pas; je ne vous blâme pas, je vous envie. Quel âge avez-vous?

— Soixante-huit ans.

— Est-ce beau, hein! soixante-huit ans, quel homme! Maintenant, mon cher maire, qu'il est bien entendu que le secret que je vous confie sera gardé fidèlement, voici ce dont il s'agit : il est probable que S. M. l'empereur viendra dans un délai prochain à Bordeaux, et qu'étant à Bordeaux, il visitera Saint-Michel. Êtes-vous en état de le recevoir dans des conditions qui fassent honneur à votre commune ?

Le maire se frappa la tête.

— Et mon pont, mon pont qui n'est pas même commencé. Voyez-vous, monsieur le préfet, il faudra que vous me cassiez mon conseil municipal et que vous me nommiez une commission choisie par nous. Il n'est pas possible d'administrer avec des gens qui se croient tout permis, parce qu'ils ont été choisis par les électeurs. Sans eux, il y a longtemps que notre pont serait construit et d'une façon monumentale. Si S. M. l'empereur vient à Saint-Michel et voit notre pont provisoire, s'il apprend que ce pont dure depuis huit ans, je serai déshonoré.

— Quant à cela, rassurez-vous, l'empereur vous connaît.

— L'empereur me connaît ?

— Mais certainement, et il vous apprécie à votre valeur. Sans doute, Sa Majesté ne connaît pas les 37,000 maires de France ; mais, parmi ces 37,000 maires, il y en a quelques-uns qui s'élèvent au-dessus de la foule, et ceux-là Sa Majésté les connaît. Vous êtes de ce petit nombre, monsieur le maire ; et quand Sa Majesté m'a fait l'honneur de me confier votre département, elle m'a dit : « Vous trouverez là un maire modèle, c'est celui de Saint-Michel. »

— Sa Majesté a dit cela?

— Ce sont ses paroles textuelles. Aussi ne craignez rien, vous ne pouvez pas être déshonoré par suite de l'obstination de votre conseil; non, ce n'est pas là ce qui me peine pour vous, et bien vivement, je vous assure.

— Et quoi donc, monsieur le préfet?

— Vous savez que vous avez été proposé pour la décoration, et, si vous n'êtes pas encore nommé, cela tient uniquement à ce qu'il y a de plus anciens inscrits, qui naturellement doivent passer avant vous. Si grands que soient vos mérites, si incontestés que soient vos droits, il faut attendre que votre tour arrive et je ne dois pas vous cacher qu'il est encore assez éloigné.

— On m'avait fait espérer que...

— Je ne sais pas ce qu'on a pu vous promettre avant ma venue dans votre département, je sais seulement que votre heure n'a pas sonné. Que vous soyez décoré, cela ne fait pas de doute, mais quand? Dans plusieurs années peut-être, cela dépend des extinctions. Il y a là une règle à laquelle l'empereur ne manque que dans certaines circonstances déterminées : ainsi pour ses voyages, dans lesquels il distribue un certain nombre de croix qu'il s'est réservé d'avance. Supposons que le voyage à Saint-Michel s'accomplisse ; en passant sur votre pont tout neuf, je fais remarquer à Sa Majesté qu'il est votre ouvrage, et alors l'empereur trouvant une occasion de vous récompenser exceptionnellement, vous décore de sa propre main, en tête de votre commune. Pas de pont, pas d'occasion exceptionnelle, pas de décoration.

— Mais il nous faut ce pont, monsieur le préfet ; il me le faut.

— Il me le faut aussi, car je tiens à honneur de vous faire décorer, sans que vous attendiez plus longtemps.

— Et quand doit avoir lieu ce voyage ?

— Je ne sais au juste, mais très prochainement.

— Alors il est impossible que le pont soit construit ; les travaux ne sont même pas adjugés, il nous faut observer les délais réglementaires.

— Assurément, s'il fallait observer ces délais, nous ne serions jamais prêts ; mais, comme je veux que nous le soyons et comme vous le voulez aussi, nous le serons.

— Ah ! monsieur le préfet, si vous pouvez cela, vous êtes mon sauveur, mon bienfaiteur.

— Je suis votre ami, et c'est parce que je suis

votre ami que je vous ai fait réveiller cette nuit, aussitôt que M. le vicomte de Sainte-Austreberthe, avec lequel vous avez l'honneur de vous trouver en ce moment, m'a annoncé confidentiellement le voyage de Sa Majesté ; c'est parce que je suis votre ami que j'ai fait venir à la préfecture votre receveur municipal ; enfin c'est parce que je suis votre ami que j'ai préparé d'avance cette lettre, que je vous prie de lire et qui vous expliquera comment vous pouvez être sauvé.

Le maire fut saisi d'un tel trouble de joie, en lisant cette lettre, qu'il resta assez longtemps sans trouver de paroles pour l'exprimer ; les seuls mots qui pussent sortir de ses lèvres frémissantes, étaient « monsieur le préfet, monsieur le préfet. »

— Faites-moi votre mandat, dit celui-ci, qui avait hâte d'en finir.

Pendant que le maire s'installait, l'huissier entra.

— M. Rivadeynera a sonné de nouveau, dit-il à voix basse.

— Encore un quart d'heure.

Le mandat était fait et signé.

— Maintenant, dit M. de Cheylus, je vais donner les instructions au receveur municipal pour qu'il touche immédiatement les 20,000 francs, car je ne peux pas lui faire la confidence que je vous ai faite et il doit ignorer le motif vrai qui nous oblige à tant nous presser. Pendant ce temps, M. de Sainte-Austreberthe vous expliquera comment il entend pousser les travaux.

Sainte-Austreberthe se trouva assez embarrassé, car il n'était nullement préparé à un rôle parlant ; mais il s'aperçut bien vite qu'il pouvait dire impunément tout ce qui lui passait par la tête ; le maire n'écoutait pas et répondait à tout :

— Oui, monsieur, comme vous voudrez ; mais l'essentiel, voyez-vous, c'est d'aller vite. Si le pont ne dure pas, eh bien ! on le recommencera. Qu'il soit assez solide pour que l'empereur puisse passer dessus, et monumental aux yeux, c'est tout ce que je demande.

Au bout d'un quart d'heure, le préfet rentra avec le receveur ; celui-ci tenait dans sa main deux liasses de billets de banque.

Quand le payement fut fait et le receveur parti, le maire voulut se retirer ; mais M. de Cheylus le retint :

— Vous savez, mon cher maire, que vous êtes maître de la paix du monde. Bordeaux est sur la route d'Espagne, et si l'on apprenait, par une indiscrétion de vous, que l'empereur se rapproche de la frontière, cela pourrait amener des incidents diplomatiques dont vous auriez la responsabilité. *Choses d'Espagne*, vous savez combien c'est grave.

— Eh bien ! dit M. de Cheylus lorsque le maire fut sorti, comment trouvez-vous que j'ai enlevé les 20,000 francs ?

— Vous avez été admirable.

— N'est-ce pas que c'est amusant de remuer les ficelles humaines ?

Don José Rivadeynera se fit annoncer et, après un moment de conversation, Sainte-Austreberthe lui passa discrètement, tout en causant, les deux liasses de billets.

— Est-ce que vous partez aujourd'hui pour Madrid ? demanda M. de Cheylus.

— Non, je vais passer la journée d'aujourd'hui et de demain à Château-Pignon, chez M. Donis.

— Alors nous aurons sans doute le plaisir de nous revoir, car je vais demain à Pressac, près de Château-Pignon, inaugurer une mairie et des écoles, et je ne manquerai pas de faire une visite à M. Donis. Sainte-Austreberthe, vous viendrez avec moi, n'est-ce pas ?

— Est-ce que ce sera amusant ?

— Vous me verrez manœuvrer les pompiers, et je crois que c'est assez drôle.

X

A l'époque où se passe ce récit, le chemin de fer du Médoc n'était point encore en exploitation, et, pour se rendre en voiture de Bordeaux à Pressac, qui est une grosse bourgade du haut Médoc, il fallait près de trois heures.

— J'aurai encore à vous faire lever de bonne heure, dit M. de Cheylus à Sainte-Austreberthe, car l'inauguration est fixée à midi, et j'aime à surprendre mon monde.

Quand Sainte-Austreberthe descendit de sa chambre, à huit heures du matin, il trouva le préfet qui faisait placer sur les coussins de la berline une vingtaine de dossiers, enveloppés chacun dans une couverture annotée, et l'on partit aussitôt par les allées de Tourny.

— Cher ami, dit le préfet en passant devant la statue équestre de Napoléon III, qui porte, sur piédestal de granit, l'inscription légendaire : *l'Empire, c'est la paix ;* je vous demande pardon de vous fausser compagnie, mais j'ai à travailler.

— Vous allez lire tout cela? s'écria Sainte-Austreberthe effrayé.

— Mais oui. Chaque fois que je vais en tournée dans mon département, je me fais préparer toutes les affaires qui concernent les communes que je dois visiter; en quelques lignes, on me les résume. Je les étudie en chemin, et en arrivant elles ont une solution. Cette solution est-elle bonne, ou bien est-elle mauvaise? Peu importe : l'essentiel est que ce soit une solution. Avec moi, pas d'affaires qui traînent, et c'est à cela que je dois ma réputation d'administrateur : je fais quelque chose, tandis que tant de mes confrères ne font rien du tout. Je n'affirme pas que ce quelque chose soit la perfection, mais où est la perfection? Dans toute affaire il y a du bon et du mauvais de chaque côté : si je me trompe aujourd'hui, j'ai chance de me rattraper demain, et, comme je n'ai pas de parti pris, ça finit par s'équilibrer. C'est la règle de la roulette. Pour passer votre temps, voici des journaux.

— Merci, je ne les lis jamais; la politique m'ennuie.

— Et la littérature?

— Est-ce qu'il y a encore une littérature?

Pendant deux heures le préfet resta la tête penchée sur ses dossiers; lorsqu'il en avait lu un, il écrivait rapidement au crayon quelques mots sur la couverture, et il en ouvrait aussitôt un autre. Enfermé la nuit dans son cabinet silencieux, il n'eût pas été plus attentif qu'il ne l'était dans cette voiture, qui traversait au trot de ses deux chevaux les magnifiques vignobles du Médoc, Ludon, Château Margaux, Château-Rauzan, et qui, selon les hasards de la route, se trouvait de temps en temps en face de ravissants points de vue sur le cours de la Gironde, couverte d'îles vertes et de navires aux voiles blanches. Quelqu'un qui n'eût vu M. de Cheylus que dans ses salons de la préfecture, avec son air vain et suffisant, son joli visage aux cheveux frisés, sa légèreté apparente, sa politesse méprisante, ne l'eût pas reconnu dans le travailleur qui passait là, absorbé dans un effort de volonté toute puissante.

Enfin il ferma le dernier dossier et, le poussant du bout de ses bottines dans un coin de la voiture :

— Me voici tout à vous, cher ami, dit-il avec bonne humeur; ma tâche est faite. Maintenant, jusqu'à notre arrivée à Pressac, nous pouvons causer, et franchement, il en est temps, car il ne faut pas que vous tombiez sur les Donis sans avoir, vous aussi, votre dossier. Absorbé avant-hier par notre Espagnol, hier par le maire de Saint-Michel et les affaires de la préfecture qui m'ont pris toute ma journée, je n'ai pas pu vous faire connaître votre future famille ; mais, puisque nous avons encore une heure de tête-à-tête devant nous, profitons-en. Vous connaissez M. Donis?

— Je l'ai rencontré quelquefois quand il était député.

— Je n'ai donc rien à vous dire du bonhomme ; cependant il ne faut pas que vous vous laissiez tromper par son apparence saine et solide ; en réalité, il est usé et épuisé par le travail.

— Pour un beau-père, ce n'est pas là une mauvaise note.

— Si le travail a ajouté plus de vingt années à ses cinquante ans, il lui a donné, par compensation, une belle, une très-belle fortune

— Qu'appelez-vous une belle fortune? Cela est relatif : belle à Bordeaux, elle peut être médiocre à Paris.

— Ceci est une erreur, cher ami : une belle fortune à Bordeaux ou à Marseille est une belle fortune à Paris ; sous le rapport de la fortune, nous n'avons point la médiocrité provinciale que vous vous imaginez. Enfin, comment trouvez-vous douze ou quinze millions ?

— Six cent mille francs de rente ? On ne peut guère vivre à moins, car les femmes et les enfants coûtent très-cher.

— C'est précisément la fortune du père Donis, et ce qu'il y a d'admirable, c'est que la spéculation n'entre pour rien dans cette fortune gagnée sou à sou : c'est le commerce, l'entente des affaires, la finesse, la hardiesse, la volonté, la probité qui l'ont acquise. Nous allons passer tout à l'heure dans le village où Donis est né, et je vais vous montrer la boutique où son père était tonnelier.

— Non, ne me la montrez pas, je vous prie; j'ai le malheur de ne pas oublier ce que j'ai vu, et, si j'épouse mademoiselle Donis, je ne tiens pas à garder dans ma tête le souvenir d'un grand-père artisan. Cela pourrait nuire à ma femme.

— C'est de cette... maison que Donis est parti pour venir petit commis à Bordeaux; à vingt-trois ans, il était caissier de la maison dans laquelle il était entré; à vingt-huit ans, gérant; à trente ans, maître. C'est à cette époque qu'il s'est marié, et bien qu'il fût déjà en position de faire un mariage d'argent, il fit un mariage sinon d'amour au moins d'inclination, en épousant la fille d'un juge de paix des Landes. Le juge de paix vous gêne-t-il ?

— Mon Dieu ! non ; on en fait, dans la conversation, un magistrat.

— Celui-là est d'autant moins gênant que son nom est universellement respecté dans ce pays. Parlez du père Azimbert à n'importe qui, et partout vous aurez la même réponse : « Le juge de paix de Gabas, quel brave homme ! » C'est celle que j'ai obtenue quand je me suis occupé de mon enquête sur la famille Donis. Depuis quarante ans il est juge de paix à Gabas, et tous les gouvernements l'ont conservé, bien que ses opinions républicaines soient à peu près intraitables ; c'est une sorte de patriarche, vivant dans une petite métairie et rendant la justice comme un grand chef.

— Le grand-père m'inquiète peu, c'est de la fille que j'ai souci.

— Nous y arrivons, madame Donis vécut peu, et mademoiselle Marthe Donis...

— Marthe n'est pas trop bourgeois.

— Quand vous l'aurez vue, vous trouverez qu'elle aussi n'est pas trop bourgeoise. Mademoiselle Marthe Donis fut élevée par son père.

— Et comment élevée?

— Aussi bien qu'on peut l'être. Au reste, son éducation première a été perfectionnée à Paris, dans une maison religieuse à la mode, et, de ce côté, vous n'aurez rien à désirer. Jusqu'à présent, je ne vous ai parlé que des avantages qui se rencontrent dans la famille Donis : grande fortune, réputation immaculée, fille unique, et père menacé d'une mort assez prochaine. Maintenant j'ai à vous présenter un point de vue moins favorable. Il y a quelques années, M. Donis s'est remarié.

— Aïe ! la belle-mère est jeune.

— Trente ans environ et de plus, belle encore ; en parlant d'elle, on dit toujours « la belle madame Donis; » et vous verrez que l'épithète n'a rien de gascon.

— Alors que parlez-vous de fille unique?

— Depuis qu'elle est mariée, madame Donis n'a pas eu d'enfants; il n'est pas probable qu'elle en ait maintenant.

— A moi, il me paraît certain qu'elle en aura. Une femme qui arrive à trente ans veut des enfants, et elle en veut surtout quand elle a intérêt à en avoir. Or, cet intérêt est évident pour madame Donis.

— Enfin, mon cher, elle n'en a pas pour le moment; si vous voulez qu'elle n'en ait pas plus tard, ce sera à vous de la surveiller.

— Pourquoi, diable ! M. Donis s'est-il marié?

— Parce que, bien qu'il soit homme de commerce et d'argent, il est en même temps homme de cœur et de sentiment; il avait besoin de tendresse.

— Vous me disiez que c'était un homme intelligent.

— Il a cru qu'il trouverait cette tendresse dans le mariage. Quant à madame Donis...

— Pour elle, il n'y a pas à chercher, la fortune du mari était une raison déterminante.

— Je ne sais si la fortune eût été déterminante, comme vous le croyez, car mademoiselle du Prada était la jeune fille la plus fière de la Gascogne.

— Je ne vous comprends plus. Comment, étant noble et étant fière, a-t-elle épousé un commerçant?

— Parce qu'elle était trop pauvre pour trouver un mari de son rang; elle s'est alors rabattue sur un homme dont la réputation était une sorte de noblesse. Si vous saviez de quelle estime M. Donis jouit à Bordeaux, vous pourriez comprendre qu'on soit fière d'être sa femme. Ne vous plaignez pas d'elle avant de la connaître, elle sera très-probablement notre alliée, votre nom et votre origine auront beaucoup plus d'influence sur elle que sur le père Donis, sensible à d'autres qualités.

— Mon père m'avait parlé d'un prétendant, est-ce sérieux ?

— Là-dessus, je ne peux pas vous répondre d'une façon positive. Philippe Heyrem est admis dans la maison sur le pied de l'intimité, mais M. Donis le prendra-t-il pour gendre ? C'est une question. Philippe Heyrem est un garçon de vingt-six ans, fils de Jacques Heyrem, député de Bordeaux sous le gouvernement de Juillet, ami personnel du roi et familier du château ; il est élève de l'École polytechnique et ingénieur des mines ; à sa sortie de l'école, il a fait un voyage autour du monde, dont le récit a obtenu un certain succès. En ce moment, il s'occupe d'études hydrographiques sur la Gironde. Il n'a aucune fortune ; il n'a pas de position, et il n'en aura jamais sous le gouvernement de l'empereur. Je ne le crois donc pas aussi redoutable pour nous, que certaines personnes de ses amis et du monde orléaniste, veulent bien le dire à Bordeaux. Enfin, cher ami, voilà la situation et les personnages ; à vous d'en tirer parti. Maintenant voici le domaine de votre future.

— Où cela ?

— Là, de ce côté, au milieu de ces bouquets de bois, ce château à tourelles pointues, élevé sur cette terrasse à balustres, c'est Château-Pignon. Le vignoble qui l'entoure et descend jusqu'aux prairies fournit annuellement cent à cent-vingt tonneaux de vin se vendant d'ordinaire 1,500 à 2,000 francs. Château-Pignon était classé autrefois dans la troisième classe des grands crus du Médoc; depuis qu'il appartient à M. Donis, il a été admis par le jury dans la deuxième, grâce aux soins du nouveau propriétaire, qui a bien plus souci de la qualité que de la quantité. M. Donis, qui a plusieurs navires faisant régulièrement les voyages de l'Inde, les charge tous, pour une certaine partie, de son vin, qu'il soigne comme un père soigne ses enfants, et quand nous visiterons ses chais, qui sont des palais, vous verrez des bouteilles couchées sur des étagères dorées.

— Et pour quand cette visite?

— Je voudrais vous dire pour tout de suite; mais l'heure de l'inauguration approche, ce sera pour après le banquet. Pardonnez-moi ce retard, je comprends votre impatience.

— J'avoue que Château-Pignon me plaît et m'attire. Pourvu que le petit Rivadeynera...

Mais la phrase de Sainte-Austreberthe fut coupée par deux détonations : la voiture de M. le préfet venait de toucher le territoire de Pressac ; on saluait son arrivée triomphale par le canon.

XI

M. de Cheylus n'avait eu aucune part aux travaux de construction de la mairie et des écoles de Pressac ; ces travaux avaient été décidés et exécutés alors qu'il était encore dans le Bas-Rhin. C'était donc à son prédécesseur que la reconnaissance des habitants devait remonter, si toutefois il y avait lieu à reconnaissance pour un monument qui endettait lourdement la commune ; cependant c'était à lui qu'on la témoignait de cette façon bruyante. N'était-il pas M. le préfet ?

Depuis plusieurs jours on travaillait à exécuter un arc de triomphe sur la place ; le monument neuf avait été enguirlandé de drapeaux et de feuillages ; la rue principale avait été sablée ; pendant toute la semaine, les pompiers s'étaient exercés à la manœuvre des armes ; la musique avait répété son salut et son pas redoublé en parcourant les quatre coins de la ville ; d'autres pompiers étaient arrivés dans la matinée, venant des communes environnantes, dans un rayon de dix lieues, pour être passés en revue par le préfet et banqueter ; les tables de ce banquet étaient dressées au milieu de la grande place, sous des tentes, tandis que, dans la salle principale de la nouvelle mairie, une autre était servie pour les autorités ; chaque soir, pendant toute la semaine, on avait tiré le canon pour ne pas rater le salut d'entrée, et c'en était plus qu'il n'était nécessaire de tous ces préparatifs pour exciter la curiosité des habitants: on allait donc voir défiler des pompiers ; on allait entendre les commandements : « Portez armes ! » On respirerait l'odeur de la poudre ; il y aurait des drapeaux voltigeant au vent ; un ballon ferait son ascension après le banquet. Les esprits et les cœurs étaient préparés.

L'explosion des pierriers annonçant l'arrivée de l'équipage préfectoral, mit le feu à l'enthousiasme : les pompiers coururent aux armes, se coiffant de leur casque, bouclant leur ceinturon ; essuyant, de la paume de la main, le vin qui leur teignait les lèvres ; les habitants se mirent aux fenêtres ou montèrent sur des chaises, et, quand la berline, entourée de gamins essoufflés, arriva au grand trot de ses chevaux, blancs d'écume, et qu'on vit dedans un petit homme en habit brodé, qui saluait la foule en souriant gracieusement, on se mit à crier avec frénésie :

— Vive M. le préfet, vive le préfet !

Si l'on avait demandé à ceux qui s'échauffaient le plus pourquoi ils étaient si joyeux, bien peu eussent pu répondre, si ce n'est qu'il y a des heures où l'on a besoin de crier, et que plus on crie, plus on est joyeux.

Le cérémonial avait été scrupuleusement réglé à l'avance : le préfet, après avoir serré la main des autorités, devait se placer au centre des musiques et écouter leur salut.

— Venez, cher ami, dit-il à Sainte-Austreberthe, et écoutons religieusement ; si vous pouvez dodeliner de la tête ou prendre l'air de douce béatitude d'un abonné du Conservatoire, cela fera très-bien dans le pays. J'ai déjà dit au maire qui vous étiez, et l'on croit que vous avez été envoyé par l'empereur pour le représenter à cette inauguration : quand on criera « Vive l'empereur, » le cri s'adressera à vous, saluez.

Les musiciens s'étaient tant bien que mal mis à peu près d'accord ; le salut commença par un formidable coup de grosse caisse et un ensemble de tous les instruments de cuivre, puis les flûtes et les clarinettes modulèrent doucement une phrase aimable.

Le préfet et Sainte-Austreberthe étaient au milieu du cercle formé par les musiciens, et, par-dessus les pavillons des instruments, ils regardaient les habitants qui se dressaient sur leurs pieds, et, la bouche ouverte, les yeux écarquillés, les contemplaient.

Pendant que les petits instruments jouaient, les cuivres se reposaient.

— Regarde donc la préfète, dit le trombone à l'ophicléide, son voisin, en lui désignant une tête de jeune fille, qui regardait le préfet avec des yeux, dont l'expression avait quelque chose de frappant.

M. de Cheylus avait l'oreille fine; il entendit cette observation, et, se retournant vivement vers celui qui l'avait faite à mi-voix :

— Eh bien, quoi ? la préfète, dit-il moitié sérieux moitié railleur, qu'est-ce que tu veux dire ? Je ne lui ai pas fait de mal, n'est-ce pas ? Elle ne se plaint pas ; alors laisse-la tranquille, souffle dans ton trombone et tais-toi.

La reprise des cuivres était arrivée ; le malheureux ainsi interpellé applique son instrument à ses lèvres et, allongeant le bras de toute sa longueur, poussa une note déchirante.

— Qu'est-ce que cela signifie ? demanda Sainte-Austreberthe, interloqué.

— Je suis venu à Pressac il y a deux mois, répondit M. de Cheylus en parlant derrière son chapeau, qu'il prit à sa main, et j'ai remarqué cette petite fille que vous voyez là. J'ai dit au maire combien je la trouvais charmante.

— Ravissante en effet, on ne peut pas être plus fraîche ; c'est une rose.

— C'était un bouton. En causant avec le maire, je revins plusieurs fois sur le charme de cette petite, qui me plaisait infiniment ; puis je me remis en route pour Bordeaux. Lorsque je fus parti, le maire, qui voulait se mettre bien avec son nouveau préfet, fit venir la petite et lui dit l'effet qu'elle avait produit sur moi. — Tu devrais aller à Bordeaux, lui dit-il ; tu ferais du préfet ce que tu voudrais, il est fou de toi. — Moi, je veux bien, dit-elle ; mais il faut que je consulte mes parents. Elle consulta ses parents, son amant aussi, je crois, et l'avis unanime fut qu'elle devait venir à Bordeaux. L'ambition avait mordu ces honnêtes villageois ; ils voyaient leur fille préfète de la main gauche, se servant de sa main droite pour leur ouvrir la porte des faveurs et des richesses ; celui-ci serait garde champêtre, celui-là cantonnier, etc., etc. La petite fait son paquet et arrive à la préfecture à huit heures du matin. — C'est moi, dit-elle à Poultier avec sa plus belle révérence ; je viens voir M. le préfet, comme il l'a demandé. — Poultier m'annonce qu'il a dans son antichambre une jeune fille qui vient me voir, comme je l'avais demandé. Naturellement je ne pensais plus à cette petite, et je réponds qu'on renvoie la solliciteuse. Mais elle ne se trouble pas : « C'est de la part du maire de Pressac, » dit-elle en insistant. Là-dessus je comprends et je la reçois à bras ouverts. Bien entendu, je ne l'ai pas gardée ; je l'ai renvoyée le lendemain avec quelques louis, et les gens d'ici, en la voyant revenir si vite, lui ont fait une sorte de charivari. « Voilà la préfète. — Tu es revenue bien vite, madame la préfète. — Tu n'as pas été longtemps préfète. » Depuis ils ne l'appellent plus que la préfète. Sont-ils bêtes !

Le salut terminé, on visita la mairie. C'était un monument comme on en a tant construit à cette époque. c'est-à-dire beaucoup trop important pour la commune : on aurait dû dépenser 100,000 ou 1 0 0 fr., on en avait dépensé 500,000 ; mais le maire avait l'honneur d'avoir, sous son administration, élevé un monument, et l'architecte avait le plaisir de toucher 25,000 francs d'honoraires au lieu de 5,000.

Le cuisinier qui avait préparé le banquet se trouva en retard, et, en attendant, le préfet voulut employer son temps à faire la cour à ses administrés.

Pour ne pas perdre sa peine, il se fit désigner par un conseiller général les personnages les plus influents de la contrée ; car, nouveau venu dans le département, il n'y connaissait encore personne.

— M. Techouyère est ce grand, là-bas, n'est-ce pas ?

— Non, c'est le gros.

— Celui qui a l'air d'un parfait imbécile ?

— Précisément.

— Et M. Laroussinerie est ce vieux à prestance militaire ? Vous dites que c'est un lieutenant-colonel retraité, riche, qui a un fils à Saint-Cyr, dont il est mécontent.

— Oui, monsieur le préfet.

— Je vous remercie, je vais leur parler. Venez avec moi, Sainte-Austreberthe.

Alors, s'approchant de M. Techouyère, celui qu'il avait qualifié de parfait imbécile :

— Monsieur Techouyère, dit-il, voulez-vous me permettre de vous serrer la main ?

— Je ne savais pas avoir l'honneur d'être connu de M. le préfet.

— Comment, connu ! dites estimé, aimé, je vous prie. Je vous connais comme je connais tous les gens intelligents de mon département, et vous êtes à la tête de ceux-là ; je ne le saurais pas, je le lirais sur votre visage. Mais je le sais, et voilà pourquoi je vous estime, — un serrement de main, — je vous aime, — nouveau serrement de main plus prolongé et plus ému. Faites-moi, de votre côté, l'honneur de m'accorder votre estime, et, quand vous viendrez à Bordeaux, j'attends votre visite ; nous causerons ; j'ai besoin de m'éclairer ; pour cela je compte sur vous. Au revoir, monsieur Techouyère ; à bientôt.

Puis, laissant là M. Techouyère ébahi et gonflé de joie, il passa au lieutenant-colonel.

— Eh bien, monsieur Laroussinerie, dit-il, comment va notre élève de Saint-Cyr ?

— Est-ce que monsieur le préfet connaît mon gredin de fils ?

— D'abord, mon cher monsieur, votre fils n'est pas un gredin ; c'est un garçon à la tête vive, au tempérament ardent, mais au cœur excellent, et par là nous savons bien à qui il ressemble. Vous qui avez ce cœur-là, est-ce que vous avez été un gredin ?

— Moi, monsieur le préfet, je travaillais, et mon chenapan de fils ne fiche rien.

— Le tempérament, colonel ; on ne sait pas quelle puissance le tempérament a sur la volonté. Qui n'a pas fait de folie dans sa vie ? Moi-même qui vous parle, est-ce que je n'ai pas eu bien des choses à me reprocher ? mais j'avais du cœur, et le cœur m'a sauvé. Il sauvera aussi votre fils. J'écrirai au général commandant l'école ; il verra votre fils, il s'en occupera, et le numéro de sortie sera un bon numéro, croyez-le. Alors on viendra remercier son préfet ; celui-ci ne perdra pas de vue le fils du brave soldat, et quand un jour, qui n'est pas éloigné, le jeune homme portera là, sur le cœur, la croix de son père, ce préfet sera heureux d'avoir appelé la justice du gouvernement sur le fils d'un homme qui n'a pas obtenu tout ce qu'il méritait. En attendant, de l'indulgence, colonel ; de l'indulgence pour le fils, et pour le préfet un peu d'amitié.

Sainte-Austreberthe était stupéfait de cette souplesse à jouer tous les rôles ; il le fut plus encore en écoutant le discours que M. de Cheylus prononça à la fin du banquet. Au milieu de ce discours, qui avait débuté par l'éloge du souverain et de la famille impériale, le préfet se pencha à son oreille :

— Si je les faisais pleurer, dit-il à voix basse, faut-il y aller de la larme ?

— Allez-y !

Alors le préfet, prenant les écoles pour thème de ses paroles, s'était élevé aux plus touchantes considérations sur l'influence de l'éducation au point de vue de la moralisation du peuple : jamais on n'avait parlé de l'honnêteté des mœurs, de la sainteté du mariage, de la probité des hommes, de la pureté des jeunes filles avec une émotion aussi communicative. Les yeux s'étaient bientôt mouillés, et en s'asseyant aux cris de « Vive le préfet ! » M. de Cheylus avait lui-même essuyé sur sa joue, une larme qui menaçait de défriser sa moustache.

Le départ du ballon abrégea les toasts : il était gonflé, ce ballon, et le vent qui s'était élevé menaçait de le déchirer.

Au moment où les autorités prenaient place sur l'estrade qui leur avait été préparée, on vit arriver un grand break. C'était la famille Donis.

— Voici votre famille future, dit le préfet à voix basse : M. Donis, la belle madame Donis, et mademoiselle Marthe ; le jeune homme brun est Philippe Heyrem, le grand blond qui donne la main au petit

Rivadeynera est un jeune homme de Bordeaux qu'on appelle M. de Mériolle de Brossan de Gaudens.

Puis, s'adressant à ceux qui l'entouraient :

— Ne ferons-nous pas place près de nous à la famille Donis ? dit-il.

Sans attendre une réponse, il quitta l'estrade pour aller chercher les nouveaux arrivants, et bientôt après, conduisant madame Donis par la main, il les ramena et les installa. Puis alors il leur présenta le vicomte de Sainte-Austreberthe, son ami.

— Madame, dit-il, en s'adressant à madame Donis, ne m'en veuillez pas si je ne vous ai pas encore fait une visite ; j'attendais d'être libéré de mes devoirs de préfet.

— Après la cérémonie, nous rentrons au château; nous serons heureux de vous y recevoir, ainsi que M. le vicomte de Sainte-Austreberthe.

XII

— Eh bien, mon cher, dit M. de Cheylus à Sainte-Austreberthe lorsqu'il se trouva seul avec celui-ci dans sa voiture, qui suivait le breack sur le chemin du Château-Pignon, vous voilà dans la bergerie ?

— Et j'avoue que les brebis sont des plus agréables ; la jeune fille est charmante avec ses cheveux noirs, ses yeux profonds et sa carnation éblouissante de fraîcheur. Quel âge a-t-elle au juste ?

— Dix-neuf ans.

— C'est déjà une femme, et cependant c'est encore une enfant. Savez-vous que, pour une fille de bourgeois, elle a la main d'une rare distinction, délicate et fière ? Mais ce que j'aime surtout en elle, c'est l'apparence de santé qui se lit dans toute sa personne. Depuis que l'idée m'est venue de me marier, je me suis arrêté à deux conditions essentielles chez celle que j'épouserai : la distinction et la santé. Je veux que le jour où, m'étant jeté dans les affaires, je serai ambassadeur ou ministre, ma femme soit en situation de me servir au lieu de m'être un boulet à traîner. De plus, je veux qu'elle soit assez solide pour me faire des enfants sains et vigoureux ; j'aurais un enfant affecté d'un vice congénial, scrofuleux, par exemple, je le tuerais.

— Vous pensez donc aux enfants. J'avoue, cher ami, que je ne vous vois pas dans un rôle de père noble.

— Si l'on a le malheur de perdre sa femme sans qu'elle laisse des enfants, la fortune dont elle vous a fait l'apport retourne généralement à ses parents, n'est-ce pas? D'un autre côté, si les enfants qu'elle laisse sont chétifs et meurent jeunes, la fortune dont ils ont hérité, à la mort de leur mère, ne reste pas entière aux mains du père. Il faut donc, dans un ménage constitué en vue de l'avenir, des enfants solides. Mais ce n'est pas là l'unique raison qui m'en fait désirer : je suis le seul fils de mon père, et avec moi s'éteindrait la branche aînée des Sainte-Austreberthe. Dans notre famille, nous tenons à notre nom. Or, je ne mets nulle difficulté à reconnaître que, si je prenais une femme chétive, une Parisienne ou bien une fille de sang noble parfaitement pur et ne s'étant point régénéré depuis longtemps par quelque bonne mésalliance, nous aurions de grandes chances pour n'avoir point les enfants que je veux. Je ne me fais pas d'illusions sur mon compte, et il faut que ce soit la mère qui donne à mes enfants la force que le père n'a plus. Par ses qualités de jeunesse, de vigueur, de santé, mademoiselle Donis est précisément la femme propre à cette espèce de régénération ; je vous déclare donc, mon cher comte, que je ferai tout au monde pour devenir son mari.

— J'aime à vous voir dans ces dispositions, car la place sera assez difficile à enlever, pour que celui qui doit donner l'assaut, soit décidé à ne pas se ménager.

— Ce Philippe Heyrem, que j'ai examiné, me paraît dangereux ; il est bien, il paraît intelligent, il a des yeux doux et résolus qui sont toujours si puissants sur les femmes : c'est un homme qui doit plaire, qui peut très-justement inspirer une passion. Que faire contre une passion? Quant à don José, il n'est pas redoutable par là ; mais, s'il prétend à la main de mademoiselle Marthe, la fortune de son père doit être d'un poids décisif auprès de M. Donis. Quant à ce grand jeune homme que vous avez appelé de Gaudens...

— Oh ! celui-là n'est à craindre sous aucun rapport. C'est un garçon qui a pour tout avantage de s'appeler de Mériolle de Brossac de Gaudens ; ces trois noms réunis font sa gloire et sa position, il en est tellement fier qu'il ne les échangerait pas contre celui de Montmorency tout court. C'est la fleur des pois de mes gandins de Bordeaux, où il vit assez péniblement d'une vingtaine de mille francs de rente, qui lui restent sur ses revenus, absorbés par des hypothèques. Il est reçu partout, mais il est absolument sans conséquence. Ce n'est pas à lui que M. Donis donnerait sa fille ; je suis même assez surpris de le voir sur ce pied d'intimité à Château-Pignon. D'ailleurs, quand je parle de difficultés, je n'entends pas celles qui peuvent venir des prétendants de mademoiselle Donis ; vous comprenez qu'une jeune fille dans sa position en a eu, en a, en aura de toutes sortes, jusqu'au jour de son mariage. Non, j'entends celles qui peuvent venir de M. Donis lui-même, et qui nous sont, jusqu'à un certain point, personnelles.

— Mon père me disait qu'il était possible de mettre en jeu son ambition.

— Je l'espère, mais cela eût été plus facile il y a quelques années. Il était alors député de la Gironde et dévoué au gouvernement. Si, à cette époque, sa fille avait été d'âge à se marier et si vous vous étiez présenté, il eût été facile de parler, avec chance de succès, à sa gloriole. Quand on est parti de bas, on est toujours sensible à la vanité, si intelligent qu'on soit. On eût pu lui parler du ministère, du sénat, et il eût ouvert l'oreille à ces espérances. Sénateur, le fils du tonnelier, cela eût été un puissant appât; un gendre ministre à Lisbonne ou à La Haye, cela eût été un miroir attractif capable d'abuser la sûreté de son coup d'œil. Mais, pour avoir fait une opposition ouverte au projet de loi sur la dotation Palikao, il est devenu l'ennemi du gouvernement, qui l'a combattu aux élections et l'a fait échouer; comment maintenant lui montrer les appâts qui eussent pu le tenter? « Votre gouvernement, nous dira-t-il, n'est plus le mien; je ne veux rien de lui. Un gendre bien en cour, que m'importe? qu'a-t-il à son crédit en plus de cette valeur, que je n'accepte pas? » C'est là, cher ami, qu'est le point faible de notre position.

Pendant un moment assez long, Sainte-Austreberthe garda le silence; puis tout à coup relevant la tête :

— Si je devenais l'amant de la belle-mère, dit-il; elle ne me refuserait peut-être pas sa belle-fille, et, en considérant madame Donis, ce moyen n'a rien qui me répugne. Elle est encore très-belle malgré ses trente ans. Je suis de l'avis des Bordelais et tout disposé à dire comme eux : « la belle madame Donis, » il y a en elle quelque chose d'ardent, de concentré qui attire : on dirait un brasier de charbon qui n'attend qu'un souffle pour flamber.

— N'oubliez pas que vous êtes ici dans un monde bourgeois et provincial.

— Il me semble que l'amour n'a point de préjugés de race, et que les bourgeoises peuvent aimer aussi bien que les duchesses, les provinciales que les Parisiennes.

— Ce n'est pas cela que je veux dire. Que madame Donis vous aime, si vous voulez prendre la peine de vous faire aimer, c'est possible ; mais qu'elle vous donne sa belle-fille, par cela seul que vous êtes son amant, c'est une autre affaire. Voyez-vous, les femmes ont un système de circonstances atténuantes par ici, de compensations par là, de justice supérieure, de droits préexistants, auxquels nous n'entendons rien, nous autres. Ainsi madame Donis peut avoir des raisons excellentes (à ses yeux) pour tromper son mari, qui l'a tirée de la misère ; elle peut en avoir d'autres pour trouver qu'elle n'est pas trop coupable de vous aimer. Mais vous donner sa belle-fille ? Non. Voyez-vous, cela n'est ni dans son tempérament, ni dans son caractère, ni dans son éducation, ni dans son monde. Nous sommes à Bordeaux, cher ami; nous sommes à Bordeaux.

— Et l'heure de Bordeaux retarde sur celle de Paris.

— De douze minutes précisément; en morale, c'est considérable. Donc, si vous voulez m'en croire, vous vous attacherez en commençant par plaire à madame Donis; une femme, si honnête qu'elle soit, est toujours émue des sentiments qu'elle inspire même quand ces sentiments toucheraient à l'amour. Mais vous vous en tiendrez là. Moi, de mon côté, je m'appliquerai à faire la conquête de M. Donis et à le ramener au gouvernement. Après, nous aviserons. Mais nous voici arrivés. A nos rôles; au rideau! comme on dit au théâtre. Seigneur Léandre, je suis votre valet.

Depuis quelques instants déjà, Sainte-Austreberthe n'écoutait plus le préfet que d'une oreille distraite; son attention était occupée ailleurs. Il regardait autour de lui, et ses yeux allaient des vignes aux prairies, des prairies aux bois, des bois aux jardins, des jardins au château et aux chais. C'était le coup d'œil de l'expert qui mesure une propriété et estime sa valeur.

Ce qui fait le prix de Château-Pignon, c'est sa situation au milieu d'une oasis de verdure. Tandis que, sur cette longue colline graveleuse du Médoc, tant de châteaux sont bâtis au milieu des vignes qui occupent tout le terrain, celui-là s'élève au milieu de jardins aux pelouses verdoyantes et de bois ombreux. Au lieu de tout sacrifier au vignoble, comme leurs voisins, les divers propriétaires qui se sont succédé dans ce domaine ont réservé quelque chose à l'habitation : de là des gazons qui se relient aux prairies de la Gironde, des taillis, des bouquets de grands arbres, des herbes, des fleurs, des oiseaux, le plaisir des yeux et le charme de la promenade. Il est juste de dire, pour ne pas exagérer le goût et le désintéressement de ces propriétaires, que le château se dresse sur une colline au sol argileux, et que les vignobles du Médoc ne donnent des récoltes de valeur que dans des terres cailloutcuses ; planter des vignes sur cette colline fertile eût été augmenter de beaucoup le produit du domaine, mais cette augmentation en quantité eût été suivie d'une diminution en qualité qui eût déshonoré le cru de Château-Pignon. Or, chacun sai que ce qu'on paye cher dans ces grands crus du Médoc, c'est surtout la réputation.

Sainte-Austreberthe, par nature, par éducation,

par goût, par habitude, était peu sensible aux beautés du paysage; cependant, en arrivant sur la terrasse qui s'étend devant le château et domine le cours de la Gironde, il eut un moment de surprise agréable.

Devant lui, au delà des jardins et des prairies qui descendaient en pente douce, s'étalait la Gironde large et puissante, tranquille comme un beau lac. Sous les rayons du soleil qui commençait à s'abaisser vers le couchant, ses eaux éclairaient toute la contrée, et, entre deux rives verdoyantes, elles formaient une immense coulée blanche qui, tout au loin, se perdait dans l'azur du ciel. C'était l'heure de la marée, et le fleuve était couvert çà et là de navires aux voiles déployées, qui profitaient de la mer montante et du vent d'ouest pour se diriger vers Bordeaux; tandis que des vapeurs noirs, déroulant derrière eux des cordons de fumée, arrivaient en sens contraire.

Parmi ces navires, il y en eut un des plus grands, qui, en arrivant par le travers de Château-Pignon, hissa le pavillon de son armateur en tête de son mât; puis, en même temps, on vit deux petits nuages de fumée jaillir de ses flancs et deux détonations retentirent.

C'était précisément le moment où l'on descendait de voiture.

— C'est un de mes navires, dit M. Donis, le *Dupleix*, qui arrive des mers de la Chine, et qui me fait la politesse de son salut. Il était au Verdon depuis ce matin. Je suis curieux d'apprendre maintenant comment il va remonter la Gironde, car il a un grand tirant d'eau, et la rivière devient de plus en plus mauvaise pour les forts navires. C'est là une question qui nous intéresse, nous autres commerçants, et qui mériterait bien de fixer votre atention, monsieur le préfet.

— Mais je la connais, répliqua M. de Cheylus d'un air entendu.

— Dans tous ses détails?

— Moins bien que vous, assurément, aussi je suis tout disposé à m'éclairer de vos lumières; quand vous voudrez en parler, je me mets à votre disposition.

— Sérieusement?

— Très-sérieusement; ce n'est point là une phrase banale de politesse. La question de l'amélioration de la navigation de la Gironde me préoccupe vivement, et je sais que personne ne la possède mieux que vous.

— Alors je vous prends au mot et je vous garde. Demain nous devons aller à Soulac visiter le travail d'invasion de la mer, et, à cette occasion, nous inaugurons un petit yacht à vapeur que je viens de donner à ma fille. Venez avec nous, monsieur le préfet. De ce qui était une partie de plaisir, nous ferons une étude qui pourra être utile à tous.

Le préfet hésita un moment, mais enfin il tendit la main à M. Donis :

— Bien que je sois attendu à Bordeaux ce soir, dit-il, je veux vous donner une marque de ma sincérité ; j'accepte.

— Bien entendu, dit madame Donis en s'approchant de Sainte-Austreberthe, nous comptons que M. le vicomte de Sainte-Austreberthe nous fera l'honneur de nous accompagner.

— C'est pour inaugurer *la Mésange*, dit Marthe avec un sourire.

XIII

La *Mésange* était une coquille de noix plutôt qu'un vrai navire. Mais cette coquille, bâtie et équipée dans les ateliers du meilleur constructeur de Bordeaux, avait toutes les qualités d'un bon bateau-pilote. Par un gros temps, elle tenait la mer avec sécurité, et, sur les eaux tranquilles du fleuve, elle filait ses six lieues à l'heure, sans la moindre trépidation. Libre du côté de la dépense, son constructeur avait voulu faire un bijou, et il avait si bien réussi que sans gêner en rien le service de la machine ou de la manœuvre, il avait trouvé moyen d'y installer un salon qui pouvait abriter une trentaine de personnes dans les conditions les plus confortables pour une longue promenade.

Le lendemain matin, tout le monde, à l'exception de don José Rivadeynera, parti pour Madrid, se trouvait réuni dans ce salon, et la *Mésange* pavoisée, quittant son débarcadère, descendait la Gironde.

— Ma foi, dit M. de Cheylus en s'asseyant, je m'écrierais volontiers comme ce personnage à la cour du grand roi, à Versailles : ce qui m'étonne le plus dans ce délicieux bateau à surprises, c'est de m'y voir. Hier matin, en quittant Bordeaux, je ne m'attendais guère à n'y pas rentrer et à m'en aller faire à l'improviste une expédition d'hydrographie fluviale. Au reste, jamais expédition de ce genre ne s'est présentée d'une façon aussi charmante, soit dit sans offense pour MM. les ingénieurs.

— Mais l'ingénieur est avec nous, dit madame Donis, souriant à Philippe Heyrem.

— Et c'est là précisément, continua M. Donis, ce qui donne un véritable intérêt à notre voyage. Sans lui, ce ne serait qu'une promenade ; avec lui, ce sera une occasion d'étude, je l'espère bien, productive.

Depuis que Sainte-Austreberthe était entré à Château-Pignon, il s'était appliqué à examiner ce qui se passait autour de lui, et il avait bien vite remarqué que Philippe Heyrem, qu'il avait vu, pendant la cérémonie de Pressac, souriant, gai, joyeux avec tout le monde, était devenu tout à coup sombre et inquiet. En entendant ces paroles aimables de madame Donis, il regarda, à la dérobée, l'effet qu'elles allaient produire sur l'ingénieur. Mais celui-ci ne s'adoucit point :

— Un ingénieur qui n'est qu'un amateur, dit-il, n'est bon à rien.

— Allons donc! s'écria M. Donis, ne parlez pas ainsi, Heyrem ; M. le préfet sait très-bien que vous avez fait sur cette question un travail très-remarquable.

— J'en ai entendu parler, répondit M. de Cheylus, qui, tout en désirant rester poli, ne voulait pas dire un mot qui pût servir le rival de son protégé ; mais j'avoue que je ne le connais pas. M. Heyrem m'excusera ; je suis depuis si peu de temps dans le département.

— Eh bien, voici la question, dit M. Donis, qui n'était pas homme à perdre son temps et qui, ayant son préfet sous la main, voulait profiter de l'occasion.

— Mon ami, interrompit madame Donis, ne craignez-vous pas de fatiguer ces messieurs?

— Oh ! madame, s'écrièrent à la fois M. de Cheylus et Sainte-Austreberthe.

— Pour moi, dit M. de Mériolle, je serais très-heureux d'entendre M. Donis ; j'ai lu le livre d'Heyrem, mais il y a des passages que je n'ai pas bien compris.

— C'est aimable, ce que vous dites là, interrompit M. Donis.

— Oh! pas ma faute; vous savez, moi, je ne suis pas un savant.

— Quant à moi, dit Marthe, en ma qualité de patronne de la *Mésange*, je m'intéresse à tout ce qui touche la navigation de notre fleuve. Monsieur l'ingénieur, faut-il jeter la sonde?

— Vous voyez, reprit M. Donis, j'ai la langue forcée; il faut donc que je m'exécute. Vous savez, monsieur le préfet, que la question de la Gironde est double; l'une porte sur le cours du fleuve de Bordeaux à la mer, et s'occupe des dangers que présentent à la navigation des grands navires les bancs de sable et les dépôts de vase; l'autre porte sur l'embouchure même du fleuve. C'est de celle-là que nous aurons souci aujourd'hui, si vous voulez bien, puisque c'est elle qui a été étudiée par notre ami Heyrem. Capitaine, combien avons-nous de passes pour déboucher en pleine mer?

— Deux, répondit Marthe : celle du nord, qui suit les côtes de la Saintonge, et celle du Sud, qui se rapproche de la péninsule de Grave.

— Eh bien! si l'homme ne parvient pas à arrêter

le travail de la nature, il y en aura bientôt trois; la péninsule de Grave sera transformée en île, et la Gironde coulera là où sont les dunes de Soulac. Cette péninsule, d'une superficie de quatre ou cinq kilomètres, se rattache aux Landes par un isthme étroit, bordé d'un côté par la mer, de l'autre par le fleuve; c'est cet isthme qui menace d'être coupé. Les courants qui descendent du nord et qui sont renforcés par le mouvement circulaire de la passe du sud, le rongent et le désagrégent. Dans ces dix dernières années, la mer a gagné sur ce point 57 mètres, et nous allons voir tantôt à Soulac une maison qui était, il y a cent ans, à 1,800 mètres du rivage, et qui maintenant n'en est plus qu'à 800 mètres. Un kilomètre a donc été dévoré en cent ans, et, avec ce point de repère, il n'est pas difficile de calculer dans quel délai assez court la rupture de la côte sera effectuée. Alors c'est la disparition ou tout au moins le bouleversement de toute une contrée; puis, en même temps, c'est l'obstruction du chenal par les sables, et la diminution de la profondeur d'eau. Or, il ne faut pas oublier que chaque année le fond s'élève dans une progression constante, et que, bien qu'on ait déjà recreusé les passes de Bassens et de Macau, la navigation est périlleuse pour les grands navires. Que deviendra

Bordeaux, port maritime, si aux difficultés déjà existantes s'en ajoutent de nouvelles? D'un côté, la profondeur de notre port diminue, et, d'un autre, le tonnage de nos navires augmente. Autrefois nous étions maîtres des affaires à La Havane, aux Antilles, à Bourbon, dans l'Inde; aujourd'hui Le Havre, Marseille, Saint-Nazaire même, nous ont enlevé notre suprématie. Il y a donc urgence d'agir et de rendre à Bordeaux le rang qui lui appartient.

— Pour cela vous pouvez compter sur moi, dit le préfet, je veux me vouer aux intérêts de Bordeaux, recevez-en l'assurance et transmettez-la à la chambre de commerce.

— C'est au nom de la chambre de commerce que j'ai encouragé les travaux de M. Heyrem. En revenant de son voyage autour du monde, Heyrem s'est occupé d'étudier la question de l'envahissement de la mer à Soulac et à la pointe de Grave; et je crois que les moyens qu'il propose peuvent empêcher la rupture qui nous menace.

— Et ces moyens? demanda M. de Cheylus.

— Ils sont indiqués dans mon travail, répondit Philippe Heyrem, coupant la parole à M. Donis; j'aurai l'honneur de vous en faire parvenir un exemplaire. Il y a là des détails de métier et des calculs qui fatigueraient ces dames.

Cela fut dit d'un ton sec, qui, sans manquer à la politesse, avait quelque chose de peu aimable.

— D'ailleurs nous allons voir le pays, dit M. Donis, qui voulut adoucir ce que cette réplique avait de cassant, et c'est alors seulement que vous vous rendrez bien compte et du danger qui nous menace et des défenses que notre ami voudrait lui opposer.

— Vous disiez tout à l'heure, répondit le préfet, que ce qui donnait un véritable intérêt à notre voyage, c'était la présence de M Heyrem ; je suis tout à fait de votre avis, et je suis convaincu que, sous sa direction et éclairé par ses observations, j'en apprendrai plus que si j'étais venu avec l'ingénieur du département et celui du service maritime, qui doivent avoir sur cette question des idées préconçues, où la routine et la tradition entrent pour une bonne part. Voulez-vous me permettre d'ajouter que ce qui me fait bien augurer de ce voyage, au moins pour ses résultats pratiques, c'est la présence de mon ami M. le vicomte de Sainte-Austreberthe?

— Comme ingénieur, dit Sainte-Austreberthe en riant, je me récuse.

La réplique de Sainte-Austreberthe eût été con

certée avec le préfet, qu'elle n'eût pas mieux servi celui-ci; car elle lui permettait d'amoindrir l'importance de Philippe Heyrem et de grandir celle de son protégé.

— Les ingénieurs trouvent les projets, continua M. de Cheylus, mais ils ne trouvent pas les fonds nécessaires à leur exécution. Or, si j'ai bien compris la question, c'est par l'argent qu'elle peut être tranchée.

— Par beaucoup d'argent, dit M. Donis.

— Eh bien! de l'argent, nous n'en avons pas, et le gouvernement seul peut nous en donner. Mais, si nous nous adressons au gouvernement, nous département de la Gironde, nous nous rencontrerons avec quatre-vingt-huit départements qui, comme nous, présentent les demandes les plus légitimes. Ce n'est pas là ce qu'il nous faut.

— Et que voulez-vous donc?

— Une personne influente, qui connaisse la question, qui l'ait étudiée, qui en apprécie toute l'importance, qui soit dévouée à son succès et qui en parle adroitement en haut lieu, à toute heure, en toute circonstance. Et cette personne difficile à rencontrer, le hasard permet, disons mieux, la Providence, que nous la trouvions dans M. le vicomte de Sainte-Austreberthe.

— Assurément, dit Sainte-Austreberthe, j'aurais ce dévouement; mais de toutes les qualités que vous exigez chez votre intermédiaire, c'est la seule pour laquelle je puisse m'engager.

— Oh! mon ami, ne soyez pas trop modeste; tout le monde sait quelle est votre position, votre influence, votre crédit. Quant à réussir, je vous le répète, nous ne pouvons l'espérer que si une parole toute-puissante est prononcée; sans cette parole, nous n'obtiendrons rien de décisif et d'efficace. Là-dessus vous pouvez vous en fier à quelqu'un qui connaît l'administration.

— Ce que vous dites là est bien grave, monsieur le préfet, dit Philippe Heyrem en se levant. Comment! Bordeaux, placé dans une situation admirable, pourrait être le Liverpool de France, et il ne sera qu'un port ensablé, si une volonté toute-puissante, sollicitée par le hasard..., ou par la bienveillance, n'intervient pour faire descendre la grâce sur nous? Mais si cela était, ce serait la condamnation la plus éclatante du régime sous lequel nous vivons. La France n'est-elle donc plus maîtresse de sa fortune?

Le préfet, un moment surpris de cette sortie véhémente, allait répliquer, quand mademoiselle Donis intervint :

8.

— Voici un grand vapeur qui nous gagne, dit-elle ; est-ce que nous allons nous laisser dépasser par lui ? Monsieur l'ingénieur, la *Mésange* a donc perdu ses ailes ?

— Elle va en trouver, si vous le désirez, mademoiselle.

Et il se dirigea vers la porte.

— Heyrem, soyez prudent, mon ami, dit M. de Mériolle.

— Soyez tranquille, nous aurons laissé ce vapeur loin derrière nous, avant d'entendre chanter nos soupapes.

On monta sur le pont pour voir la lutte avec le vapeur. Celui-ci s'était rapproché de la *Mésange*, et il était à croire qu'il allait la dépasser ; mais bientôt le petit yacht commença à lancer par son tuyau un cordon de fumée noire, et l'on ressentit un léger tremblement, qui indiqua que l'hélice avait accéléré son mouvement de rotation.

Philippe Heyrem qui était descendu à la machine, remonta sur le pont.

— Vous pouvez faire vos adieux au vapeur, mademoiselle, dit-il.

En effet, sa grosse masse diminua insensiblement et bientôt elle ne fut plus qu'un point noir sur les eaux jaunâtres du fleuve, large comme une mer. La marée avait soulevé la *Mésange* et de dessus son pont on dominait les deux rives bordées d'une verdure pâle qui glissaient doucement dans le lointain confus. De temps en temps, on croisait des bâtiments qui profitaient du flot pour remonter la Gironde ; des vapeurs qui s'avançaient roides et sombres, des navires aux voiles blanches qui s'inclinaient gracieusement sous la brise, des barques chargées de fourrages qui de loin ressemblaient à des mulons de foin ou de paille enlevés au rivage et flottant sur la vague.

On arriva de bonne heure au Verdon, et l'on quitta la *Mésange* pour faire à pied la visite de la péninsule de Grave.

XIV

En débarquant au Verdon, madame Donis et mademoiselle Marthe Donis avaient déclaré qu'elles n'étaient pas moins courageuses que les hommes, et que ce que les hommes verraient, elles le voulaient voir aussi. On partit donc tous ensemble pour visiter la pointe de Grave; en tête marchaient M. Donis, le préfet et l'ingénieur, puis ensuite venaient, à une certaine distance, madame Donis et Sainte-Austreberthe, Marthe et M. de Mériolle.

De temps en temps, M. Donis, qui, dans l'ardeur de son exploration, forçait le pas, s'arrêtait pour attendre l'arrière-garde, et alors on le voyait gesticuler avec vivacité, montrer le poing à la mer pour la défier d'aller plus loin et fixer le sable de la main comme pour le solidifier; tandis que M. de Cheylus s'essuyait le front avec son mouchoir et que Philippe Heyrem se tenait immobile et attentif, dans l'attitude de l'officier d'état-major qui écoute son général.

Mais bientôt le courage et la curiosité de l'arrière-garde diminuèrent. A gravir les dunes croulantes, à marcher dans le sol mouvant où l'on enfonçait jusqu'à la cheville, la fatigue arriva vite : la chaleur qui rayonnait des sables échauffés était aussi forte que celle qui tombait d'un ciel sans nuages, et, comme il ne soufflait pas la moindre brise, on étouffait. Ce fut M. de Mériolle qui poussa le premier cri de détresse.

— Très-curieux, n'est-ce pas? dit-il en s'adressant à Sainte-Austreberthe, mais mortel.

Depuis son arrivée à Château-Pignon, Sainte-Austreberthe était la proie de M. de Mériolle, qui littéralement s'était attaché à lui. S'il levait les yeux, il trouvait les yeux de M. de Mériolle fixés sur lui; s'il souriait, M. de Mériolle riait aux éclats; s'il parlait, M. de Mériolle applaudissait de la voix ou du geste. Mais, ne s'en tenant pas là, le jeune gandin bordelais suscitait des occasions pour le faire briller.

— Vous savez, monsieur le vicomte, c'est l'année où vous avez gagné la poule des produits avec *Cyclamen*. Quel joli cheval!

Il savait sa généalogie, les sommes qu'il avait

gagnées. Et de *Cyclamen*, il passait à un autre, car il connaissait tous les chevaux de Sainte-Austreberthe comme s'il avait eu un intérêt dans son écurie. De loin, Sainte-Austreberthe avait exercé une toute-puissante attraction sur lui et l'avait entraîné dans son orbite. C'était un de ses nombreux admirateurs, un disciple qu'il avait fasciné de sa gloire, sans le connaître. Aussi, en le voyant descendre à Château-Pignon, M. de Mériolle avait-il éprouvé une des plus grandes joies de sa vie : il allait donc approcher ce fameux vicomte de qui il avait si souvent rêvé, il allait peut-être se lier avec lui. Quelle gloire ! Et comme il aurait du plaisir, en rentrant à Bordeaux, à parler de Sainte-Austreberthe à ses amis ! — C'était ainsi que le vicomte de Sainte-Austreberthe nouait sa cravate. — Ce qu'il disait là qu'on ne voulait pas croire, il le tenait de Sainte-Austreberthe lui-même, et dès lors il en était certain. — Comme ils seraient humiliés ces chers amis, *aplatis !* Cette rencontre providentielle allait lui donner une autorité incontestée dans son monde. Si l'on regimbait, il n'aurait qu'un nom à prononcer, un seul : Sainte-Austreberthe.

— Très-curieux, en effet, répondit Sainte-Austreberthe ainsi interpellé ; c'est exactement la Hollande telle que je l'ai vue aux environs de

Haarlem, mais une Hollande brûlée par le soleil.

— Alors j'aime mieux l'autre, s'écria M. de Mériolle en se laissant tomber sur une touffe d'herbe bleuâtre qu'on appelle l'élyme des sables.

— Ce qu'il y a de remarquable, dit mademoiselle Donis, c'est qu'autrefois la Gironde coulait là où nous sommes et que la terre ferme était là où se trouve maintenant la passe de Grave; il n'y a pas encore longtemps qu'on traversait cette passe à gué pour aller à Cordouan, que nous apercevons devant nous à cinq ou six kilomètres.

— Comme vous êtes savante, mademoiselle! dit M. de Mériolle; c'est effrayant combien les jeunes filles savent de choses.

— Science de perroquet, répliqua mademoiselle Donis en riant; je vous répète aujourd'hui ce que M. Heyrem m'a appris hier.

— Je m'en tiens à ce que j'ai dit, continua M. de Mériolle. Très-curieux à l'œil, très-remarquable même si l'on veut pour la science, ces milliers de petits coquillages qu'on écrase en marchant, ces herbes maigres qui paraissent jaillir des profondeurs de la terre, ces collines de sables, la mer d'un côté avec sa musique monotone, le fleuve de l'autre, le bruissement des pins qui chantent sous le plus léger souffle d'air, cet horizon sans limite:

tout cela, j'en conviens, c'est très-beau, très-poétique, tout ce qu'on voudra, mais c'est à tuer les plus braves. Aussi je propose, moi, homme fort, de nous en tenir là ; ces messieurs nous prendront au retour, n'est-ce pas ? monsieur le vicomte.

— Mais je suis à la disposition de madame et de mademoiselle, répondit Sainte-Austreberthe, qui partageait complétement l'avis de M. de Mériolle et qui trouvait que c'était là une promenade *crevante.*

— Si j'en juge par moi, poursuivit M. de Mériolle, ces dames doivent en avoir assez. A quoi bon aller plus loin ? nous n'en verrions pas davantage. D'ailleurs moi j'ai un système de visiter les pays dont je me suis toujours bien trouvé : ou bien je les traverse en train express, ou bien, quand je veux les voir de plus près, je me fais transporter en voiture sur une colline, une montagne, un endroit élevé enfin, et de là je les regarde d'un coup d'œil ; cela me suffit, et je crois que ma méthode est la bonne, elle donne un ensemble ; tandis que, si l'on va visiter les choses les unes après les autres, tout se brouille dans la mémoire et l'on ne se retrouve plus. Je propose donc que nous nous établissions sur cette dune, à l'abri de ce pin ; de là, nous aurons un ensemble bien suffisant ; la mer ici ou la mer là, c'est toujours la mer, et une dune après une autre dune ça ne change pas, c'est toujours un amas de sable. N'est-ce pas votre avis, madame?

Sainte-Austreberte remarqua que M. de Mériolle, en s'adressant à madame Donis, appuyait sa demande d'un regard expressif.

— Mais je me reposerai volontiers, répondit madame Donis, et vous, Marthe?

— Oh! moi je ne suis pas fatiguée, et comme je n'ai pas le coup d'œil de M. de Mériolle, j'ai besoin de voir les choses de près; aussi je vous demande la permission de rejoindre mon père.

Et, sans attendre une réponse, elle se mit à courir vers la dune au sommet de laquelle on apercevait M. Donis, gesticulant toujours, et montrant alternativement la mer et le fleuve; ses bras, se profilant en noir sur l'azur du ciel, ressemblaient aux ailes des anciens télégraphes.

Ce départ rapide tira Sainte-Austreberthe d'embarras, car au moment où Marthe avait déclaré qu'elle n'était pas fatiguée, il s'était demandé s'il devait la suivre et laisser madame Donis avec M. de Mériolle. Que ferait-il d'un tête-à-tête avec cette jeune fille qu'il connaissait à peine? Que lui dirait-il? D'un autre côté madame Donis ne trouverait-elle pas mauvais qu'il l'abandonnât? Ce n'était pas à Marthe qu'il voulait plaire en ce moment, c'était à sa belle-mère. Il s'assit donc sur le sable.

S'il avait été surpris du regard que M. de Mériolle avait lancé à madame Donis, il le fut bien plus encore de la façon dont celle-ci écouta la conversation du jeune gandin. Cette femme, qui lui avait paru être d'une intelligence élevée, sérieuse d'esprit, fière de caractère, distinguée dans ses goûts, délicate dans ses sentiments, riait de tout cœur aux niaiseries ou aux banalités que débitait M. de Mériolle. Elle applaudissait non-seulement de la voix, mais encore de son sourire, de son regard. Que signifiait tout cela? Pendant la soirée de la veille, elle s'était montrée calme et réservée, presque froide, et maintenant elle laissait paraître sur son visage et dans toute sa personne une gaieté et un entrain inexplicables. Ses yeux noirs et profonds lançaient des éclairs, son teint pâle s'était animé d'une couleur rosée qui était comme la réverbération d'une flamme intérieure.

Pendant plus d'une heure elle garda cette animation et cette gaieté ; enfin on vit M. Donis paraître au haut de la dune, et alors seulement elle reprit son calme ordinaire.

Le préfet était exténué de fatigue, et, si sa figure

toujours souriante ne se plaignait pas, si son attitude était toujours légère et sautillante comme d'habitude, son mouchoir, qu'il tenait à la main mouillé de sueur, disait que l'épreuve avait été rude pour lui. Malgré sa ferme volonté de rester toujours en représentation, il se laissa tomber sur le sable plutôt qu'il ne s'y assit, et alors il respira.

Quand on se remit en route pour gagner le Verdon, il resta de quelques pas en arrière et retint Sainte-Austreberthe avec lui.

— Ah! mon cher, dit-il, je suis mort, épuisé, fourbu. Quels gens dangereux que ceux qui ont une idée dans la cervelle! Ce père Donis, avec son projet d'amélioration du cours de la Gironde, m'a tué. Mais c'est égal, je ne regrette qu'à moitié cette terrible promenade; elle m'a permis d'entendre quatre ou cinq mots qui, je crois bien, vont vous contrarier, mais qu'il était utile que nous connaissions. Vous savez comment mademoiselle Donis nous a rejoints; pendant toute notre course, elle a marché auprès de nous, excepté pendant quelques secondes, où elle est restée seule avec M. Heyrem. Arrivé sur leur dos sans qu'ils m'aient vu ni entendu marcher, voici les quelques mots qui sont venus jusqu'à moi. « Qui m'eût dit hier que cette journée d'aujourd'hui, dont je me faisais grande fête, serait aussi empoisonnée? » C'est M. Heyrem qui parle. « Est-ce ma faute? répondit mademoiselle Donis. — Je ne dis pas cela, et je ne me plains pas de vous; mais il faut que je vous parle. — Eh bien! demain matin, à huit heures, j'irai arroser les fleurs du kiosque de la fontaine. » A ce moment, mon pas a fait du bruit sur le sable, et ils ont brusquement changé de conversation, pour parler de la mer. Que dites-vous de cela?

— Je dis qu'il faut que demain matin j'entende ce qui se dira dans le kiosque.

— Et comment cela, puisque nous devons partir ce soir?

— Nous ne partirons pas; vous trouverez bien un prétexte pour prolonger encore notre séjour : la fatigue.

— Je n'aime pas à parler de ma fatigue.

— Je vous demande ce nouveau sacrifice. Vous sentez l'importance qu'il y a pour moi à savoir au juste jusqu'où va l'intimité de mademoiselle Donis et de cet ingénieur du diable. D'ailleurs ce n'est pas tout ce que j'ai à apprendre dans cette maison. Pendant votre absence, j'ai beaucoup observé madame Donis et M. de Mériolle, et je ne serais pas surpris qu'il y eût entre eux autre chose qu'une simple amitié.

— Tiens, tiens ; pourquoi pas, au surplus ? Mériolle est un niais, mais c'est un beau garçon. Est-il indiscret ou indécent de vous demander comment vous comptez apprendre ce qui concerne madame Donis et Mériolle ? Voulez-vous passer la nuit à la porte de leur chambre ?

— Certes non. Mais j'ai remarqué hier une femme de chambre qui m'a paru être une fine mouche ; peut-être ne serait-il pas impossible de la faire causer. Au moins, c'est à essayer. Celui qui aurait la preuve, que madame Donis est la maîtresse de M. de Mériolle, aurait barre sur elle.

— Il n'y a rien d'impossible à ce que cela soit, car l'amour est bien plus souvent une affaire de facilité dans les relations qu'une affaire de personnes ; c'est à l'homme qu'elle peut voir chaque jour à son aise et sans danger, qu'une femme se donne bien plutôt qu'à celui qu'elle aime. Si cet homme pris au hasard ne satisfait pas son idéal, il assure au moins sa sécurité, et pour combien de femmes l'idéal est-il précisément dans cette sécurité !

— Madame Donis me paraît tenir essentiellement à cette condition.

— Je le crois comme vous, c'est là ce qui, pour moi, appuie vos soupçons. Quand je rencontre une femme prude ou bien qui fait montre de ses principes et de sa sévérité, ma première idée est de chercher si elle n'a pas pour amant quelque honnête vieillard reçu sur le pied de l'intimité dans sa maison, quelque petit jeune homme sans conséquence, ou bien le commis de son mari. Tartufe, qui n'était pas une bête, savait ce qu'il offrait en promettant « l'amour sans scandale et le plaisir sans peur. »

XV

Pendant le retour du Verdon à Château-Pignon, pendant le dîner, pendant la soirée, Sainte-Austreberthe eut pour unique souci de surveiller madame Donis et M. de Mériolle.

Mais, si grande que fût son attention, si patiente que fût son observation, si déliée et si vive que fût sa finesse, il ne vit rien qui confirmât les soupçons qui lui étaient venus dans les dunes de la pointe de Grave.

A un moment cependant il crut qu'il allait saisir la preuve qu'il cherchait, mais elle lui échappa avant qu'il pût mettre la main dessus. C'était après le dîner. On était sorti de la salle à manger, et comme la soirée était belle et chaude, au lieu d'entrer au salon, on était venu s'asseoir sous un portique, qui règne autour de la façade du château regardant la Gironde. Le soleil était couché depuis quelques instants, et, bien qu'il fît encore jour dans le jardin, le portique, exposé au levant, ne recevait déjà plus de lumière ; tandis que les ouvertures étaient éclairées par le reflet de la teinte rose restée au ciel, la plus grande partie du portique était sombre. Le café était servi sur un guéridon placé dans une de ces ouvertures. M. de Mériolle, au lieu de prendre une des chaises disposées autour de ce guéridon, alla s'étendre sur un fauteuil qui se trouvait dans l'ombre. Madame Donis commença alors à offrir le café à ses hôtes ; pour cela elle emplissait la tasse et elle la portait à celui auquel elle la destinait. En allant et venant ainsi, elle passa derrière M. de Mériolle, et Sainte-Austreberthe, qui ne la quittait pas des yeux, crut la voir faire une caresse à M. de Mériolle ; en passant elle lui avait effleuré le cou à la racine des cheveux. Mais cela avait été si vite fait, avec tant de naturel et d'adresse, tant de légèreté et de hardiesse, que, bien que certain d'avoir vu, Sainte-Austreberthe se demanda s'il n'avait pas rêvé : M. de Mériolle n'avait pas bronché et madame Donis avait continué à s'acquitter de ses devoirs de maîtresse de maison avec une aisance parfaite. Lorsqu'elle était revenue dans le rayon de lumière qui éclairait le guéridon, on ne voyait pas la moindre trace de trouble ou d'émotion sur son visage, calme et froid comme à l'ordinaire.

Au reste, si cette caresse furtive avait été faite, ce qui pour Sainte-Austreberthe était un soupçon et non une certitude, elle était le seul indice d'une liaison entre madame Donis et M. de Mériolle ; car, à s'en tenir aux apparences générales, on devait croire que la tranquillité, l'union la plus complète, et par suite le bonheur, régnaient dans cette maison d'une façon absolue.

Habitué aux intérieurs parisiens, au moins à ceux dans lesquels les exigences du monde et de la mode commandent en maîtresses toutes-puissantes, Sainte-Austreberthe était surpris de voir l'étroite intimité qui unissait cette famille bourgeoise, dont M. Donis était le chef choyé et respecté. Qui des deux, de la femme ou de la fille, mettait le plus d'empressement à lui plaire? C'était le difficile à dire. S'il manifestait un désir, l'une et l'autre, en même temps, s'empressaient à le satisfaire ; s'il parlait, toutes deux l'écoutaient, les yeux fixés sur lui. Cependant, dans cette rivalité, il y avait une nuance facile à saisir pour qui savait regarder : si madame Donis avait été la première à répondre à un mot ou à un signe, Marthe n'insistait pas pour faire prévaloir ses soins ; si, au contraire, c'était

Marthe qui, la première, avait deviné ce que son père désirait, madame Donis s'empressait pour arriver avant la jeune fille. Il y avait un fait caractéristique qui, pour un observateur, en disait long sur le caractère et la situation des deux femmes. Quant à M. Donis, au milieu d'elles, il paraissait être l'homme le plus heureux du monde; ses regards allaient de l'une à l'autre avec une orgueilleuse béatitude, disant clairement à tout le monde : « Voilà ma femme; voilà ma fille; voyez comme je suis aimé. Et franchement je le mérite bien : ne suis-je pas bon père ; ne suis-je pas bon époux, ne suis-je pas le négociant le plus honorable de Bordeaux ? Elles m'aiment, je les adore ; nous sommes aussi heureux qu'on peut l'être sur la terre. Nous n'avons rien à désirer, nous n'avons rien à craindre de personne. Ma fortune, mes vins, ma réputation, ma femme, ma fille, tout ce qui me touche est parfait; et vous savez, tout cela est mon œuvre, je le dois à mes seuls efforts. »

Sainte-Austreberthe avait hâte de faire son enquête, car ces contradictions en ce qu'il voyait ostensiblement et ce qu'il croyait avoir surpris le rendaient perplexe. Aussitôt qu'il eut gagné sa chambre, tout le monde s'étant séparé, il sonna. Un domestique entra :

— Je voudrais une femme de chambre, dit-il. Nous sommes partis de Bordeaux avec les seuls vêtements que nous portions sur nous, et j'ai une déchirure qui a besoin d'être recousue : je voudrais expliquer moi-même à la femme de chambre ce que je désire.

— Très-bien, monsieur le vicomte.

Et le domestique, trouvant cette explication toute naturelle, alla chercher vivement la femme de chambre, qui arriva aussitôt. En disant qu'elle paraissait être une fine mouche, Sainte-Austreberthe ne s'était pas trompé. Elle se présenta, les mains dans les poches de son tablier, les brides de son bonnet rejetées en arrière, le nez au vent, les yeux éveillés, les lèvres souriantes.

Sainte-Austreberthe répéta sa demande et ses explications.

— Je vais chercher du fil et une aiguille, dit-elle, et je reviens tout de suite.

— N'oubliez pas, je vous prie.

— Il n'y a pas de danger. On n'oublie pas M. le vicomte, car on sait que M. le vicomte n'oublie pas les gens qui ont eu le bonheur de faire quelque chose pour lui.

— Et comment savez-vous cela, je vous prie ?

— J'ai ouvert la porte à M. le vicomte plus de

vingt fois chez madame la baronne Suippe; si monsieur le vicomte ne me connaît pas, je le connais bien, moi.

— Allons donc! c'est impossible. Quand on a eu le plaisir de voir un aussi joli minois que le vôtre, on ne l'oublie pas, mademoiselle?...

— Clara.

— Eh bien, mademoiselle Clara, je vous déclare que je ne vous ai jamais vue, car vous êtes trop jolie pour qu'un homme de goût ne se souvienne pas de vous; et je suis un homme de goût, comme vous êtes une charmante femme. Vous a-t-on dit que vous étiez charmante?

— Quelquefois.

— Souvent, n'est-ce pas? Eh bien! si j'avais posé une seule fois mes yeux sur votre frais visage, j'y aurais posé aussi mes lèvres, et il faut espérer que tous deux nous en aurions gardé le souvenir.

— Moi, bien certainement; mais il n'en est pas moins vrai, que j'ai souvent vu monsieur le vicomte chez madame la baronne.

— Et qu'est-elle devenue, cette chère baronne? Il y a six mois qu'elle a disparu.

— Et le fil, et les aiguilles? dit Clara en souriant malicieusement.

— Allez-les chercher et revenez vite; nous parlerons de la baronne. Vite, n'est-ce pas? ma chère enfant.

— Tout de suite.

Cependant, malgré ce « tout de suite, » mademoiselle Clara ne revint qu'au bout d'une heure. Sainte-Austreberthe croyait qu'il ne la reverrait pas, lorsqu'elle glissa dans sa chambre. Elle avait fait si peu de bruit en ouvrant et refermant la porte, qu'il ne l'avait pas entendue entrer ; ce fut en se retournant par hasard qu'il l'aperçut, fermant la porte avec précaution.

— Voilà une précaution tout à fait encourageante, dit-il.

— Si on savait que je suis venue dans la chambre de M. le vicomte, cela ferait des cancans, et comme je vais me marier...

— Vous allez vous marier, vous, une si jolie fille, si fraîche, si gentille? mais c'est un crime.

Si Sainte-Austreberthe n'avait point eu besoin de mademoiselle Clara, il n'eût très-probablement pas fait attention à cette fraîcheur et à cette gentillesse, mais cette gentillesse et cette fraîcheur étaient en réalité assez remarquables pour que la femme de chambre pût croire à la sincérité des paroles louangeuses qu'il lui adressait. Plus d'une fois, comme elle l'avouait, on lui avait dit qu'elle était charmante, mais elle n'avait jamais eu tant de plaisir à l'entendre que de la bouche du vicomte. Charmante! charmante pour le vicomte de Sainte-Austreberthe, quelle douce satisfaction de vanité!

— Ce n'est pas avec ce grand dadais de valet de chambre que vous allez vous marier, au moins? continua Sainte-Austreberthe.

— Oh! monsieur le vicomte! s'écria mademoiselle Clara, indignée d'une pareille supposition, avec un domestique!

— A la bonne heure.

— Est-ce que monsieur le vicomte se souvient du maître de chais, qui l'a accompagné dans sa visite avant-hier?

— Comment! c'est ce gros garçon?

— Je sais bien qu'il n'est pas parfait, et on a aimé mieux que ça; mais pour un mari... Et puis c'est un bon garçon, je le fais pleurer comme un veau, et il me respecte tant, qu'il n'a encore jamais osé m'embrasser autrement que sur les joues.

— Et il y a longtemps que vous avez quitté la baronne? demanda Sainte-Austreberthe, qui se souciait peu du maître de chais, de ses larmes de veau et de ses timidités.

— Deux mois, à Saint-Sauveur. Nous étions dans le même hôtel que madame Donis, et madame la baronne avait tâché de se lier avec elle, parce que, si elle avait pu marier mademoiselle Donis, vous comprenez, ça lui aurait rapporté gros. Mais madame Donis ne s'est pas prêtée à ces manigances, elle a tout de suite jugé madame la baronne et elle l'a tenue à distance. Alors moi j'ai été prise de l'idée d'entrer chez madame Donis. J'avais entendu parler de la maison et ça m'allait : de la fortune, une bonne réputation. J'en avais assez des baronnes Suippe et autres. Je voulais me ranger, j'étais lasse de Paris, et je pensais qu'en province je trouverais à m'établir dans un bon mariage.

En entendant cette femme de chambre exposer une situation qui avait tant d'analogie avec la sienne, Sainte-Austreberthe fit la grimace, mais il se garda bien d'interrompre ces confidences.

— J'ai planté là madame la baronne, continua mademoiselle Clara, et je suis entrée chez madame Donis.

— Et vous avez trouvé du changement?

— Dame! vous savez ici, c'est bourgeois, on mange tous les jours.

—Ce n'est pas de ce changement que je parle, mais de la différence qui existe entre une femme comme madame Donis et la baronne.

— Oh! pour cela, oui ; et cependant, si on n'était pas discrète, on pourrait malgré ça raconter des histoires drôles.

— Ma chère enfant, pour moi il n'y a pas de gens discrets : il y a les gens qui parlent parce qu'ils savent, et il y a les gens qui se taisent parce qu'ils ne savent pas ; seulement, comme c'est assez humiliant de ne pas savoir, on s'abrite derrière la discrétion et l'on se fait une vertu de sa maladresse.

Mademoiselle Clara prit une petite mine pincée ; mais, comme Sainte-Austreberthe s'occupa de toute autre chose que de la provoquer à l'indiscrétion, il fallut bien qu'à la fin elle en vînt à raconter ce qu'elle savait, car elle ne voulait point passer pour une maladroite, auprès d'un homme aussi aimable que le vicomte.

De mademoiselle Marthe, il n'y avait rien à dire. Peut-être qu'elle avait un tendre sentiment pour M. Heyrem ; mais ce sentiment, s'il existait, n'avait troublé en rien sa pureté. C'était une honnête jeune fille, très-bonne, et pas fière du tout, malgré sa fortune. M. Donis était aussi un homme honnête et bon, qui adorait sa fille et était fou de sa femme, mais là ce qui s'appelle fou à faire les bêtises qu'on ne fait qu'à vingt ans. Quant à madame Donis, c'était une autre affaire. Aimait-elle son mari? C'était possible, seulement elle l'aimait comme une femme qui est belle et jeune aime un homme de cinquante ans, c'est-à-dire qu'elle ne s'en tenait pas à lui seul; au moins on le supposait, car on n'en avait pas la preuve. A Bordeaux, elle sortait tous les deux jours pendant trois heures, sous prétexte d'aller faire de l'hydrothérapie. Que faisait-elle, où allait-elle pendant ces trois heures? Clara n'en savait rien, parce qu'elle n'avait été que pendant huit jours à Bordeaux. A Château-Pignon, toutes les fois que M. de Mériolle venait, elle restait seule avec lui pendant des heures dans le petit salon, la porte de ce petit salon ouverte, et celle du grand, par lequel on devait passer, fermée, de sorte qu'on ne pouvait jamais les surprendre. Clara ayant huilé cette porte, qui grinçait, avait été grondée par madame Donis. Il y avait donc de fortes présomptions pour croire que M. de Mériolle était au mieux avec elle, mais il n'y avait que des présomptions.

Ce fut tout ce que Sainte-Austreberthe en put tirer, et, à trois heures du matin, elle partit avec la même adresse et la même légèreté qu'elle était entrée.

A six heures, Sainte-Austreberthe quitta lui-même sa chambre pour descendre au jardin.

XVJ

C'était à huit heures que Marthe avait donné rendez-vous à Philippe, et, comme le kiosque où ils devaient se rencontrer, était à une distance de dix minutes à peine du château, il ne fallait pas deux heures pour s'y rendre et s'y cacher.

Mais Sainte-Austreperthe avait calculé que, s'il allait se poster aux environs de ce kiosque quelques instants seulement avant le moment du rendez-vous, il pouvait être aperçu par Philippe ou par la jeune fille, et il avait préféré prendre largement son temps, de manière à ne pas éveiller les soupçons; car, s'il lui importait de surprendre leur entretien, il fallait qu'il ne fût pas découvert. Pour mettre toutes les chances de son côté, il s'était habillé sans ouvrir les persiennes de sa chambre, et, après avoir refermé sa porte avec les précautions de Clara, il était descendu en marchant sur la pointe des pieds. Le hasard avait permis qu'il ne rencontrât personne ni dans le vestibule ni dans l'escalier, et si, à cette heure matinale, quelqu'un pensait à lui, c'était assurément pour le croire endormi dans sa chambre du sommeil du juste : les Parisiens ne sont pas matineux, surtout après une journée de fatigue.

Ce qu'on appelait le kiosque de la fontaine était une sorte de pagode chinoise, construite auprès d'une petite source : les eaux, en soutenant la végétation pendant la chaleur des étés, avaient fait de cette partie du jardin l'endroit le plus frais et le plus ombreux; les arbres y avaient plus de vigueur, le feuillage y était plus vert, les herbes et les plantes y prenaient un plus puissant développement que partout ailleurs. En ce moment, on avait placé dans cette pagode une collection de caladium, et, comme Marthe aimait beaucoup ces plantes étranges dont le feuillage métallique réunit de si brillantes couleurs, elle avait un prétexte pour s'y rendre, et, si elle y était surprise, de bonnes raisons pour expliquer sa présence.

Sainte-Austreberthe, qui était venu la veille étudier l'emplacement, avait choisi sa place, dans une épaisse et large touffe de roseaux à quenouilles, qui touchaient les fenêtres mêmes du kiosque. Hauts de plus de trois mètres et garnis, de la racine à la tête, de longues feuilles rubanées, ces roseaux devaient le cacher parfaitement et lui permettre non-seulement de voir tout ce qui se passerait dans l'intérieur de ce kiosque, mais encore d'entendre tout ce qui s'y dirait. Les indiscrétions de Clara, ajoutées aux observations qu'il avait faites dans les dunes et sous le portique, l'avaient fixé quant à madame Donis; elle était la maîtresse de M. de Mériolle, et s'il n'en avait pas la preuve, il en avait au moins la certitude. L'entretien de Marthe et de Philippe Heyrem le fixerait sur le degré d'intimité qui existait entre la jeune fille et l'ingénieur. Etaient-ils amants? Il n'avait pas le moindre doute à ce sujet, malgré les affirmations de Clara, car pour lui une jeune fille ne donne un rendez-vous à un jeune homme, que lorsqu'elle est ou lorsqu'elle veut être la maîtresse de cet homme. Cependant il avait la curiosité de voir précisément, à quel point ils en étaient dans leurs amours.

De six heures à sept heures trois quarts, debout dans les roseaux qui bruissaient au moindre de ses mouvements, il trouva l'attente longue et fatigante, et, plus d'une fois, il eut envie d'abandonner la place : cette petite ne valait pas la peine qu'il se donnait, et il jouait là pour elle un rôle ridicule, s'il était découvert. Cependant il ne partit pas.

A huit heures moins dix minutes enfin, il entendit un bruit de pas sur le gravier. C'était Philippe Heyrem. Puis, quelques instants après, un autre bruit plus léger dans l'allée opposée à celle par laquelle Philippe était arrivé : c'était Marthe.

Philippe, qui s'était assis dans le kiosque, se leva vivement pour aller au-devant d'elle ; mais, d'un bond léger et gracieux comme celui d'une biche, elle sauta les deux marches du kiosque et se trouva devant lui, avant qu'il eût pu descendre. Alors elle lui tendit la main, il la prit dans les siennes, et ils restèrent ainsi face à face, se regardant sans parler.

— Me pardonnez-vous ? dit-il enfin.

— Et que voulez-vous que je vous pardonne ?

— De vous avoir demandé de venir ici. J'étais si malheureux hier, que je n'ai pas été maître de moi.

— Mais vous étiez pardonné d'avance, puisque je vous ai répondu que je viendrais.

— Chère Marthe, laissez-moi prononcer votre nom, Marthe, chère Marthe.

Et ils restèrent les yeux dans les yeux, les mains dans les mains ; leurs lèvres ne remuaient point, leurs mains ne se pressaient point, mais leurs yeux parlaient, et ce langage suffisait à eur bonheur.

De sa cachette, Sainte-Austreberthe voyait Marthe de face, et, sur son visage transfiguré, il pouvait suivre son trouble de joie; la tête à demi renversée en arrière, elle restait les yeux attachés sur ceux de Philippe, souriante, frémissante, enivrée.

Comme ils s'aimaient! Que lui apprendraient de plus leurs paroles?

Ce fut Philippe qui, le premier, rompit cette extase, car l'homme est toujours plus impatient que la femme, et il ne sait pas, comme elle, jouir de son bonheur en le savourant jusqu'à la dernière goutte.

— J'ai bien souffert hier, dit-il, et ce n'est pas trop du bonheur que vous me donnez en ce moment pour effacer le souvenir de notre journée d'hier. Je m'étais fait une si grande joie de cette journée : pour la première fois, vous faisiez une promenade sur la *Mésange*, et je me trouvais associé à votre plaisir. Plus tard, quand vous seriez revenue dans ce bateau, vous auriez pensé à moi, j'aurais eu ma place dans vos souvenirs. Maintenant, vous aurez beau faire, vous ne pourrez pas oublier que nous n'étions pas seuls, et, dans votre mémoire, je serai en compagnie du préfet et de son ami.

— Mais, en tous cas, nous ne devions pas être seuls : M. de Mériolle était là.

— Est-ce que Mériolle compte? Il aurait tenu de la place comme un meuble, et je ne suis pas jaloux de l'attention ou du souvenir que vous pouvez accorder à ce qui est insignifiant, tandis que je suis jaloux de ce préfet et de son compagnon.

— Jaloux?

— Non, ce n'est pas jaloux que je veux dire; c'est malheureux, inquiet.

— Malheureux, je vous comprends, et moi aussi j'aurais voulu qu'ils ne vinssent pas se mettre entre nous; mais inquiet, pourquoi? Ne partent-ils pas aujourd'hui?

— Ils partent, c'est vrai; mais pourquoi ne sont-ils pas partis hier, pourquoi sont-ils venus? Dans quel but cette visite? Pourquoi ce séjour qui s'est prolongé sans raison?

— Et, mon ami, moi aussi, je vais vous poser un pourquoi. Pourquoi toutes ces demandes? pourquoi cette inquiétude?

— Parce que, chère Marthe, je connais ces gens que vous ne connaissez pas, vous, et j'ai peur d'eux. Quand vous voyez des oiseaux tournoyer en l'air avec des mouvements gracieux, comme s'ils n'avaient souci que de faire admirer la puissance de leur vol et le charme de leurs mouvements concentriques, vous prenez plaisir à ces évolutions, n'est-ce pas? Mais, quand vous savez que ce sont des éperviers ou des émouchets, et que leurs manœuvres, qui paraissent inoffensives, ont pour but de surprendre des oiseaux et de les dévorer, vous vous inquiétez. Eh bien, je sais, moi, que ces visiteurs, que vous trouvez charmants aussi, peut-être...

— Je ne les trouve ni charmants ni séduisants, ils me sont indifférents.

— Je sais que ce sont des éperviers. Ils ont vu une grosse fortune à dévorer et ils volent autour en attendant le moment de s'abattre dessus.

— Mon père est assez fort et assez habile en affaires pour défendre sa fortune.

— Et ce n'est pas pour M. Donis que j'ai peur, c'est pour vous. Leurs projets, je ne les connais pas, personne ne m'en a averti; mais, d'avance, je suis certain que c'est à vous qu'ils en veulent. Ils auront cherché quelque grosse fortune pour enrichir ce fils d'aventurier, et ils auront trouvé la vôtre; alors il se sera mis en voyage pour voir si vous étiez digne de devenir sa femme. De là sa visite sous la conduite du préfet, de là leur séjour.

— Et où prenez-vous ces belles inventions, mon ami?

— Dans leur nature, dans leur caractère, dans

leurs habitudes. Ils ont commencé par s'emparer de la France, maintenant ils poursuivent leur œuvre en la prenant en détail : personne après personne, fortune après fortune. Vous ne connaissez pas ces gens-là, ni leur chef, ni son entourage, pire que le chef lui-même.

— Mais mon père a été le député de ce gouvernement que vous détestez, et il n'eût pas été homme à le servir, s'il était tel que votre haine vous le montre.

— Il a été, mais il n'est plus; on l'a trouvé trop honnête, et ce n'est pas du gouvernement que je parle, car un gouvernement, si misérables que soient ceux qui le dirigent, est toujours contraint à une sorte d'honnêteté générale. Je parle de ceux qui vivent sur ce gouvernement comme des champignons vigoureux sur un arbre pourri ; et celui que je redoute en ce moment, est le fils d'un de ces hommes. Que vont-ils mettre en œuvre pour le faire réussir? Je n'en sais rien, mais j'ai peur; oui, chère Marthe, moi que vous n'avez jamais vu effrayé, j'ai peur de vous perdre.

— Je ne sais si ces gens dont vous parlez sont capables de ce que vous redoutez, mais il me semble qu'il y a un moyen d'arrêter leurs manœuvres : demandez-moi à mon père. Vous savez que je vous aime, et que ma main sera à vous quand vous voudrez, comme mon cœur est à vous dès maintenant.

— Oui, en marchant hier désolé, dans les dunes de Soulac, c'est ce que je voulais faire; mais depuis j'ai réfléchi, et je n'ose pas plus vous demander maintenant que je ne l'ai osé il y a trois mois, quand j'ai été assuré de votre amour, car maintenant je suis ce que j'étais il y a trois mois : pauvre. Votre père, malgré sa droiture d'esprit, sa noblesse de cœur, malgré l'amitié qu'il me témoigne, voudrait-il donner sa fille à un homme qui n'a rien et qui n'est rien?

— Mais vous êtes quelqu'un, et mon père a pour vous la plus haute estime.

— Si, malgré cette estime, M. Donis me refusait aujourd'hui, il ne serait pas homme à revenir sur son refus; car vous savez combien il est entier et persévérant dans ses idées : son non, son oui, sont éternels. Tandis que, si je vous demande dans deux mois, dans une semaine peut-être, j'aurai autre chose à lui offrir que les minces qualités qu'il veut bien estimer. Ma mère m'écrit que mon oncle est revenu pour nous aux sentiments qu'il avait autrefois, et vous savez que ses jours sont comptés. S'il meurt, ma mère est son unique héritière, et, sans que notre fortune approche de la vôtre, je ne serai plus un misérable. M. Donis n'aura pas alors, pour me refuser, les justes raisons qu'il pourrait avoir aujourd'hui. Si ma mère, à son âge, n'a pas craint d'aller à Bourbon, de braver la mer et le climat, pour que cette fortune ne nous échappe pas, devons-nous nous exposer à perdre, dans un moment de hâte, le prix de son sacrifice? Car c'est pour nous qu'elle a entrepris ce rude voyage, quand elle a connu mon amour et mes espérances.

— Alors, que voulez-vous? dites-le, et, d'avance, je vous promets que je le ferai.

— Que vous me disiez que vous m'aimez, et que, quoi qu'on fasse, quoi qu'on entreprenne, vous ne m'oublierez pas.

— Oh! Philippe, pouvez-vous craindre cela? Mais, puisque vous le voulez, je le dirai avec bonheur: Oui, je vous aime; non, je ne vous oublierai pas! Je ne sais pas ce que l'avenir nous réserve, je ne sais pas si vos craintes peuvent se réaliser; mais je vous jure, vous entendez bien, je vous jure que jamais je n'épouserai que vous.

— Et si votre père vous refusait à moi?

— Alors j'obéirais à mon père; je ne serais pas votre femme; mais je ne serais pas celle d'un autre, et je vous aimerais toujours, vous entendez, toujours, comme en ce moment, comme depuis trois mois. Maintenant, soyez rassuré et, je vous en prie, laissez-moi rentrer.

— Oh! Marthe.

— Il le faut.

Ils se séparèrent, et elle s'éloigna lentement; mais, après avoir fait quelques pas, elle se baissa pour cueillir une rose et, l'ayant portée à ses lèvres, elle revint en arrière, puis elle la lança à Philippe, qui, sur la dernière marche du kiosque, la regardait, la contemplait.

XVII

Sainte-Austreberthe avait été d'autant plus mal à l'aise au milieu des roseaux, que pendant toute la durée de l'entretien de Marthe et de Philippe, il avait été condamné à une immobilité absolue. Au plus léger mouvement, les roseaux s'agitaient, et, danger plus grave, leurs longues feuilles mobiles faisaient entendre un bruissement confus, tout à fait inexplicable dans l'air calme du matin.

Cependant, malgré la contrainte qu'il avait dû s'imposer, il ne quitta sa cachette que longtemps après qu'il eût vu disparaître Philippe, marchant la tête dans le ciel et riant silencieusement tout seul. Alors il rentra au château et monta à la chambre du préfet.

Celui-ci, accablé de ses fatigues de la veille, dormait profondément, et il ne répondit pas aux premières paroles de Sainte-Austreberthe. Ce fut seulement après plusieurs tentatives que le vicomte parvint à le réveiller à moitié.

— Eh bien, quoi? dit M. de Cheylus, signer? Donnez-moi une plume.

Et il se souleva sur son bras gauche, les yeux fermés, la tête ballante.

— Il ne s'agit pas de signer, dit Sainte-Austreberthe en riant ; vous n'êtes pas à Bordeaux.

— Ah ! c'est vous, cher ami? Qu'est-ce qu'il y a? que voulez-vous?

— J'ai à vous parler; nous devons nous concerter.

Mais déjà M. de Cheylus était retombé sur son oreiller.

— Vous ne m'écoutez pas.

— Si, allez toujours : nous concerter...

— Pour nous concerter, il faut que vous entendiez ce que j'ai à vous raconter.

— Me raconter; vous voulez me raconter une histoire, et c'est pour cela que vous venez, à cette heure indue, réveiller un malheureux qui a trimé hier dans les sables de Soulac, et pour vous encore, soit dit sans reproches. Songez donc que, pendant toute la nuit, j'ai rêvé que j'étais le compagnon du docteur Livingstone, de Speke, de Barth et autres enragés voyageurs africains. Je suis à vous, tout à vous, c'est entendu, jour et nuit, par le froid et le chaud, (pour le chaud, je l'ai bien prouvé); seulement je fais appel à votre générosité et je m'en remets à votre conscience. S'il y a urgence à raconter votre histoire, racontez-la; mais, si vous pouvez en retarder le récit, retardez-le et attendez que j'aie toute mon intelligence. L'urgence est-elle déclarée ?

— Je ne sais trop.

— Il y a doute ? Alors l'ordre du jour; je continue de dormir. D'ailleurs, cher ami, il y a cela de bon à différer, que je vous prêterais en ce moment une oreille peu attentive, tandis que ces murailles nous en prêteraient qui le seraient peut-être trop. A tantôt.

Et il se tourna du côté de la ruelle.

Ce qui avait décidé Sainte-Austreberthe à venir troubler le sommeil de M. de Cheylus, c'avait été le désarroi d'idées dans lequel l'avait jeté l'entretien de Marthe et de Philippe. Il y avait dans l'attitude et dans les paroles de ces deux amants, tant de choses insolites et incompréhensibles pour lui, qu'il avait éprouvé une sorte de besoin instinctif d'en parler avec un tiers.

Quel était ce jeune homme, quelle était cette jeune fille, qui se donnaient des rendez-vous furtifs, et qui, se croyant parfaitement seuls à l'abri des curieux ou des importuns, ayant toutes les facilités pour se jeter dans les bras l'un de l'autre et passer leur temps dans les ivresses et les emportements de la passion, se contentaient de se contempler à distance, en parlant politique ?

En quoi et jusqu'à quel point cet amour était-il dangereux pour son projet de mariage ? devait-il le faire renoncer à la lutte ?

Parmi les qualités qui manquaient à Sainte-Austreberthe pour faire de lui ce que le monde appelle « un bon jeune homme, » il faut compter la naïveté et l'innocence. Naïf, il ne l'avait jamais été ; innocent, il l'avait été si peu de temps, qu'avant sa quatorzième année, on l'avait renvoyé du lycée, pour avoir fait du scandale, en costume de collégien, aux courses de la Marche où il s'était montré dans la compagnie de deux drôlesses célèbres. Complétement émancipé par cette action d'éclat qui lui avait valu une réputation précoce, il avait depuis lors mené « la vie d'un Joconde », s'il est permis d'appliquer cette expression, qui sent le troubadour, à un homme qui l'était si peu. Les différentes variétés de femmes que les hasards de la mode ou du monde mettaient sur son chemin, il les avait connues : la grande dame plus habile dans le plaisir

que la fille de profession; la bourgeoise amoureuse
de célébrité; les étoiles de la galanterie; la princesse russe qui vient chercher en France les héritiers de Crébillon et de Voisenon, qu'elle ne trouve
pas; la mère allemande qui, dans ses élans de sentimentalité, brouille les noms de ses amants et de
ses enfants; la jeune Américaine qui permet et se
permet tout ce qui n'est pas irréparable. De ces diverses femmes, il pouvait parler avec autorité et
compétence; mais la jeune fille qui s'enferme avec
son amant pour lui donner une fleur, il ne la connaissait pas.

C'était là une espèce exotique, poussée aux confins les plus reculés de la province, qui déroutait
ses idées : elle avait dix-neuf ans, il en avait vingt-six, ils étaient charmants tous deux, ils s'aimaient
depuis trois mois, et ils se séparaient, exaltés par
le parfum d'une rose. C'était à croire à la réalité
de Paul et de Virginie, deux personnages de roman
qui lui avaient toujours paru les modèles de l'ennuyeux aussi bien que de l'invraisemblable.

Jusqu'à l'heure du déjeuner, il se promena dans
le jardin en tâchant de s'expliquer et de comprendre la situation qui lui était faite par ce qu'il venait
d'apprendre, mais ce fut inutilement : jeté en dehors du courant de ses idées, il était égaré dans un

pays inconnu, sans le moindre indice pour le guider.

Il y avait un fait brutal : Marthe aimait Philippe, cela était certain, il l'avait entendu, et mieux encore, il l'avait vu. Mais les conséquences à tirer de ce fait, quelles étaient-elles ?

Il n'en voyait qu'une : renoncer à Marthe, retourner à Paris et se contenter des jeunes filles dont son père lui avait parlé, mais celle-là était précisément la seule qu'il ne pouvait pas admettre. Est-ce que tous les jours on ne voit pas des jeunes filles épouser un homme autre que celui qu'elles aimaient? N'est-ce pas là la règle générale dans le monde? Pourquoi n'en serait-il pas ainsi de Marthe?

Pour s'affirmer dans cette espérance, il chercha dans sa mémoire les mariages de ce genre qu'il connaissait, et il en trouva autant qu'il en pouvait souhaiter. Comme tant d'autres femmes, ce n'était pas celui-ci ou celui-là que Marthe aimait, ce n'était pas Philippe, c'était la poésie, c'était le trouble, c'était l'émotion, c'était l'amour : un amour nouveau, qui aurait l'attrait de l'inconnu, remplacerait l'ancien.

Et puis, quand il ne le remplacerait pas? L'amour est-il donc indispensable dans le mariage?

Pour lui, il n'en voyait pas la rigoureuse nécessité. Sans doute, il pouvait être un agrément; mais, s'il n'existait pas au moment du contrat, et si plus tard il ne prenait pas naissance, on pouvait très-bien s'en passer.

La seule condition essentielle était le consentement de Marthe, et malgré les paroles prononcées par elle dans le kiosque, il était possible qu'elle le donnât un jour. Pourquoi ne ferait-elle pas comme tant d'autres avaient fait avant elle? Serait-elle la première à oublier ses promesses et à renier son amour?

D'ailleurs, il n'était peut-être pas si puissant qu'on pouvait le craindre tout d'abord, cet amour. Était-ce même de l'amour? Et ce qui s'était passé dans ce kiosque ne montrait-il pas plutôt que c'était une amourette, vive pour le moment, mais sans conséquence pour l'avenir? L'amour, au moins celui qu'il avait expérimenté, avait d'autres élans, d'autres entraînements.

Lorsque la cloche du déjeuner le rappela au château, il en était arrivé, tournant et retournant ces raisonnements qu'il échafaudait au gré de son désir, à se rassurer jusqu'à un certain point. Oui, cette liaison était fâcheuse, il fallait le reconnaître; mais elle n'était point de nature cependant à le faire renoncer à la lutte, et si cette lutte s'engageait, il pouvait tout aussi bien triompher que Philippe Heyrem.

Le déjeuner le rejeta dans ses irrésolutions; car, si obstinée que fût son espérance, il était bien difficile de voir Marthe et Philippe réunis, sans être frappé de leur amour; ces regards profonds lorsque leurs yeux se rencontraient, ces frémissements lorsque leurs doigts se frôlaient, ces silences recueillis qui succédaient tout à coup et sans raison à des paroles en apparence insignifiantes, cette tendresse dans la voix lorsqu'ils se parlaient : non, tout cela ne pouvait pas être inspiré par un sentiment éphémère. Non, ce n'était point là une amourette nouée aujourd'hui, dénouée demain, au hasard de circonstances fortuites.

Alors que faire? à quel parti s'arrêter?

Enfin, après le déjeuner, il se trouva seul, avec M. de Cheylus, sur la route de Bordeaux, et il put tenir conseil avec le préfet.

— Et maintenant que décidez-vous? demanda celui-ci, lorsqu'il eut entendu le récit des confidences de Clara et du rendez-vous du kiosque.

— Votre question est précisément celle que je voulais vous poser.

— Mais, cher ami, il s'agit de vous et non de

moi; vous vous mariez, et moi je tâche seulement de vous marier. Dois-je continuer mes efforts, ou bien dois-je les arrêter? c'est à vous de prononcer le mot décisif.

— L'hésitation est donc permise?

— Ce qui me paraît grave, c'est le sentiment auquel vous avez donné le nom d'amourette. Pour être sincère, j'oserai presque dire que je serais moins effrayé d'un bon amour avec tout ce qui l'accompagne.

— On voit bien, comme vous le disiez tout à l'heure, qu'il s'agit de moi et non de vous.

— Ni de vous ni de moi, mais de l'affaire qui est, dégagée de phrases et de sentiments, le mariage de Marthe Donis. Or, à mon point de vue, si mademoiselle Marthe était la maîtresse de Philippe Heyrem, ce mariage aurait bien plus de chances pour se faire.

— Avec Philippe Heyrem.

— Pas du tout, avec vous. Attendu que, quand une jeune fille qui sait ce que c'est que la vie a eu la faiblesse de se donner à un amant, il y a de fortes probabilités pour qu'elle n'épouse pas cet amant, mais bien un honnête homme, qui ne sache rien d'elle et la traite en honnête femme. Malheureusement ce n'est point là notre cas : Marthe peut regarder Heyrem en face; ils s'aiment, cela est vrai, mais ils s'aiment chastement et de telle sorte que jamais plus tard le moindre nuage ne pourra ternir leurs souvenirs; de plus, Heyrem est toujours l'inconnu.

Sainte-Austreberthe ne répondit rien, et pendant longtemps la voiture roula sur la route poudreuse, sans qu'ils échangeassent une seule parole; mais, tandis que le préfet se laissait aller à une sorte de somnolence, Sainte-Austreberthe réfléchissait.

Comme on allait atteindre les premières maisons de Bordeaux, il posa la main sur l'épaule de M. de Cheylus qui s'était assoupi.

— Je puis compter sur vous, n'est-ce pas?

— Sur moi comte de Cheylus, entièrement; sur moi préfet de la Gironde, corps et âme.

— Alors j'épouserai mademoiselle Donis.

— Et pour en arriver là, que comptez-vous faire?

— Je vous le dirai demain : la nuit décidera mon plan et mes moyens.

XVIII

— C'est M. Heyrem, dit Sainte-Austreberthe à M. de Cheylus, qui m'a inspiré mon plan; puisque je dois le combattre, j'aime à me servir des mêmes armes que lui.

— Et de quelles armes se sert-il? comment s'est-il fait aimer de mademoiselle Donis?

— Ce n'est pas sur ce terrain que je veux engager la lutte, car je m'y présenterais dans des conditions d'infériorité trop grande. Philippe Heyrem s'est installé d'avance dans le cœur de mademoiselle Donis, et, si je voulais l'y attaquer en marchant droit à lui, je serais battu. Non, c'est autrement que je veux l'imiter. Pour enlever le consentement de M. Donis, il compte sur la fortune de son oncle.

— Avez-vous donc un héritage considérable à lui opposer?

— Hélas! non; je n'ai à recueillir que l'héritage de mon père, qui, je le crains, sera plus que léger. Mon père se trouve beaucoup trop jeune pour penser aux économies, et, comme plus il ira, plus il rajeunira, je ne dois rien attendre de lui. Non, ce n'est point une influence matérielle que je veux mettre en jeu auprès de M. Donis; c'est une influence morale.

— Voilà qui est curieux. D'avance, cher ami, je suis heureux de m'associer à un aussi beau projet. Une influence morale! Quelle réponse à ceux qui nous accusent d'être des oiseaux de proie! A ce propos, vous savez que je pardonnerai difficilement cette grossièreté à Philippe Heyrem. Il nous est hostile, c'est bien; il se défie de nous, c'est bien encore; mais pourquoi diable cette comparaison animale? Cela n'a rien de courtois. Nous, au contraire, nous le combattrons par une influence morale. Voyons cette influence, cher ami, et si elle n'est pas assez morale, nous consulterons Poultier pour la renforcer : la moralité, c'est son affaire, c'est son fort, vous savez.

— M. Heyrem veut que la fortune de son oncle parle pour lui à M. Donis; moi, je veux que ce soit madame Donis qui parle pour moi à son mari.

— Aïe ! votre influence, cher ami, ne serait-elle pas plus spirituelle que morale ?

— Pour mettre madame Donis de mon côté, poursuivit Sainte-Austreberthe sans répondre à cette interruption qui lui parut d'un goût médiocre, je ne vois qu'un moyen, c'est de la tenir par son secret, et, pour m'emparer de ce secret, j'ai besoin de votre concours, monsieur le préfet.

— Décidément, il est inutile de consulter Poultier, n'est-ce pas ?

— Tout à fait inutile. Vous vous souvenez, n'est-ce pas, que mademoiselle Clara m'a parlé de fréquentes absences que madame Donis faisait, sous prétexte de suivre un traitement hydrothérapique ? Il faut que nous sachions où elle va pendant ce temps donné en apparence à la médecine

— Et quel est son médecin !

— Oh ! le médecin, c'est M. de Mériolle, il n'y a pas de doute là-dessus.

— Qui sait ? M. de Mériolle est peut-être le médecin de campagne chargé de suivre le traitement, et, en plus, elle peut très-bien avoir un médecin de ville, le médecin consultant, le directeur.

— Enfin, il faut que nous sachions où elle rencontre ce médecin et dans quelles conditions. Comme je ne peux pas faire cette recherche moi-même, je vous prie de mettre à ma disposition un homme de police, assez intelligent pour nous renseigner sans nous compromettre.

— Rien n'est plus facile, et nous trouverons dans un agent nommé Frechina, l'homme que vous demandez. Seulement, avant que je le fasse venir, un mot, je vous prie. Pour découvrir où va madame Donis, pendant qu'elle est censée suivre son traitement, il faut qu'elle soit à Bordeaux; or elle est à Château-Pignon, et je ne vois pas ce que Frechina irait faire au château, sous quels prétextes nous pourrions l'y envoyer et quels services il nous y rendrait.

— Ce n'est pas votre Frechina qui doit aller à Château-Pignon, c'est madame Donis qui doit venir de Château-Pignon à Bordeaux. Je serais un triste général si je n'avais prévu cette difficulté, dont nous sortirons facilement avec votre aide.

— C'est moi qui vais faire venir madame Donis à Bordeaux?

— Vous-même.

— En ma qualité de préfet?

— Parfaitement.

— Je suis curieux de savoir comment.

— Rien n'est plus simple. M. Donis nous a dit, n'est-ce pas, qu'en cette saison, madame Donis restait à Château-Pignon parce qu'il pouvait aller passer avec elle trois jours par semaine ? Qu'il soit retenu à Bordeaux pendant ces trois jours, et c'est madame Donis qui viendra les passer ici avec lui. Il aime sa femme comme un jeune marié, il ne voudra pas rester séparé d'elle pendant toute une semaine ; il la fera venir.

— Et comment puis-je retenir M. Donis à Bordeaux, si ses sentiments de jeune marié, comme vous dites, le poussent vers Château-Pignon ? Dois-je le faire arrêter ? J'y suis décidé, si vous le jugez utile, et je n'y mets qu'une condition, c'est que vous me fournirez un motif d'arrestation ; malgré mon expérience en cette matière, je ne vois pas du tout de quel crime on peut charger le père Donis.

— Mon motif est emprunté à la comédie et non au drame : nous ne faisons donc arrêter personne. Seulement, vous organisez une commission officieuse pour étudier la question de l'amélioration de la navigation dans la Gironde ; comme il y a urgence à ce que j'emporte à Paris, pour les y défendre, les conclusions de cette étude, on réunit la commission tous les soirs pendant six jours, huit jours, dix jours, le temps nécessaire enfin à obtenir mes preuves, et voilà tout.

— Mes compliments, cher ami.

— N'est-ce pas que ce n'est point trop mal trouvé et que cette combinaison a toutes sortes d'avantages ? D'abord, elle nous permet d'observer la femme ; puis, en même temps, elle me met en relations quotidiennes avec le mari et me donne l'occasion de le gagner, si je ne suis pas trop maladroit. Enfin elle m'introduit dans la maison et auprès de la jeune fille. J'espère bien que la famille Donis va me traiter comme un galant homme à qui elle doit une profonde reconnaissance. Seul M. Heyrem pourra se montrer inquiet.

— Oh! lui, je vais le faire harceler de tous les côtés ; je ne veux pas qu'une seule phrase de son travail reste debout. A-t-on vu un pareil personnage avec sa comparaison ? oiseau de proie, non, mon cher monsieur, oiseau moqueur, oui.

Les choses s'accomplirent suivant les dispositions de ce plan, et quand M. de Cheylus annonça à M. Donis qu'il voulait profiter du séjour de Sainte-Austreberthe à Bordeaux pour étudier à fond la question de la navigation dans la Gironde, le commerçant n'eut pas assez de paroles de gratitude pour ce beau zèle, qui lui parut tout naturel.

— Je savais bien qu'il vous suffirait de voir, dit-il, pour être converti à nos idées.

On se réunit donc tous les soirs à la préfecture, et madame Donis vint avec Marthe s'établir dans sa maison des allées de Tourny, afin de ne pas laisser M. Donis seul pendant tout le temps que durerait le travail préparatoire de la commission.

Quand Sainte-Austreberthe voulut s'excuser d'avoir causé ce changement d'habitude à la famille Donis, il se trouva que tout le monde, au lieu de lui savoir mauvais gré de son désir (qu'il avouait) de hâter le travail de la commission afin de retourner à Paris, était plein de reconnaissance pour lui. C'était à croire qu'il n'avait eu souci que de servir les intérêts de chacun.

Ce fut alors que l'agent Frechina, mis à la disposition de Sainte-Austreberthe, entra en fonctions.

Ce Frechina était un homme de trente à trente-deux ans, petit, mince, chétif, atteint d'une calvitie précoce qui ne lui avait laissé autour du crâne qu'une étroite couronne de cheveux blonds frisés; marchant le dos voûté en rasant les murailles et en rassurant à chaque pas ses lunettes, qui glissaient sans cesse sur son nez osseux, il avait en tout l'air humble d'un maître d'études sifflé par ses élèves et bousculé par ses directeurs.

Lorsqu'il sut qu'il était attaché au service de M. le vicomte de Sainte-Austreberthe, il laissa paraître sur son visage pâle un éclair de joie. Il se considérait comme déplacé à Bordeaux, comme exilé sur un théâtre indigne de ses talents, et il espérait bien, en montrant ce dont il était capable à un personnage tel que le fils du général de Sainte-Austreberthe, être appelé à Paris. C'était l'occasion de se révéler, qui, jusque-là, malgré son zèle et son ambition, ne s'était pas présentée pour lui.

Il écouta discrètement les explications de Sainte-Austreberthe, et, sans phrases, sans protestations, il promit de faire de son mieux pour contenter « M. le vicomte et ne le compromettre en rien. »

Il ne se permit qu'une seule question, à savoir : « s'il faudrait venir chercher M. le vicomte quand la dame *à filer* serait enfermée avec celui qu'elle allait voir. »

— Pas du tout; il me suffit de connaître la maison où cette dame va, l'heure à laquelle elle y entre, l'heure à laquelle elle en sort, enfin au nom de qui est loué l'appartement dans lequel elle se rend.

Malgré le zèle et la finesse de Frechina, Sainte-Austreberthe n'eut pas aussi tôt qu'il l'espérait ces renseignements qui, au premier abord, paraissaient assez faciles à obtenir.

Le premier jour, après son arrivée à Bordeaux, madame Donis ne sortit pas; le second jour elle reçut la visite de M. de Mériolle, qui resta deux heures chez elle; le troisième, elle fit une promenade en voiture en compagnie de Marthe; le quatrième, elle sortit seule, mais ce fut pour faire des achats dans des magasins de la ville, où Frechina la suivit; le cinquième, elle resta encore chez elle; enfin ce fut le sixième seulement que Frechina eut quelque chose d'intéressant à raconter, mais ce quelque chose ne fut pas ce que Sainte-Austreberthe avait espéré.

— La dame que je dois surveiller, dit Frechina, qui n'avait jamais prononcé le nom de madame Donis, comme si ce nom n'existait pas pour lui, est sortie de chez elle à deux heures et demie; elle était seule. Elle est allée d'abord rue Esprit-des-Lois, où elle a acheté un petit bouquet de jasmin; elle a pris une voiture qui l'a conduite à l'établissement hydrothérapique du docteur Salzedo. Il était trois heures moins cinq minutes quand elle est entrée, elle en est ressortie à cinq heures vingt minutes.

— M. de Mériolle est-il venu?

— Je ne l'ai pas vu.

— Comment! elle est restée seule tout ce temps à l'établissement hydrothérapique?

— Je ne dis pas qu'elle y est restée, répondit Frechina avec un sourire froid ; je dis qu'elle y est entrée à trois heures moins cinq minutes et que pour moi elle en est ressortie à cinq heures vingt minutes. Mais je ne parle que pour moi, je ne parle que de la porte devant laquelle j'étais en observation. Seulement il faut que M. le vicomte sache que l'établissement a deux portes : la principale, devant laquelle je suis resté, et une autre sur les derrières du jardin. La personne en question peut donc être sortie par cette porte et avoir été faire une promenade pendant que je l'attendais. Si monsieur le vicomte y consent, je m'adjoindrai un collègue et pendant qu'il sera posté à la porte principale, j'irai à la porte de derrière, et je pourrai ainsi suivre cette dame si, comme tout le fait supposer, elle sort par là.

Assurément le vicomte consentait à l'adjonction de ce collègue. Que lui importait le nombre des agents de police qui seraient chargés de surveiller madame Donis? ce qu'il voulait, c'était que cette surveillance donnât un résultat certain et rapide. Rapide surtout, car d'un instant à l'autre pouvait arriver la lettre de Bourbon qui permettrait à Philippe Heyrem de faire sa demande à M. Donis.

Alors, au lieu de rester simple spectateur des

moyens d'action qu'il avait mis en jeu, il décida d'intervenir dans la lutte et, pendant que Frechina continuait sa surveillance, il trouva bon d'agir lui-même d'un autre côté.

XIX

Depuis qu'il était à Bordeaux, Sainte-Austreberthe n'avait guère suivi les conseils du docteur Horton, et s'il avait quitté Paris, il ne s'était nullement mis au vert.

Pour lui faire passer le temps et aussi pour profiter de l'occasion, M. de Cheylus organisait ou improvisait des parties qui se succédaient sans interruption ; la préfecture était devenue une sorte de Sainte-Barbe, mais où l'on trouvait plus de liberté, plus de gaieté qu'à la Sainte-Barbe parisienne.

Les quelques heures qui lui restaient dans la journée étaient prises par M. de Mériolle, qui, tout glorieux de cette intimité, ne savait qu'inventer pour se montrer à ses côtés et crier à tout Bordeaux : « Vous voyez comme je suis bien avec Sainte-Austreberthe ; je suis son ami, et dans la ville il n'a trouvé que moi, moi seul, Mériolle de Brossac de Gaudens, digne de lui tenir compagnie.

Des déjeuners arrangés par M. de Mériolle, Sainte-Austreberthe tombait dans les dîners du monde officiel ; puis, de ces dîners, dans des soupers qui eussent assurément surpris l'avocat général Saige, si, revenant au monde en ce bel hôtel qu'il avait fait construire par l'architecte Louis, il avait vu comment, de nos jours, on comprend le culte des bienséances et le respect du décorum.

Mais le soir même de son entretien avec Frechina, Sainte-Austreberthe modifia brusquement cette vie de plaisirs et de fatigue.

Après la séance de la commission, à laquelle il avait assisté avec un air grave qui simulait très-bien le recueillement et la réflexion, il annonça à M. de Cheylus qu'il allait se coucher.

— Êtes-vous malade, cher ami? s'écria le préfet; vous vous appliquez trop. Ces gens à idées nous tueront avec leurs explications.

— J'ai besoin de repos.

— Vous dormirez tard demain ; nous avons ce soir un petit souper qui s'annonce comme devant être assez drôle. J'ai fait venir « la préfète; » vous savez, la petite de Pressac. Nous aurons aussi Caroline Telier, qui viendra après le théâtre. L'innocence des champs aux prises avec la corruption des villes, ce sera piquant. Il faut voir ça.

Mais tout fut inutile, Sainte-Austreberthe s'excusa et tint quand même à s'aller coucher.

Le lendemain, M. de Cheylus, surpris de ne pas le voir descendre pour le déjeuner, monta à sa chambre et le trouva au lit.

— Je le disais bien que vous étiez malade, est-ce malade d'amour ? voilà qui serait beau.

— Ni d'amour ni d'autre maladie ; j'ai besoin de repos, voilà tout. Au reste vous voyez que le régime que je suis n'indique pas un état pathologique qui doive inquiéter votre amitié.

En effet, sur un guéridon était une volaille truffée dont il ne restait que la carcasse, et à côté de la volaille, une bouteille vidée aux trois quarts.

— Ne m'avez-vous pas dit, continua Sainte-Austreberthe désignant la bouteille, que le Saint-Estèphe était le meilleur de vos vins comme tonique et réconfortant ?

— Avec cela, léger et agréable.

— J'ai eu confiance en votre expérience et j'ai demandé cette bouteille.

— Alors vous allez vous lever.

— Non ; je resterai au lit jusqu'à trois heures, et

alors je vous demanderai un cheval de selle pour faire une promenade en campagne. J'ai besoin d'un repos entremêlé d'exercices fortifiants, c'est un régime que je me suis imposé. Excusez-moi si je vous fausse compagnie.

— Et vous pouvez dormir ainsi pendant tout ce temps ?

— Oui, j'aurais été par là un bon soldat ; je suis capable de faire des provisions de sommeil et de nourriture qui m'auraient soutenu dans les jours où l'on ne peut ni manger ni dormir.

Pendant plusieurs jours Sainte-Austreberthe observa rigoureusement ce régime. Il se levait vers deux heures, après avoir déjeuné dans son lit ; il faisait une promenade à cheval de deux ou trois heures, il rentrait pour dîner ; puis, après avoir assisté à la séance de la commission, il se couchait ; dans sa chambre, comme en-cas pour la nuit, on lui tenait préparée un tasse de consommé froid.

M. de Cheylus, qui connaissait ces précautions et ces soins par le fidèle Poultier, ne comprenait rien à ce régime bizarre : le vicomte était-il devenu malade imaginaire ?

Enfin, le quatrième jour ce régime fut brusquement interrompu, comme il avait été brusquement entrepris. En rentrant de sa promenade ordinaire, Sainte-Austreberthe avait trouvé Frechina qui l'attendait pour lui apprendre que M. de Mériolle avait fait à madame Donis et chez elle, aux allées de Tourny, une visite qui s'était prolongée de une heure à quatre heures ; qu'à ce moment, mademoiselle Marthe, sortie depuis midi et demi, était rentrée, et qu'alors les deux dames étaient parties pour Château-Pignon.

— Et ma surveillance ? avait demandé l'agent de police.

— Elle est naturellement interrompue ; quand madame Donis sera de retour, je vous dirai si vous devez la reprendre.

— Depuis que Sainte-Austreberthe avait modifié ses premières habitudes pour les remplacer par celles d'un convalescent, M. de Cheylus usait de ses soirées au gré de son caprice, sans prendre souci de son hôte. En rentrant à minuit, le jour de ce rapport de Frechina, il fut surpris de trouver, dans le fumoir, Sainte-Austreberthe devant une table de jeu et ayant en face de lui M. de Mériolle.

— Tiens, vous n'êtes pas couché ?

— Non, M. de Mériolle a eu le désir de jouer quelques parties contre moi, et nous nous sommes mis à cette table.

— C'est une idée qui m'est venue... je ne sais trop comment, dit M. de Mériolle en riant ; au reste, M. le vicomte a poussé la gracieuseté jusqu'à accepter l'écarté, parce que j'y suis d'une certaine force.

— Vous pouvez dire d'une très-belle force ; sur vingt parties, il y en a eu neuf pour vous et onze pour moi.

— Et vous jouez?... demanda M. de Cheylus.

— Nous jouons pour le plaisir de jouer, 10 louis seulement.

— Vous savez, dit M. de Cheylus assez effrayé, qu'il n'y a qu'un maire de Saint-Michel dans le département et qu'il est brûlé.

— Soyez sans crainte, répliqua Sainte-Austreberthe avec un sourire froid ; je pense à lui.

— Qu'est-ce donc ? demanda M. de Mériolle toujours riant.

— Est-ce que vous allez jouer longtemps? demanda M. de Cheylus sans répondre.

— Peut-être. Comme nous jouons pour jouer, ainsi que je vous l'ai dit, et non pour gagner, il a été convenu que nous quitterions la table aussitôt que l'équilibre serait rétabli entre nous.

— Mais cet équilibre peut ne se rétablir jamais, et alors jouerez-vous jusqu'à la fin du monde ?

— Le cas a été prévu : celui qui se retirera le premier, s'il est perdant, payera ; s'il est gagnant, abandonnera son gain.

— Alors c'est un duel.

— Au plus solide des deux, dit M. de Mériolle, plein de confiance dans sa force et sa santé.

— Vous n'avez pas besoin de témoin? demanda M. de Cheylus.

— Non, merci.

— Alors je vais dormir.

Et il les laissa aux prises. Dans l'hôtel sombre et silencieux le fumoir seul était éclairé ; les bruits de la rue s'étaient éteints, la ville entière dormait. En face l'un de l'autre, ils jouaient lentement, sérieusement, et les seuls mots qu'ils échangeassent étaient ceux qui étaient indispensables à leur jeu : — J'en demande. — J'en refuse. — Le poin

Quand le préfet s'éveilla, on lui annonça que les deux joueurs étaient toujours dans le fumoir. Il descendit, curieux de savoir comment les choses s'étaient passées.

Ils n'avaient pas quitté leur table ; ils étaient toujours en face l'un de l'autre, leurs mains s'abattaient toujours régulièrement sur le tapis vert, leurs paroles étaient toujours les mêmes : — J'en demande. — Combien? — Le point.

Cependant des changements considérables s'étaient faits en eux. M. de Mériolle, ordinairement rose et frais, était blême, ses lèvres étaient décolorées, ses cheveux frisés tombaient en désordre dans sa figure ; en lui tout trahissait la fatigue. Sainte-Austreberthe, au contraire, paraissait plus dispos que la veille au soir ; il n'avait plus son air indolent, son regard brillait et sa main était ferme.

— Où en êtes-vous ? demanda M. de Cheylus.

— Cela va mal, dit M. de Mériolle.

— En effet, il était en arrière de cent trois parties, c'est-à-dire qu'il perdait 1,030 louis, ou pour compter bourgeoisement, 20,600 francs.

— Vous ne vous en tenez pas là ? dit M. de Cheylus.

— Et l'honneur !

— Et mes 1,000 louis !

— Mais vous devez être brisés de fatigue.

— Pas du tout, s'écrièrent-ils en même temps.

Cependant, quelques instants après, M. de Mériolle avoua « qu'il avait une faim de chien ; » et Sainte-Austreberthe déclara gracieusement que manger n'était pas se retirer du jeu. On leur apporta donc sur un guéridon ce qu'ils avaient commandé, c'est-à-dire, pour M. de Mériolle un morceau de filet froid, et pour Sainte-Austreberthe deux œufs à la coque.

Tandis que M. de Mériolle arrosait son filet d'une bouteille de saint-émilion, Sainte-Austreberthe mouillait ses œufs d'un simple verre d'eau rougie.

Lorsque M. de Mériolle eut englouti son filet et sa bouteille, il se frotta les mains avec satisfaction. Maintenant qu'il avait pris des forces, il allait battre ce Parisien en papier mâché.

Cependant il ne le battit pas, et les forces qu'il croyait avoir prises lui furent plus nuisibles qu'utiles ; de blême il était devenu rouge comme on ne l'est qu'après un violent exercice, et il ressentait dans les jambes des picotements qui le gênaient beaucoup et l'agaçaient encore plus.

Sainte-Austreberthe, au contraire, était calme et maître de lui, comme il l'avait été toute la nuit.

La journée s'écoula tout entière à jouer et chaque fois que M. de Cheylus venait dans le fumoir, il trouvait la dette de M. de Mériolle grossie : à midi, elle était de 1,500 louis, à six heures du soir, de 2,000.

Au reste, c'était là le seul changement qu'il y eût dans leur situation : assis sur leurs chaises, ils ne faisaient de mouvements que pour battre les cartes et les jouer; leurs paroles se rapportaient exclusivement au jeu, et lorsqu'ils étaient obligés d'interrompre, c'était d'un commun accord, pour quelques minutes seulement.

— Au point où en sont les choses, dit M. de Cheylus, je comprends que ni l'un ni l'autre de vous ne veuille céder; mais il ne faut pas vous laisser mourir de faim, je vais vous faire servir à dîner; je commande ici; il n'y a donc aucun déshonneur, aucune faiblesse, à se conformer aux lois de ma maison.

On leur apporta un dîner comme on leur avait apporté le déjeuner; mais M. de Mériolle n'osa pas manger, l'expérience du matin lui avait fait croire que la supériorité de Sainte-Austreberthe était due uniquement à sa sobriété. Il voulut donc être sobre et ne prit qu'un potage. Sainte-Austreberthe, par-dessus son potage, mangea un blanc de poulet avec quelques feuilles de salade.

— Voulez-vous donc le tuer? demanda M. de Cheylus, pendant une absence de deux minutes que fit M. de Mériolle.

— Assurément non; cela ne ferait pas mon affaire.

— Il ne pourra pas vous payer.

— Ce n'est pas de son argent que j'ai besoin.

XX

Ils recommencèrent à jouer.

M. de Mériolle, qui la veille s'était assis à cette table en riant, tout fier de l'honneur qui rejaillirait sur lui d'avoir tenu tête à son fameux vicomte, était devenu sérieux et inquiet. Il savait qu'il ne pourrait pas payer sa dette; il fallait donc qu'il forçât Sainte-Austreberthe à quitter le jeu.

Mais comment l'obliger à cela? Le vicomte semblait décidé à jouer tant qu'il aurait un souffle dans la poitrine, et rien en lui n'annonçait qu'il fût prêt à céder à la lassitude.

Le mot qu'ils avaient dit en débutant : « Au plus solide des deux, » était devenu une réalité effrayante. Le gagnant serait celui qui ne roulerait pas sous la table. C'était donc un duel, un vrai duel, plus grave, plus dangereux que s'ils avaient ou des épées dans les mains en place de morceaux de carton.

Quant à Sainte-Austreberthe, il ne laissait pas voir que cette expectative le troublât ; et il était là, devant ce tapis de drap vert, comme il eût été sur le terrain, calme, recueilli, attentif à se défendre, et prêt à profiter des moindres fautes de son adversaire. Assis sur sa chaise dans la meilleure position pour s'épargner de la fatigue, il ne faisait pas le plus léger mouvement qui n'eût son utilité, et ses lèvres ne s'ouvraient que pour prononcer les mots sacramentels : « J'en demande, j'en refuse, le roi. » A le voir, on eût dit un joueur automate, une machine de bois et de fer, surtout de fer ; ses mains se relevaient et s'abattaient avec une régularité mécanique, son visage pâle était un masque de cire.

M. de Mériolle eût voulu garder ce sang-froid dont il appréciait la terrible puissance ; mais, malgré lui, il se laissait entraîner par les hasards de son jeu. La veine l'exaltait, la déveine l'abattait. Les mauvaises cartes le rendaient sombre et silencieux, les bonnes loquace et imprudent. Alors l'espérance lui revenait, il caressait ses cartes de la main et de la voix. L'exaltation de la joie l'échauffait ; il retroussait ses manches, il déboutonnait sa chemise, son gilet, et, pour jeter ses cartes, il usait autant de force qu'il en eût fallu pour jongler avec des haltères. Ces efforts, les alternatives d'espérance et de découragement par lesquelles il passait, l'émotion qui sans cesse l'étreignait, tout cela l'épuisait, sans parler de la fatigue physique qui continuait à poser sur lui sa main, d'heure en heure plus lourde.

Quelques instants avant minuit, M. de Cheylus revint dans le fumoir; mais cette fois il n'était plus seul. Il avait parlé du duel qui se livrait chez lui, et quatre ou cinq de ses intimes avaient voulu assister à la fin de cette partie étonnante, qui durait sans interruption depuis plus de vingt-quatre heures.

— Cela ne vous gêne pas, messieurs, dit-il en entrant, que nous vous formions une galerie ?

— Au contraire, répondit Sainte-Austreberthe sans se lever de sa chaise et en inclinant seulement un peu la tête du côté des arrivants, ce nous est un plaisir, n'est-ce pas, monsieur de Mériolle ?

— Assurément, répondit celui-ci d'une voix empâtée.

— Seulement, continua Sainte-Austreberthe, cela pourrait bien être une fatigue pour vous, messieurs, car je crois que nous ne quitterons pas cette table de sitôt. N'est-ce pas, monsieur de Mériolle?

—On m'emportera peut-être, mais je ne m'en irai pas.

—Alors, messieurs, installez-vous de votre mieux pour passer la nuit. C'est à vous d'en donner, monsieur de Mériolle.

En répondant que ce serait pour lui un plaisir d'avoir des spectateurs, M. de Mériolle n'avait pas parlé sincèrement. Ils le gênaient au contraire terriblement, ces spectateurs. Malgré son désir d'éblouir Sainte-Austreberthe par sa tenue, il en était arrivé à ne plus se contraindre devant lui. Mais, devant cette galerie, il fallait s'observer, rester en représentation, et ne pas céder à Sainte-Austreberthe cette dernière victoire. Il rabattit donc ses manches, boutonna le col de sa chemise et joua.

— Et où en êtes-vous ? demanda M. de Cheylus.

— Je perds 215 parties, répondit M. de Mériolle.

— Nous avons usé six jeux, dit Sainte-Austreberthe.

Naturellement on ne jouait pas argent sur table ; mais chacun de son côté écrivait les résultats sur une feuille de papier, et, de dix en dix parties, on faisait l'appel pour voir si on était d'accord.

— Voulez-vous que je vous serve de marqueur ? demanda M. de Cheylus.

Cette proposition fut accueillie avec reconnaissance, et les deux adversaires, libres de toute préoccupation, n'eurent plus qu'à jouer.

M. de Mériolle avait perdu sa rougeur du déjeuner et, sous la lumière de la lampe, il était décoloré comme un cadavre. Alors que c'était à Sainte-Austreberthe de donner les cartes, il profitait de ce moment de repos pour s'accouder sur la table et il laissait aller sa tête ballante, qui parfois s'inclinait jusque sur ses mains. Il se redressait aussitôt, prenait ses cartes ; mais il avait de la peine à les ranger, et plus de peine encore à les jeter sur le tapis.

Il était évident qu'il ne jouait plus pour se rattraper, mais seulement pour triompher de Sainte-Austreberthe par la fatigue, rester le dernier à table, et ainsi gagner tout ce qu'il devait.

Elle était terrible chez les deux adversaires, cette fatigue, et pour la galerie il était manifeste qu'ils étaient exténués. Cela fut bien sensible surtout au moment où le jour se leva et où ses premières lueurs, faisant pâlir la lampe, les montra l'un et l'autre décomposés comme deux agonisants : ils étaient hideux à voir.

12.

Cependant il y avait des degrés dans cette décomposition, et elle était bien autrement avancée chez M. de Mériolle que chez Sainte-Austreberthe. Celui-ci se tenait encore et en lui on sentait le ressort d'une volonté, tandis que chez son partenaire il n'y avait plus rien, ni force morale ni force physique. Ce n'était plus qu'une masse de chair blafarde qui remuait sans qu'on sût comment.

— Il faut prendre quelque chose, dit M. de Cheylus; c'est le besoin qui vous affaiblit, et peut-être aussi le froid du matin.

— Je veux bien, répondit M. de Mériolle.

— Que voulez-vous? un verre de vin, un bouillon?

— Un verre de vin, du sauterne; j'ai la langue épaisse, cela me débarrassera.

Ce n'était pas épaisse qu'il aurait dû dire, mais gonflée au point qu'il pouvait à peine parler; les mots lui restaient dans la gorge, et tout à coup sa voix se cassait.

On lui apporta un verre de vin, qu'il but difficilement. Il avait à peine avalé la dernière gorgée, qu'il se laissa aller à la renverse; puis, roulant sur sa chaise, il tomba la tête en avant, sur la table. On le retint à temps pour l'empêcher de glisser jusque sur le parquet.

— Est-il mort ? demanda M. de Cheylus, assez effrayé.

— Battu seulement, dit Sainte-Austreberthe; messieurs, vous êtes témoins que c'est M. de Mériolle qui le premier quitte la table; il perd juste 70,000 francs.

On avait sonné, et deux domestiques étaient entrés pour emporter M. de Mériolle, évanoui ou endormi.

Sainte-Austreberthe se leva; mais à peine fut-il debout qu'il chancela. Cependant il eut la force de se retenir à la table; une personne s'étant avancée pour lui tendre la main, il sourit.

—Merci, ce n'est rien; un peu étourdi seulement. Bonsoir, messieurs.

Et, sans vouloir accepter d'aide, il se dirigea vers sa chambre, marchant comme un homme ivre.

M. de Cheylus, qui d'abord s'était occupé de M. de Mériolle, vint le rejoindre pendant qu'on le déshabillait.

— Eh bien, demanda Sainte-Austreberthe, comment est-il?

—Je l'ai fait coucher; il dort et il paraît respirer plus facilement.

— Quand il s'éveillera, il serait bon de lui faire boire une bouteille de soda.

— Et vous, cher ami?

— Oh ! moi, je n'ai besoin de rien, que de m'étendre et de dormir.

— Je vous félicite d'en être sorti sans plus de mal ; c'était là une imprudence un peu forte.

— Croyez-vous que je l'aie risquée pour mon plaisir? Il le fallait. Je vous prie de me faire éveiller pour l'heure de la commission.

— Comment! vous voulez y assister ?

— Sans doute, je tiens à raconter moi-même ce duel à M. Donis.

— Je doute que ces trente-quatre heures de jeu soient pour lui plaire.

— C'est précisément pour cela que je veux les lui expliquer. M. de Mériolle m'a rendu service en ne prolongeant pas davantage son agonie. J'ai le temps de dormir avant de voir M. Donis, et il ne faut pas que ce soir j'aie l'air d'un crevé. A tantôt.

S'appuyant sur le bras du valet de chambre qui le servait, il s'étendit dans son lit avec la douce satisfaction d'un homme qui voit le succès récompenser ses efforts et payer ses fatigues, car, si rigoureuse qu'eût été la préparation à laquelle il s'était astreint pour engager la lutte avec M. de Mériolle et mettre les chances de son côté, il n'avait pas été sans ressentir à l'avance une certaine inquiétude sur son résultat probable.

Par suite de sa longue expérience, il savait mieux que personne combien est considérable l'avantage du joueur qui a la dernière partie, est encore en possession de son sang-froid et de sa vigueur, et jusqu'à ce jour son système pour jouer avait été précisément de spéculer sur ce sang-froid et cette vigueur. Au lieu de venir de bonne heure à son club, comme tant d'autres, il avait l'habitude de n'y arriver que tard dans la nuit, alors que le jeu était engagé depuis longtemps déjà. Pendant une heure ou deux, il prenait encore du temps en causant ou en se contentant du rôle de spectateur. Puis, quand il voyait les visages se marbrer de taches livides sous l'influence du matin, quand les yeux s'enfonçaient dans les paupières bouffies, quand les mains commençaient à trembler, les lèvres à se crisper, à l'heure où la fatigue et la fièvre s'abattaient irrésistibles sur les joueurs qui étaient là depuis la veille, il prenait les cartes en main. A ne considérer que l'attitude indolente et lasse qu'il portait partout, on pouvait croire qu'il était aussi fatigué que ceux qu'il venait combattre, tandis qu'au contraire il arrivait dispos, l'estomac reconforté, la tête fraîche, le sang rassis, la main sûre, le coup d'œil éveillé. Il jouait, et avec ces partenaires aux nerfs exaspérés, et à la volonté chancelante, qui, jusque dans les entrailles, étaient brûlés par les émotions, les angoisses, les alternatives du gain et de la perte, il gagnait.

C'était à ce procédé, à ce procédé seul, qu'il avait dû sa réputation de joueur heureux; car nous ne sommes plus au temps où la tricherie au jeu est de peu d'importance dans le monde, et ceux qui, sans le connaître, l'en accusaient se trompaient grossièrement. Aujourd'hui l'homme trop adroit de ses doigts est méprisé et tenu à distance quand il n'est pas renvoyé en police correctionnelle. Aussi le joueur qui veut être certain de gagner emploie-t-il des moyens moins primitifs que ceux qui consistent à faire sauter la coupe ou à apporter dans ses bottes des cartes préparées.

Sportsman expérimenté, Sainte-Austreberthe avait emprunté les siens à la science de l'entraînement; et partant de ce principe que le cheval qui gagne est celui qui finit le dernier, parce qu'il a encore un souffle dans la poitrine quand ses concurrents n'en ont plus, il s'arrangeait toujours pour faire une belle fin de partie et n'avoir à battre que des adversaires épuisés d'avance.

Mais ce procédé réussirait-il avec M. de Mériolle? et le provincial, jeune et solide, n'opposerait-il pas à la fatigue une plus longue résistance que le Parisien usé? L'inquiétude était permise à l'avance, et par contre, le succès obtenu, la satisfaction l'était bien aussi.

Lorsque le soir on l'éveilla pour descendre à la commission, il se leva sans se faire tirer, et pendant toute la séance il montra une attention, une application qui parurent prodigieuses. Il est vrai qu'il ne comprenait pas et n'écoutait même pas un mot de ce qu'on disait, mais il paraissait écouter et comprendre.

— Je vous félicite, dit M. Donis lorsqu'on se sépara; vous ne paraissez pas vous ressentir de la terrible partie de cette nuit.

C'était là qu'il attendait le commerçant.

— Ne croyez pas, dit-il, que ce sont les cartes qui nous ont entraînés; c'était un défi, un duel, qui étaient engagés entre M. de Mériolle et moi; nous avons lutté les cartes à la main, il est vrai, mais elles n'étaient que l'accessoire; la lutte eût été la même, si nous avions couru sur une route à qui tomberait épuisé le premier.

— M. de Mériolle est tombé.

— Et j'ai résisté; j'avoue que cela me flatte: plus solide que M. de Mériolle, c'est quelque chose.

XXI

Il attendait la visite de M. de Mériolle pour le lendemain. Mais ce fut le surlendemain seulement qu'il le vit arriver, pâle, abattu, portant dans toute sa personne les marques de la fatigue physique et de l'accablement moral. Il alla vivement au devant de lui et lui serra les deux mains d'une façon affectueuse en s'excusant de n'avoir point été lui faire sa visite.

— Oh! je comprends bien le sentiment qui vous a retenu, dit M. de Mériolle; vous n'avez pas voulu paraître me réclamer ce que je vous dois.

— J'ai su, par M. de Cheylus, que vous alliez bien, et c'était l'essentiel. Entre nous il faut bannir toute cérémonie; à partir d'aujourd'hui je vous prie de me considérer comme votre ami, un ami qui a pour vous une vive sympathie, et la plus grande estime.

En écoutant ces paroles, M. de Mériolle, qui avait gardé jusque-là une attitude contrainte, parut respirer.

— Vous ne sauriez croire, dit-il, en serrant la main que Sainte-Austreberthe lui tendait, combien je suis heureux de vous entendre parler ainsi, car je viens précisément faire appel à cette amitié.

— Je vous écoute.

— Après avoir été si bien battu par vous, j'ai dormi vingt-quatre heures ; puis, aussitôt que j'ai pu sortir, je me suis mis à la recherche de l'argent que je vous dois, car, il faut que je l'avoue, je n'avais pas cette somme.

— Mon cher M. de Mériolle, permettez-moi de vous dire, non comme votre adversaire ou votre créancier (ces mots-là de doivent pas être prononcés entre nous) mais comme votre ami, qu'on ne doit jamais jouer que ce qu'on a sinon, dans sa poche, au moins dans son son secrétaire. C'est l'expérience d'un homme qui a vu beaucoup de joueurs et qui connaît le jeu, qui vous parle par ma bouche.

— Hélas, vous avez bien raison.

— Dans notre espèce, rien n'était plus facile ; si vous n'aviez que deux ou trois mille francs sur vous, il fallait quitter le jeu quand ils ont été perdus. A ce moment, notre duel n'était pas engagé ;

il n'y avait pas de question d'amour-propre, d'honneur entre nous. C'était une simple affaire d'argent qui se serait traduite, en fin de compte, par une perte insignifiante. Excusez-moi de vous parler ainsi et de faire le censeur, mais je vous traite en ami, et je suis un ami qui connaît l'importance des dettes de jeu.

— J'ai eu la sottise de croire que je pouvais regagner ce que j'avais perdu ; puis, quand nous avons été engagés plus loin que je ne devais aller, j'ai eu la sottise encore beaucoup plus grande de croire que je pouvais vous forcer à quitter la table le premier, et m'acquitter ainsi. J'ai roulé sous la table et je vous dois 70,000 francs.

— Vous avez la consolation de vous dire que vous avez fait une belle défense.

— Ce n'est pas d'avoir été battu par vous que je suis malheureux, et je considère même ma lutte contre un adversaire tel que vous comme un honneur pour moi ; ce qui me tourmente, ce qui m'humilie, c'est de ne pouvoir pas vous apporter les 70,000 francs que je vous dois.

— Il ne faut pas vous tourmenter pour cela ; vous me les apporterez ce soir, demain. Quoique les dettes de jeu doivent se payer dans les vingt-quatre heures et que ce soit là une règle d'honneur dans le monde, je ne suis pas homme à en demander la stricte exécution. D'ailleurs vous auriez les meilleures excuses à présenter : vingt-quatre heures après avoir perdu, vous dormiez encore. Donc à demain, et n'en parlons plus

— Parlons-en, au contraire, je vous prie ; car je crains bien de ne pas pouvoir être en mesure de vous payer ni demain ni après-demain.

Sainte-Austreberthe fit un geste qui n'était que trop facile à comprendre.

— Cela vous contrarie ? demanda M. de Mériolle d'une voix timide.

— Pour vous, mon cher monsieur, beaucoup plus que pour moi ; car enfin, il faut bien que vous sachiez la vérité, vous avez des ennemis ou, pour parler plus justement, des envieux, qui ne vous pardonnent pas vos mérites, votre élégance, votre supériorité, enfin qui vous en veulent d'être le roi de Bordeaux. Et cela se comprend ; j'avoue même que si j'habitais Bordeaux, je serais peut-être avec eux.

— Oh ! monsieur le vicomte ! dit M. de Mériolle en buvant ces paroles.

— Ces envieux m'ont déjà parlé de vous, indirectement d'abord, puis bientôt d'une façon ouverte ; ils m'ont dit que vous ne me payeriez pas.

— C'est une infamie.

— Assurément. Cependant lorsqu'ils me demanderont demain si vous m'avez payé, je ne pourrai pas répondre oui ; et alors ils colporteront dans toute la ville des bruits qui vous déshonoreront. Car vous savez comme moi que ne pas payer une dette de jeu, c'est se déshonorer. Et cela dans des conditions telles, qu'il y a des gens qui vont jusqu'au point de voler pour payer, et d'autres qui, plutôt que de manquer à leur parole, se font sauter la cervelle. Si je voulais vous citer des exemples, je n'aurais que l'embarras du choix. Dans votre position à Bordeaux, c'est là une chose assez grave pour vous perdre complétement, et de telle sorte que vous ne puissiez jamais revenir sur l'eau. Combien cela serait terrible pour un jeune homme d'avenir comme vous, doué de tous les dons qui peuvent conduire à la fortune ! Ah ! pourquoi avez-vous eu l'idée de me parler de jouer ?

— Le sais-je ?

— Certes, j'ai plus d'une fois dans ma vie regretté d'avoir touché une carte, mais jamais ces regrets n'ont été aussi poignants que ceux que j'éprouve. C'était si simple de passer notre soirée comme à l'ordinaire, au lieu de nous mettre à cette table et de nous lancer sottement dans une lutte qui n'avait pas d'issue possible, car enfin nous ne pouvions ni l'un ni l'autre reculer, et, une fois engagés, nous devions aller jusqu'au bout. A votre place, moi qui suis là à vous morigéner, j'aurais fait comme vous.

— N'est-ce pas?

— C'est malheureusement certain ; seulement je dois ajouter, me mettant toujours à votre place, qu'ayant perdu j'aurais fait n'importe quoi, l'impossible, l'absurde, le criminel peut-être, pour payer.

— Mais je l'ai fait, l'impossible, et c'est parce que je l'ai fait que je peux vous apporter aujourd'hui 20,000 francs, que je vous prie d'accepter, en attendant les 50,000 que je reste vous devoir.

Sainte-Austreberthe eut un mouvement de satisfaction qui eût pu donner à réfléchir à M. de Mériolle, si celui-ci l'avait aperçu. Depuis qu'il était à Bordeaux, les jours passaient et Sainte-Austreberthe ne voyait pas venir le moyen de rembourser la commune de Saint-Michel ; ces 20,000 francs arrivaient à propos pour cela. Au mérite d'être juste la somme qu'il devait, se joignait cet autre, de laisser M. de Mériolle débiteur d'une somme assez grosse pour le tenir dans l'embarras.

Insensible à tout ce qui l'entourait et marchant dans une sorte de rêve, ignorant d'ailleurs la position vraie de son créancier, M. de Mériolle ne vit rien et ne devina rien.

— Pour ces 50,000 francs, dit-il, j'espère que vous voudrez bien m'accorder un peu de temps; je vous donnerai toutes les garanties que vous pourrez désirer.

Sainte-Austreberthe resta assez longtemps sans répondre, tenant les yeux baissés; tandis que M. de Mériolle, anxieux, le regardait, attendant un mot d'espérance.

Enfin Sainte-Austreberthe releva la tête.

— Véritablement, dit-il, jamais dette de jeu n'a été ainsi discutée et dans de semblables conditions; je suis peiné, désolé.

Si M. de Mériolle avait osé, il aurait interrompu pour dire que lui aussi était désolé et au moins aussi profondément que le vicomte; mais il se contenta de lever les bras au plafond dans un mouvement plein d'éloquence.

— Une dette de jeu, continua Sainte-Austreberthe, n'est pas pour moi une affaire; c'est une chose sacrée, au-dessus des lois civiles. Mais, à la façon dont vous traitez cette dette, je vois que vous la transformez en une affaire.

— Pas précisément.

—Cependant, il faut nous entendre. Vous payez; alors vous avez considéré la dette de jeu comme je la considère moi-même, c'est-à-dire que vous vous êtes procuré les fonds nécessaires à n'importe quel prix. Au contraire, vous ne payez pas, vous demandez du temps, et vous offrez des garanties : cela n'a-t-il pas tout le caractère d'une affaire ?

— J'ai voulu me procurer ces fonds à n'importe quel prix, comme vous dites, et c'est parce que je n'ai pas pu les trouver que je viens faire appel à votre amitié.

— Puisque c'est une affaire, l'amitié n'a rien à y voir; vous savez comme moi que les sentiments ne sont pas acceptés comme monnaie courante dans les affaires. Si vous voulez faire appel à mon amitié, je n'entendrai qu'un langage, c'est celui qui me dira : « Je ne peux pas vous payer, contentez-vous de ces 20,000 francs et remettez-moi le reste de ma dette. » A cela je suis tout disposé.

— Mais moi, je ne le veux pas, s'écria M. de Mériolle dans un élan de fierté; je veux vous payer, et, si je ne peux pas le faire aujourd'hui, je vous offre des garanties.

— Entendons-nous, je vous prie : la dette de jeu,

vous la reniez, puisque vous ne l'acquittez pas ; l'amitié, vous ne l'invoquez pas, puisque vous repoussez ses propositions. Vous voulez, comme je vous l'ai dit et comme je vous le prouve, que ce soit une affaire ; eh bien, vous me forcez à vous dire que dans cette affaire les garanties que vous m'offrez ne sont pas sérieuses.

— Comment pouvez-vous penser cela ? vous ne les connaissez pas.

— Elles ne sont pas sérieuses, continua Sainte-Austreberthe, par cela seul que vous êtes obligé de venir me les proposer. En effet, mon cher monsieur de Mériolle, je vous connais assez et j'estime que votre caractère est assez fier, votre âme est assez haute, pour savoir que vous ne vous êtes résigné à la démarche que vous faites en ce moment qu'après avoir tout tenté, même l'impossible, pour vous en épargner la douleur.

— Assurément.

— C'est-à-dire que les garanties que vous me proposez, vous les avez, dans la journée d'hier et d'aujourd'hui, proposées à dix, à vingt personnes, afin de vous procurer l'argent qui vous était nécessaire ; et sur ces garanties, au lieu de trouver les 70,000 francs qu'il vous fallait, vous n'en avez trouvé que 20,000. Vous voyez donc bien qu'elles ne sont pas sérieuses, ou tout au moins qu'elles ne répondraient pas des 50,000 francs que vous restez me devoir. Si les marchands d'argent n'en ont pas voulu, malgré les gros bénéfices que vous leur aurez offerts, comment voulez-vous que j'en veuille, moi?

M. de Mériolle resta atterré et en même temps frappé d'étonnement, car c'était bien ainsi que le choses s'étaient passées.

— Voyez-vous, continua Sainte-Austreberthe, je connais votre position comme si j'étais votre homme d'affaires, et je n'ai pas besoin des indiscrétions des envieux pour la juger. On dit que vous avez hypothéqué vos propriétés, pour des sommes supérieures à leur valeur; on dit que non seulement vos chais sont vides, mais encore que vos récoltes sont vendues d'avance. Eh bien, tout cela je n'ai pas besoin de le savoir en détail; il y a un fait qui me le dit d'un seul mot : « Vous êtes le roi de Bordeaux, » et cette royauté vous a coûté cher; vos héritages ont passé à la payer.

— Ils ne sont pas vendus.

— Non, mais ils sont chargés de dettes, et si vous ne les vendez pas, c'est précisément parce que vous n'en pourriez pas retirer ce que vous devez. Restant à votre nom, ils ont l'avantage de servir encore votre crédit. — Ces vignes? — A M. de Mériolle. — Ces terres? — A M. de Mériolle. — Mais cela est bon pour ceux qui se contentent des apparences, et je ne suis pas de ceux-là. J'ai l'habitude d'aller au fond des choses, et j'ai vu trop de situations pareilles à la vôtre pour ne pas la connaître; aussi ne faut-il pas me parler de garanties.

— Je vous jure cependant...

— Allons, allons, n'insistez pas, je vous prie. Je suis certain que vous êtes de la meilleure foi du monde et que vous croyez parfaitement bien à ce que vous me proposez; seulement vous vous trompez. Des garanties matérielles, vous n'en pouvez pas offrir, et des garanties morales, je ne vous en vois que deux possibles.

— Ma parole d'honneur.

— Sans doute; mais, comme elle est déjà implicitement engagée, il faut la laisser de côté. Non; ce que j'appelle une garantie morale, ce serait que vous me disiez : « Dans un mois, je fais un riche mariage. » Ainsi, par exemple, vous devez épouser mademoiselle Donis.

— Il n'en a jamais été question.

— Alors je passe à la seconde hypothèse, qui, pour être d'un genre différent, aurait la même valeur à mes yeux. Ainsi vous me dites : « J'ai une amie riche, très-riche, qui me viendra en aide. » Madame Donis, par exemple.

— Madame Donis ! Comment pouvez-vous croire ?... s'écria M. de Mériolle en se levant.

— Non ? Eh bien ? alors, mon cher monsieur, n'en parlons plus.

XXII

M. de Mériolle s'était levé, et restait assez embarrassé devant Sainte-Austreberthe; sa contrainte était d'autant plus gênante que le silence se prolongeait. Il était évident qu'il voulait parler et qu'il n'était arrêté que par la difficulté de s'exprimer.

A la fin, Sainte-Austreberthe lui vint en aide.

— Vous savez, dit-il, que dans l'hypothèse que je viens d'émettre, il n'y a aucune part d'indiscrétion; jamais personne ne m'a parlé de madame Donis et de vous; jamais personne n'a dit ou n'a insinué que vous étiez son amant.

— Je l'espère bien, car rien ne peut donner lieu à une pareille supposition.

— Ça, c'est autre chose. Ainsi, pour mon compte, j'ai cru remarquer que vous étiez au mieux dans la maison; et partant de cette idée que vous êtes le roi de la mode à Bordeaux, jeune, joli, très-joli garçon, intelligent, sentimental... Oh! pas de dénégation, je suis sûr que vous êtes sentimental et tendre. D'un autre côté, remarquant que madame Donis est jeune aussi, belle, très-belle, passionnée, mariée à un homme plein de qualités, cela est certain, mais de ces qualités incolores qui constituent le genre « bon mari; » je trouvai naturel qu'il y eût mariage entre votre sentiment, d'une part, et sa passion, de l'autre. Pour moi, c'était obligé : partis de deux points opposés et vous rencontrant, il devait se faire une conjonction. C'est au moins ainsi que les choses se passent entre deux astres, et c'était ce que je croyais. Maintenant vous vous fâchez d'une pareille supposition.

— Je ne me fâche pas.

— Vous la repoussez bien loin, vous n'êtes point l'amant de madame Donis. C'est parfait, ou plutôt non, cela ne l'est pas, au moins pour ce que nous discutons en ce moment; car vous comprenez que, si vous aviez été son amant, j'aurais trouvé là cette garantie, plus solide à mes yeux que toutes les garanties matérielles que vous m'offrez. Madame Donis est riche, elle est passionnée. Sur ce point-là je n'accepte point de dénégation; elle est passionnée, cela saute aux yeux. Vous aimant, elle eût mis sa fortune à votre disposition pour vous tirer d'embarras. C'est une femme, j'en suis certain, capable de tous les sacrifices ; au premier coup d'œil, cela se lit en elle

— Elle est très-généreuse.

— Voilà pourquoi je regrette tant que mon hypothèse soit fausse. Mais je le regrette aussi à un autre point de vue : c'est si beau, deux êtres jeunes et passionnés qui s'aiment. Que reste-t-il de la vie, si l'on n'a pas aimé ? Ah ça ! mon cher monsieur de Mériolle, vous êtes donc de glace de vivre auprès de madame Donis sans l'aimer, ou bien vous êtes un Joseph de ne pas vous être laissé aimer par elle ?

— Je ne dis pas que je n'éprouve pas pour elle un sentiment très-vif.

— Vous avez protesté avec indignation contre ma supposition, vous en êtes encore tout rouge.

— J'ai protesté, c'est-à-dire que j'ai été surpris de voir qu'on me soupçonnait d'être l'amant de madame Donis ; cela me peinerait beaucoup de penser qu'on a ces soupçons dans Bordeaux.

— Qu'est-ce que cela vous fait, puisqu'ils portent à faux ?

— Ils portent à faux pour le moment ; mais, si un jour la situation changeait, il me serait très-pénible de voir madame Donis compromise, car j'ai pour elle beaucoup de tendresse, même... de l'amour.

— Comment! vous êtes homme à vous complaire ainsi dans une passion platonique? Ce que c'est que de juger les gens sur l'apparence; je vous aurais cru au contraire assez positif, c'est-à-dire que vous me paraissiez ne devoir aimer que la femme qui vous adorait. Et voilà qu'au contraire vous êtes un cœur sentimental, un amant désintéressé, un soupirant à la lune et aux étoiles, heureux d'un regard jeté à distance et mettant votre bonheur dans... Dans quoi mettez-vous le bonheur? est-il indiscret de vous le demander? Je serais curieux de le savoir pour mon éducation personnelle, car vous appartenez à un genre très-rare de notre temps, savez-vous?

— Je mets mon bonheur dans l'union parfaite de deux cœurs.

— Ça, c'est votre bonheur idéal, celui que vous rêvez, que vous espérez, que vous attendez; mais celui que vous tenez, celui dont vous jouissez pour l'heure présente?

— C'est celui dont je viens de vous parler.

— Ce que vous appelez « l'union parfaite de deux cœurs? » Mais, mon cher monsieur, si nous traduisons ce langage, plus chaste que précis, en français vulgaire, nous trouvons que madame Donis est votre maîtresse et que vous êtes son amant.

— Eh bien ?

— Comment ? eh bien ? Mais tout à l'heure, quand j'ai émis cette supposition, vous avez poussé des cris de colombe indignée et rougi comme l'innocence outragée.

— Oh ! tout à l'heure...

— Tout à l'heure, vous avez eu un élan de juste susceptibilité : n'étant pas l'amant de madame Donis, vous vous êtes fâché qu'on le supposât. C'est d'un galant homme. On avoue qu'on est l'amant d'une femme, c'est tout naturel, et il y a à cela bien des raisons déterminantes ; mais laisser croire qu'on l'est, quand cela est faux, c'est une infamie. J'ai parfaitement compris votre colère, et je vous demande pardon de ma supposition.

— C'est moi qui vous demande pardon de mon mouvement de vivacité, car votre supposition était bien permise.

— Une supposition de ce genre, portant sur un homme tel que vous, et sur une femme telle que madame Donis, est toujours permise.

— Je veux dire qu'elle était...

Ici M. de Mériolle baissa la voix :

— Elle était... légitime.

— Pardon, je n'ai pas entendu.

— Je dis que vous ne vous étiez pas trompé dans

vos observations et que vous aviez vu clair.

— Si j'ai jamais vu clair, c'est, je le crois bien, en ce moment.

— Et que voyez-vous donc ?

— Je vois une personne dans une position gênante et qui tâche d'en sortir n'importe comment. Tout à l'heure j'ai mis en avant une hypothèse qui, se trouvant vraie, vous tirait d'embarras. Mais, comme elle était fausse, votre premier mouvement a été de la repousser et vous avez laissé parler votre loyauté. Seulement, après la loyauté, l'intérêt a pris la parole, et, si vous voulez le permettre, je vais vous répéter ce qu'il vous a dit.

— Ce n'est pas l'intérêt.

— C'est l'intérêt, et voilà ce qu'il vous a dit: « Si Sainte-Austreberthe croit que madame Donis est ma maîtresse, il n'insistera pas pour le payement de ses 50,000 fr. ; pourquoi soutenir si fermement qu'elle ne l'est pas, quand il est très-probable qu'elle le sera dans quelques jours ? » Votre raisonnement a été celui du commerçant, qui prend un argent ne lui appartenant pas pour payer une dette pressante, et le fait sans inquiétude, parce qu'il compte sur une rentrée certaine pour le lendemain. Hein ! est-ce cela ?

M. de Mériolle ne répondit pas : un combat terrible se livrait en lui : sous la parole insidieuse de Sainte-Austreberthe, il ne savait comment se défendre, il ne savait même que penser ; ses idées se brouillaient dans sa tête peu solide, mais toujours il revenait à ce fait matériel qui s'imposait à son esprit : il devait 50,000 francs ; s'il ne les payait pas, il était déshonoré à Bordeaux, dans cette ville où, depuis plusieurs années, il promenait, la tête haute, sa supériorité, et, pour ne pas subir cette humiliation, il n'avait qu'un mot à prononcer.

— Si l'on peut admettre le raisonnement du commerçant, continua Sainte-Austreberthe, c'est parce qu'il s'appuie sur quelque chose de certain ; mais il n'en est pas de même de celui d'un amoureux, qui ne s'appuie que sur une espérance. « J'aime madame Donis, j'ai tout lieu de croire que je ne lui suis pas indifférent ; donc je serai son amant. » Demain, c'est bien loin, et la femme est changeante, aussi je ne crois pas à demain, je ne crois qu'à aujourd'hui ; je ne crois pas à *je serai*, je crois à *je suis*. Or vous n'êtes pas ; c'est vous-même qui le disiez, il n'y a que quelques instants.

— Et si maintenant j'affirmais le contraire ?

— Alors mon embarras serait grand, non pas dans ma conviction, elle est faite, mais dans mes paroles. En effet, comment vous répondre sans vous blesser après avoir choisi entre vos deux affirmations? Laquelle est la bonne? Celle de tout à l'heure ou celle de maintenant?

— Celle de maintenant.

— Je n'ai qu'à m'incliner, mais ma raison protestera toujours contre ma politesse. Tout à l'heure vous avez parlé contre votre intérêt qui était d'avouer que vous étiez l'amant de madame Donis, et vous l'avez fait dans un élan de sincérité chevaleresque, ne voyant que la vérité et vous sacrifiant à elle. Maintenant, après réflexion, vous parlez conformément à votre intérêt. Et vous voulez qu'entre ces deux affirmations je fasse un choix et prenne la seconde? Quand vous m'avez dit : « Je ne suis pas, » j'ai cru ; mais maintenant vous dites : « Je suis, » et il faut que je cesse de croire ce que j'ai cru, pour croire absolument le contraire. Sans doute je le croirai parce que vous me le dites, mais je le verrais que je ne le croirais pas.

— Cependant...

— C'est façon de parler, car il est bien certain que si je voyais madame Donis entre vos bras, ou bien si vous m'apportiez une lettre d'elle, je serais obligé de faire violence à ma raison. A moins d'être de mauvaise foi, on ne ferme pas les yeux à l'évidence.

— Madame Donis n'écrit pas.

— Vous voyez, au premier mot, une objection ; pourquoi ne me dites-vous pas aussi qu'elle ne vous serre pas dans ses bras en présence de tout Bordeaux ? Une femme qui aime écrit ; si prudente qu'elle soit, il se présente toujours des circonstances où elle est obligée d'écrire malgré elle ; je ne dis pas que ce soient des lettres, mais de ces billets en deux mots qu'on roule sous un volume microscopique et qu'on se passe adroitement en cachette, pour se donner un rendez-vous, ou pour se dire tout simplement qu'on s'aime. Ces billets-là sont d'autant plus éloquents qu'ils sont plus courts.

— Quand madame Donis m'a écrit des billets de ce genre, ce qui est arrivé rarement, elle me les a toujours redemandés pour les brûler. Elle a très-grande peur d'être compromise, et une lettre se perd facilement.

— Allons donc ! Je ne connais pas madame Donis comme vous, mais je la crois femme de cœur. Si elle avait un amant et si elle lui écrivait, elle ne serait pas femme à lui redemander ses lettres. Quand on écrit à un homme, c'est qu'on l'aime, et si on l'aime c'est qu'on l'estime ; lui redemander ses lettres serait se défier de lui et ne plus l'estimer. Or, quand une femme n'estime pas assez un homme

pour avoir confiance en lui et laisser entre ses
mains les lettres qu'elle lui a écrites, elle mérite
que cet homme ne garde aucun ménagement avec
elle et lui fasse payer cher les précautions qu'on
prend avec lui. Si madame Donis vous avait écrit,
vous auriez ses lettres ; pour moi c'est une femme
passionnée, ce n'est pas une femme qui calcule
froidement les chances et les dangers de son
amour.

M. de Mériolle resta pendant quelques instants
sans parler; puis, se levant brusquement :

— Pouvez-vous m'attendre? dit-il.

— Tout le temps que vous voudrez.

— Alors je vous demande un quart d'heure et je
reviens.

— Êtes-vous souffrant ?

— Non, je vais chez moi et je reviens.

Il sortit rapidement; il était tellement troublé
qu'il oublia sa canne sur le meuble où il l'avait
posée, cette fameuse canne dont il ne se séparait
jamais et qui semblait faire corps avec lui.

Sainte-Austreberthe le suivit, et s'adressant au
valet qui était dans l'antichambre :

— Est-ce qu'il y a un photographe près d'ici?

— Oui, monsieur le vicomte, tout près, dans la
rue Esprit-des-Lois.

Sainte-Austreberthe fut à peine cinq minutes sorti.

— M. de Mériolle va revenir tout à l'heure, dit-il au valet : quand il sera avec moi depuis cinq minutes à peu près, vous entrerez et vous me direz tout haut que M. le préfet me prie de l'aller trouver tout de suite : vous entendez? tout de suite.

XXIII

M. de Mériolle revint avant que le quart d'heure qu'il avait demandé fût écoulé.

— Tenez, dit-il, en tendant à Sainte-Austreberthe un petit carré de papier plié en deux.

Et il se laissa tomber dans un fauteuil; il était manifestement fort mal à l'aise et sous le coup d'un trouble profond.

Le carré de papier qu'il remettait à Sainte-Austreberthe n'avait extérieurement rien d'une lettre ni d'un billet, et il avait plutôt l'air d'une feuille de papier pour rouler une cigarette que de tout autre chose. Sainte-Austreberthe l'ouvrit. Il ne contenait que six lignes d'une écriture anglaise extrêmement fine.

Comme Sainte-Austreberthe allait les lire, M. de Mériolle étendit la main vers lui.

— Vous lisez donc?

— N'avez-vous donc été le chercher, ce papier, que pour me le montrer à distance ?

— C'est juste.

— « Je n'ose retourner à Bordeaux en ce moment ; si vous pouvez venir passer quelques jours chez vos amis de Pressac, vous saurez la cause de mes craintes, qui sont sérieuses. Surtout que ce manque de parole n'aille pas vous tourmenter ; l'heure présente comme l'avenir vous appartiennent et n'appartiennent qu'à vous, à vous seul. »

— Et ces mots laconiques sont de qui et pour qui ? demanda Sainte-Austreberthe.

— Mais ils sont pour moi.

— Alors ils sont tombés du ciel dans votre poche ?

— Ils sont venus, sous enveloppe, par la poste ; mais comme l'adresse était de mon écriture, elle n'a aucun intérêt.

— Décidément cette lettre est d'une personne qui sait prendre ses précautions.

— Elle a plusieurs enveloppes préparées par moi à l'avance, et lorsqu'elle est obligée de m'écrire, ce qui n'arrive pas souvent...

— Et ce qu'elle ne fait pas longuement.

— Elle se sert d'une de ces enveloppes. Elle craint de se compromettre.

— Cela se voit.

— Et elle a la conviction que, si elle est perdue un jour, ce sera par un de ces billets si courts.

— Et cependant elle les écrit.

— C'est là ce que j'ai le plus de peine à obtenir d'elle. Mais ces billets ne restent jamais longtemps entre mes mains : lorsque nous nous voyons après qu'elle m'a écrit, nous commençons par brûler sa lettre.

A ce moment, la porte s'ouvrit et le domestique annonça, ainsi que cela avait été convenu, que « M. le préfet attendait M. le vicomte pour une affaire très-urgente. »

Sainte-Austreberthe, qui tenait toujours le petit carré de papier entre ses doigts, se leva vivement.

— Accordez-moi deux minutes de patience, dit-il ; je reviens.

Et avant que M. de Mériolle eût pu prononcer un mot ou faire un mouvement, il sortit.

M. de Mériolle n'était point d'un caractère méfiant ; cependant, en voyant Sainte-Austreberthe disparaître en emportant son billet, il eut un mouvement de crainte instinctive.

— S'il allait montrer ce billet à M. de Cheylus ?

Mais cette pensée avait à peine effleuré son esprit, qu'il la rejeta loin de lui. Sainte-Austreberthe était au-dessus d'un pareil soupçon. Car, par suite d'une de ces anomalies de conscience qui ne se rencontrent que trop souvent, il n'admettait pas que son cher, son célèbre, son grand vicomte fût capable de ne pas garder le secret qu'on venait de lui confier. Que lui, Mériolle, amant de madame Donis, eût livré la lettre de la femme dont il était aimé, cela s'expliquait, mais que Sainte-Austreberthe qui ne devait rien à cette femme, montrât cette lettre, c'était impossible. Mais s'il ne pouvait pas la montrer, il pouvait la perdre.

Au reste, il n'eut pas longtemps à s'inquiéter et à se rassurer, car Sainte-Austreberthe ne fut pas plus de cinq ou six minutes sorti.

— Que je suis étourdi! dit-il en rentrant, j'avais emporté votre lettre.

Et la tirant de la poche de son gilet, il la tendit à M. de Mériolle, pliée comme il l'avait reçue.

— Avouez que vous avez eu une belle peur? dit-il avec un sourire.

— Peur qu'elle soit perdue, oui; cela m'eût vivement contrarié, pour toutes sortes de raisons. Perdue, elle pouvait être trouvée, et alors c'était notre secret livré au hasard : c'était madame Donis, compromise, déshonorée peut-être.

— Sans adresse et sans signature, cette lettre est

insignifiante ; peut-être même l'écriture est-elle déguisée.

— Non, et c'est là qu'était le danger. Enfin, pour moi, il y en avait encore un autre, c'était de ne pas pouvoir la rendre à Éléonore, car je suis bien sûr que son premier mot demain, à mon arrivée, sera « ma lettre, » comme la première chose qu'elle fera sera de la brûler.

— Et cela ne vous blesse pas?

— Dans le commencement, cela me fâchait ; il me semblait que c'était là une marque de défiance humiliante pour moi.

— Cela y ressemble beaucoup.

— J'ai fini par croire que c'était seulement un excès de précaution contre les mauvaises chances du hasard.

— Et vous lui avez ainsi rendu toutes ses lettres?

— Toutes, et si nous avions eu cet entretien dans trois ou quatre jours, je n'aurais pas pu vous montrer ce billet, qui demain ne sera plus qu'un petit tas de cendres noires.

— J'avoue qu'à votre place j'aurais été de moins bonne composition.

— J'ai pu être peiné et je l'ai été, mais je ne me suis pas fâché.

— Et qui parle de se fâcher? Ce sont les violents,

les emportés, les niais qui se fâchent; mais l'homme qui a souci de ses plaisirs ne se fâche jamais. A quoi bon s'exposer aux tourments, à la fièvre, aux angoisses d'une rupture? Quand on se fâche contre la femme qu'on aime, ce n'est pas cette femme qu'on fait souffrir, c'est soi-même. Or, je suis trop ami de ma propre personne pour m'imposer, de gaieté de cœur, une souffrance volontaire. Aussi, en disant qu'à votre place j'aurais été de moins bonne composition, je n'entendais pas que je me serais fâché.

— Qu'entendiez-vous alors?

— Je me reportais à un souvenir personnel, car il ne faut pas croire que madame Donis est une exception. Elles sont au contraire nombreuses les femmes qui, dans leurs amours, pensent avant tout à assurer leur sécurité, et rares, très-rares, sont celles qui se livrent entières, sans se réserver une porte de sortie. J'étais l'amant d'une femme qui, elle aussi, poussait les précautions jusqu'à l'exagération et m'obligeait à lui rendre les petits billets qu'elle m'écrivait. Comme vous devez le croire, ces billets n'étaient pas bien compromettants; un lieu de rendez-vous, une heure indiquée, et le plus souvent c'était tout. Cela me dépitait, mais je n'en laissais rien paraître; je savais que je ne l'aurais pas changée; nous aurions querellé; elle m'aurait trouvé hargneux, désagréable, elle se serait éloignée de moi, et je ne voulais pas une rupture. Un jour, je m'arrangeai pour lui faire écrire un mot tout à fait significatif, ne laissant pas place au doute; puis, quand je l'eus entre les mains, je le fis autographier, et le soir ce fut une copie que nous brûlâmes, en place de l'original, soigneusement conservé par moi.

— Comment ne s'est-elle aperçue de rien ?

— D'abord parce que j'avais eu grand soin de ne pas éveiller ses soupçons, puis la copie était bien exécutée sur du papier exactement semblable à celui du billet, enfin je la remis dans des conditions où un long examen n'était pas possible. Ce billet entre mes mains ne changea rien, bien entendu, à mes façons d'être avec elle. Seulement le jour où il arriva que ce fut elle qui changea ses façons d'être avec moi, je le fis intervenir. Soit qu'elle ne m'aimât plus, soit que notre liaison lui fût devenue désagréable ou pesante, elle voulut rompre, et elle se crut très-forte contre moi parce qu'elle avait la conviction qu'il ne restait pas de traces de cette liaison. Elle m'avait aimé, beaucoup aimé, cela était vrai; elle m'aimait toujours, mais... toute la kyrielle des raisons que les femmes qui veulent rompre trouvent avec une fertilité merveilleuse. Je ne l'entendais pas ainsi, car moi je n'étais pas encore las de cet amour. Je lui montrai une de mes copies autographiées; elle comprit qu'elle était à ma discrétion et que je pouvais faire d'elle ce que je voulais; elle devint souple comme un gant et plus charmante qu'elle n'avait jamais été. Quand, à mon tour, je fus las d'elle, je lui rendis sa liberté de cœur, mais je ne lui rendis pas son billet. Je la tiens toujours et, bien qu'elle soit mon ennemie, je n'ai pas en apparence d'amie plus dévouée. J'en fais ce que je veux. C'est amusant et quelquefois cela m'a été très-utile.

M. de Mériolle n'avait que vingt-quatre ans, il avait toujours vécu à Bordeaux, et son éducation ne s'était point faite dans les milieux où celle de Sainte-Austreberthe, favorisée par des dispositions naturelles remarquables, s'était développée; il avait eu pour mère une digne femme, pour père un honnête homme; il laissa voir que ces moyens lui répugnaient; d'ailleurs il était sûr de madame Donis; elle l'aimait, elle ne l'aimait que trop.

— Ces sentiments chevaleresques, dit Sainte-Austrebethe en souriant, me font plaisir; mais surtout ce qui me rend très-heureux et me donne une grande espérance, c'est cet amour de madame

Donis pour vous, et par suite l'influence que vous devez avoir sur elle.

— Et pourquoi donc?

Sainte-Austreberthe ne répondit pas immédiatement à cette interrogation, et quand il le fit, l'expression de son visage avait quelque chose de sérieux et de noble qui frappa M. de Mériolle.

— Lorsque vous êtes entré ici, dit-il, je vous ai assuré de mon amitié; maintenant je vais faire un appel à la vôtre, qui vous prouvera que je vous traite en frère, et qu'à mon tour je vous juge digne d'être mon confident, comme tout à l'heure vous m'avez jugé digne d'être le vôtre. Vous m'avez confié votre secret, voici le mien : j'aime mademoiselle Marthe Donis.

— Vous?

— Je ne suis venu et je ne suis resté à Bordeaux que pour elle. Ce n'est point un caprice, c'est un amour profond; je ne puis être heureux que si sa vie est associée à la mienne.

— Est-ce que vous avez fait votre demande?

— Je ne veux la faire que lorsque j'aurai mis de mon côté toutes les chances de réussir, et voilà pourquoi je vous prie d'user de votre influence pour me rendre madame Donis favorable. Elle peut tout sur son mari; vous, vous pouvez tout sur elle.

Mon mariage est donc entre vos mains, c'est-à-dire que, si vous le voulez, je vous devrai mon bonheur.

M. de Mériolle voulut se défendre d'avoir sur madame Donis le pouvoir qu'on lui attribuait, mais Sainte-Austreberthe n'admit point ses excuses.

— Maintenant, dit-il lorsqu'il l'eut bien serié, je n'ajoute plus qu'un mot. En servant mon amour, vous servez le vôtre? car, si j'épouse mademoiselle Marthe, M. Donis sera député ou sénateur; il viendra habiter Paris pendant une partie de l'année, et vous pourrez ainsi voir madame Donis avec une liberté que vous n'avez point à Bordeaux. Quant à vous, s'il vous faut un prétexte pour habiter aussi Paris, je vous le fournirai tel que vous pourrez le désirer. Vous devez être fatigué de cette vie inoccupée en province; vous choisirez la position qui pourra vous être agréable à Paris, et je vous donne ma parole que mon père vous la fera obtenir. Je ne parle pas de notre monde, de nos relations, de nos cercles qui s'ouvriront pour vous. Cela va de soi, puisque vous serez notre ami, notre meilleur ami. J'attends votre retour de Château-Pignon avec impatience.

XXIV

Un ambassadeur se mettant en route pour aller négocier un mariage qui doit assurer la prospérité de deux grands empires n'eût pas été plus fier que M. de Mériolle, lorsqu'il partit pour Pressac, chargé des intérêts de Sainte-Austreberthe.

Tout d'abord il s'était senti effrayé à l'idée de traiter cette affaire avec madame Donis; il y avait là quelque chose d'insolite et de contraire aux usages qui devait éveiller l'inquiétude de celle-ci. N'allait-elle pas se demander qui avait déterminé le choix d'un pareil négociateur? Mais Sainte-Austreberthe l'avait bien vite rassuré. Il ne s'agissait point d'une demande officielle; car, pour une demande de ce genre, la finesse et l'habileté sont inutiles: on va droit son chemin et l'on attend une réponse, par oui ou par non, à la question nettement posée. Il s'agissait simplement d'étudier les dispositions de la famille Donis à l'égard de Sainte-Austreberthe, de voir quel accueil serait fait à sa demande, enfin de disposer madame Donis en sa faveur, et pour cela, comme dans toutes les missions préparatoires, il fallait mettre en œuvre les ressources d'un esprit délicat et délié.

Alors, pénétré de l'importance du rôle qu'on lui confiait, M. de Mériolle en était bien vite arrivé à croire que ce mariage ne pouvait se faire que par ses soins ; et, sur la route de Bordeaux à Pressac, il avait préparé les raisons qu'il présenterait à madame Donis pour faire valoir son protégé. A la pensée que Sainte-Austreberthe était ce protégé, il ne se tenait pas de joie, et les raisons déjà nombreuses qu'il avait classées s'augmentaient encore. Qui lui eût dit, alors qu'il lisait les journaux du sport et du *high-life* pour y chercher le nom de Sainte-Austreberthe, qu'il deviendrait un jour l'ami, mieux encore, le protecteur de cet illustre modèle ?

Ce qui facilitait ses visites à Château-Pignon, c'était le voisinage de Pressac ; car il avait, au château de la Tour-Gery, qui se trouve sur le territoire de ce village, des amis intimes, chez lesquels on était depuis longtemps habitué à le voir venir très-souvent, et il semblait tout naturel que, pendant son séjour à la Tour-Gery, il allât à Château-Pignon.

D'ordinaire les visites se faisaient à une heure qui était invariablement la même, c'est-à-dire à trois heures, et ce moment avait été choisi parce que c'était celui où Marthe avait l'habitude de rester enfermée chez elle, pour travailler son piano en toute liberté.

Après avoir déjeuné chez ses amis, il se dirigea vers Château-Pignon, et, en gravissant le chemin qui de la prairie monte au château par des détours habilement tracés sur le flanc de la colline, il aperçut une forme blanche à l'une des fenêtres du rez-de-chaussée. C'était madame Donis qui l'attendait et qui, dans son impatience, avait voulu le voir venir de loin. Lorsqu'il arriva sur la terrasse, la fenêtre se referma doucement et madame Donis disparut.

Dans le vestibule, il trouva un domestique qui, en le voyant entrer, lui ouvrit la porte du salon. Mais cette manière de procéder, bonne pour un visiteur ordinaire, ne pouvait pas convenir au système de précautions qu'ils avaient adopté.

— Veuillez m'annoncer à madame Donis, dit-il.

— Madame est dans le petit salon.

— Demandez si elle peut me recevoir.

Clara, qui traversait en ce moment le vestibule, regarda le domestique avec un sourire moqueur et, passant derrière M. de Mériolle, elle haussa les épaules avec un air de pitié méprisante.

Naturellement madame Donis était prête à recevoir M. de Mériolle, et elle le reçut cérémonieusement d'abord, avec les formules de politesse ordinaires pendant tout le temps qu'on entendit les pas du domestique dans le grand salon qui précédait le petit; puis, lorsque la porte fut refermée, elle se jeta contre sa poitrine et l'attira près d'elle sur le canapé d'où elle s'était levée.

Ainsi que Clara l'avait expliqué à Sainte-Austreberthe, ce petit salon était situé à l'une des extrémités du château, et l'on ne pouvait y arriver qu'après avoir traversé le salon d'honneur, ce qui demandait un certain temps, à cause de la longueur de cette vaste pièce. Juste en face la porte de ce petit salon, se trouvait une grande glace, de sorte que, du canapé où madame Donis se tenait, elle voyait ouvrir la porte du vestibule.

— Vous m'en voulez de ce que je n'ai pas été à Bordeaux, comme je vous l'avais promis? dit-elle en remarquant l'air préoccupé de M. de Mériolle.

— Oh! pas du tout, je vous assure; vous voir à

Bordeaux ou vous voir ici, que m'importe? Ce qui me fâcherait, ce serait de ne pas vous voir.

— Alors ce sont les craintes dont je vous ai parlé qui vous tourmentent, car bien certainement vous avez quelque chose.

— Et quelles sont ces craintes?

— Pendant le temps que nous avons passé à Bordeaux, j'ai cru remarquer, toutes les fois que je sortais, que j'étais suivie par un petit homme blond à lunettes.

— Quelle idée!

— Je comprends que vous ne vous arrêtiez point à de pareilles idées; mais je ne suis pas dans votre situation, et chaque fois que je sors pour aller vous voir, il me semble que ceux que je rencontre m'observent, il me semble que ceux qui me regardent me devinent et rient de moi : hommes, femmes, enfants, indifférents, curieux, tout ce monde de la rue est pour moi des témoins qui vont m'accuser. Je n'ose me retourner, de peur d'appeler l'attention. Je voudrais marcher vite pour n'être pas suivie, et je marche doucement pour ressembler à tout le monde. Quand on éprouve de pareilles angoisses, on est troublée, épouvantée par un rien. Enfin je veux vous dire que je ne fais point un pas dans la rue, sans avoir l'oreille tendue et les yeux ouverts.

J'ai donc remarqué cet homme à lunettes dont je vous parlais, une face à reconnaître entre mille. La dernière fois que nous nous sommes vus, il a marché derrière moi jusqu'à la porte de l'établissement hydrothérapique, et quand je suis sortie, je l'ai trouvé toujours en faction.

— C'était une hallucination de la peur.

— C'est ce que je me suis dit, et voilà pourquoi je n'ai point hésité à vous promettre de revenir à Bordeaux et de vous voir... comme vous me le demandiez. Mais depuis j'ai appris un fait très-grave, qui m'a fait revenir sur cette promesse. C'est la première fois, vous me le pardonnerez, je l'espère.

— Et ce fait?

— Le voici. J'ai su par Jérôme que cet homme à lunettes avait interrogé Clara, ma femme de chambre, et avait voulu la faire causer. Ce que Clara aura pu dire, je n'en sais rien; car je n'ai pas confiance en elle, et, pour rien au monde, je ne voudrais l'interroger. Mais Jérôme m'est dévoué, et il m'a très-fidèlement répété ce qu'il avait appris.

— C'est-à-dire?

— Que cet homme par qui j'avais été suivie avait interrogé Clara. Ne trouvez-vous pas que ce soit assez, et n'avons-nous pas là une preuve évidente que je ne me trompais pas en croyant qu'on me suivait? Si on me suit, on a donc des soupçons, l'attention est donc éveillée, nous sommes donc menacés!

— Par qui?

— C'est ce que je ne sais pas, et voilà précisément ce qui aggrave mon inquiétude.

— Votre mari?

— Non; si mon mari avait des soupçons, je serais la première à les connaître.

— Même contre vous?

— Même contre moi. Vous ne connaissez pas la droiture et la loyauté de mon mari; il est incapable de feindre, et plus incapable encore de me faire suivre; il y a des moyens qu'un honnête homme n'emploie pas, et mon mari est l'honnête homme par excellence. Le danger vient d'ailleurs.

— Mais d'où vient-il?

— C'est ce qu'il nous faut chercher et trouver; seulement en attendant vous comprenez, n'est-ce pas, que je ne pouvais pas m'exposer et vous exposer en nous rencontrant comme nous en étions convenus. Voilà pourquoi je vous ai demandé de venir à Pressac par le billet que je vous ai écrit. A propos, et ce billet?

— Vous y tenez donc bien?

— L'avez-vous perdu?

— Non, le voici, et je vous le rends ; mais votre exigence a vraiment quelque chose de blessant. Me prenez-vous pour un enfant ou bien n'avez-vous pas confiance en moi ?

— J'ai confiance en vous et je vous crois incapable d'une indiscrétion ; puisque je vous aime, c'est que je vous estime. On dit qu'il y a des hommes assez misérables pour se jouer des lettres d'une femme et pour les montrer à leurs amis ; mais je ne crois pas cela. Ce n'est donc pas par peur que vous agissiez ainsi, que je vous demande de ne pas garder mes lettres ; c'est simplement par peur qu'elles s'égarent, et cela ne peut pas vous blesser. Je sais bien que si l'un de ces billets s'égarait, vous seriez au désespoir ; mais, moi, je serais déshonorée, et vous savez que je ne survivrais pas à mon déshonneur.

— Il me semble que les billets que vous m'écrivez pourraient se perdre sans grand danger, car vous avez une façon de dire les choses qui ne peut guère nous compromettre.

— Ce n'est pas la première fois que vous m'adressez ce reproche ; je veux y répondre une fois pour toutes. Oui, ma prudence est exagérée quand je vous écris; oui, elle l'est encore quand je vous redemande mes lettres : de cela je conviens, et tout ce que vous me direz à ce sujet est juste. Mais vous ne doutez pas de mon amour, n'est-ce pas? Vous sentez, vous voyez que je vous aime?

— Si vous m'aimez, pourquoi vous tenez-vous dans une défiance invincible?

— Ce n'est pas contre vous que je suis en défiance, c'est contre le hasard, c'est contre les événements, et en agissant comme je le fais, croyez bien que je pense à vous autant qu'à moi; car si le hasard se prononçait contre nous, nous serions séparés à jamais. Je vous jure que si jamais quelqu'un sait que je suis votre maîtresse...

— Oh!

— Il faut appeler les choses par leur nom, si laid que soit ce nom, je vous jure, vous m'entendez bien, Raymond, que ce jour-là je me tue. J'ai été coupable en vous aimant, je me suis abaissée à mes yeux; mais je ne suis point encore tombée assez bas pour supporter une vie déshonorée. Je ne crois pas que l'expiation excuse la faute, mais cependant elle l'atténue dans une certaine mesure. Ne me reprochez donc plus, je vous en prie, de manquer de confiance, et si je ne vous écris pas des lettres telles que vous les pouvez désirer, si je vous redemande les courts billets que je vous envoie quelquefois, dites-vous bien que chaque fois que j'écris un de ces billets, j'ai la mort devant les yeux. Oui, mon ami, devant les yeux, comme si elle avait la main levée pour me frapper ; et mourir alors que je vous aime, alors que je suis aimée de vous, je ne le veux pas. Donnez-moi ce billet.

Il le lui tendit, et, comme au lieu de le brûler, elle l'avait enfermé dans un carnet :

— Vous ne le brûlez pas ? dit-il.

— Et comment voulez-vous que je le brûle ici ? On trouverait l'allumette, on trouverait les cendres ; vous ne savez donc pas qu'au mois de mai, malgré la chaleur, j'ai gardé du feu allumé dans cette pièce pour brûler le billet que vous me rapportiez. Avec votre vie libre, vous ne vous doutez pas des précautions infinies qu'il nous faut prendre dans tout et à propos de tout. En ce moment, ces précautions doivent redoubler, puisqu'on nous soupçonne et nous espionne.

M. de Mériolle resta un moment silencieux ; puis enfin, relevant la tête et prenant la main de madame Donis :

— Si je vous offrais les moyens d'échapper à cet espionnage, dit-il ?

— Vous ?

— Oui : si vous le voulez, je crois que nous pouvons nous mettre à l'abri des curieux ou envieux et vivre tranquilles en nous aimant librement.

XXV

Si M. de Mériolle, alors qu'il préparait le plan de sa négociation, avait trouvé d'excellentes raisons à faire valoir pour appuyer les prétentions de Sainte-Austreberthe, il était resté assez embarrassé quant à la manière de les présenter; mais, à l'exemple des grands capitaines, il avait admis l'imprévu en ligne de compte, et il avait espéré qu'un heureux hasard lui offrirait quelque occasion pour entrer en matière. Les craintes de madame Donis et les dangers dont elle paraissait menacée à Bordeaux, étaient venus à souhait lui fournir cette occasion.

— Le moyen que je vois pour nous mettre à l'abri de l'espionnage que vous redoutez, dit-il, c'est de quitter Bordeaux pour Paris.

Madame Donis se recula pour le regarder avec attention.

— Je parle sérieusement, et vous devez bien

penser que dans un pareil sujet je ne vais pas faire entrer la plaisanterie.

— Alors, mon ami, expliquez-vous, je vous prie, car je ne vous comprends pas du tout. Vous savez bien que M. Donis n'est pas homme à abandonner les affaires pour aller vivre à Paris, et vous savez aussi que, s'il ne va pas à Paris, je ne peux pas y aller moi-même.

— Mais, dans mon projet, c'est M. Donis qui va à Paris et qui vous demande de vous y fixer près de lui.

Madame Donis eut un mouvement de répulsion que M. de Mériolle remarqua.

— Cela vous déplaît ? dit-il.

— Ce qui me déplaît, c'est que vous mêliez mon mari à vos projets. Je vous ai déjà adressé une prière à ce sujet, je vous la renouvelle : je vous en prie, ne me parlez jamais de mon mari et ne le faites jamais intervenir dans vos arrangements.

— Je sais que vous avez plus souci de lui que de moi.

— Ce que vous dites là n'est pas juste, Raymond ; si je n'avais pas souci de vous, vous ne seriez pas ici en ce moment. Vous savez bien que je vous aime et que je suis prête à tout sacrifier pour vous donner une minute de bonheur.

— Tout, votre mari excepté.

— Moi, oui, avec tout ce qui me touche personnellement et ne tient qu'à moi seule ; mais mon mari, jamais ; et j'espère que vous ne m'estimeriez pas, que vous ne m'aimeriez pas s'il en était autrement. Que pour vous je trompe mon mari, c'est bien ou plutôt c'est mal ; mais enfin c'est affaire entre lui et moi en ce monde, et entre moi et Dieu plus tard. Cette faute, je l'expierai un jour ou l'autre, je le sais, et quel que soit mon châtiment, je ne me plaindrai pas ; si grandes, si cruelles que soient mes souffrances, elles ne seront que justes. Mais si je suis prête dès maintenant à souffrir pour ma faute, je ne veux pas que mon mari en souffre, lui. Parce que je me suis donnée à vous tout entière, je ne vous ai pas donné mon mari ; je ne vous ai pas donné son bonheur, son honneur. Laissez-moi donc en prendre seule soin dans ce que je peux faire pour réparer mes torts, laissez-moi le rendre heureux dans ce qui m'est possible ; laissez-moi ma liberté, de manière à ne pas me forcer à peser sur ses desseins ou ses déterminations. Enfin, je vous en supplie, Raymond, ne prononcez jamais son nom. Ne comprendrez-vous donc pas combien je serais heureuse, si je pouvais oublier près de vous que je suis mariée ? Ne m'en faites pas souvenir.

Ce n'était pas la première fois que des discussions pénibles s'élevaient entre eux à propos de ce mari, et c'était même là pour M. de Mériolle un sujet d'étonnement continuel. Il ne pouvait pas comprendre pourquoi cette femme, qui était sa maîtresse, prenait tant de précautions pour éviter la plus légère contrariété à son mari. Ou elle l'aimait, ce mari, ou elle ne l'aimait pas ; si elle l'aimait, elle ne devrait pas avoir un amant ; si au contraire elle aimait son amant, elle ne devait pas avoir souci de son mari. C'était là pour lui un dilemme, dont on ne pouvait sortir par l'équivoque. Or, comme il était parfaitement certain d'être aimé, comme il avait de l'amour de madame Donis pour lui, de sa tendresse, de son dévouement, de sa passion, des preuves sans cesse renouvelées, il restait stupéfait lorsqu'il la voyait attentive et caressante pour son mari. C'était quelque chose de prodigieux. Et pour se tirer d'embarras, après s'être inutilement torturé la cervelle, il se disait que décidément la femme était un étrange animal : étrange, qui assurément, mais aussi bien curieux, bien agréable à étudier.

— Vous savez, dit-il en revenant à son idée, que vous me faites perdre la tête avec votre mari, et que je ne peux pas du tout concilier dans mon esprit les sentiments que vous lui montrez, avec ceux que vous avez pour moi. Mais enfin ce n'est pas de cela qu'il est question pour le moment; ce n'est ni de son bonheur ni de son honneur que je me préoccupe, c'est du vôtre, et, si vous me permettez de le dire, c'est du mien aussi.

Elle lui serra la main et le regarda, longuement émue de cette réunion dans une même pensée, dans un même projet.

— Si je vous ai parlé de votre mari, dit-il en continuant, c'est précisément parce que je sais que vous l'associez à tout ce que vous faites comme à tout ce que vous désirez; car ses affaires m'inquiètent peu et il m'est fort indifférent qu'il fasse ceci ou cela, qu'il soit heureux ou malheureux. Je ne pense qu'à vous, et c'est pour vous, pour votre sécurité, pour notre amour, que je voudrais vous voir habiter Paris.

— Cela eût été possible, il y a quelques années, quand M. Donis était député; maintenant c'est un rêve irréalisable.

— Pourquoi ne se ferait-il pas de nouveau nommer député?

— Il n'en a nulle envie, et je ne lui donnerai pas ce conseil; malgré mon désir d'habiter Paris pendant quelques mois, et je reconnais avec vous que ce désir est très-vif, je ne pousserai pas M. Donis à demander l'appui d'un gouvernement qu'il a très-dignement combattu, et sans cet appui il ne serait pas nommé.

— Si on lui proposait cet appui, s'il n'avait qu'à accepter et à se laisser faire ?

— Je vous en prie, soyez plus net; car, avec tous vos *si*, nous n'arriverons jamais à nous entendre.

— Voici ce dont il s'agit : Vous savez que le vicomte de Sainte-Austreberthe, depuis qu'il est à Bordeaux, s'est épris pour moi d'une véritable amitié, et, comme de mon côté, j'étais poussé vers lui par une grande sympathie, nous en sommes rapidement arrivés à l'intimité; nous n'avons point de secrets l'un pour l'autre.

— Point de secrets?

— Bien entendu, je parle de ceux qui nous appartiennent exclusivement; quant à ceux qui sont partagés, c'est différent. Sainte-Austreberthe m'a donc pris pour confident de son amour : il aime mademoiselle Marthe.

— Ah! mon Dieu!

— Ce n'est pas une exclamation d'inquiétude qu'il faut pousser, c'est un cri de joie et d'espérance. Si le vicomte épouse mademoiselle Marthe, ainsi qu'il le désire, c'est la vie politique qui se rouvre à deux battants devant M. Donis, pour qu'il devienne député, sénateur, ministre peut-être; et devant nous, c'est la vie parisienne avec ses facultés et ses libertés, car j'irais à Paris avec vous. Eh bien ! vous ne dites rien ? Qu'avez-vous donc ? Quelque chose vous retient-il à Bordeaux ?

— C'est vous qui avez eu cette idée ? dit-elle.

— Sans doute.

— Je vous en prie, répondez-moi franchement, loyalement, et dites-moi tout, du commencement à la fin, les choses telles qu'elles se sont passées entre M. de Sainte-Austreberthe et vous. Il vous a parlé de son projet de mariage ?

— Il me l'a confié et je suis le seul qui le connaisse.

— Et c'est vous, vous seul, qui, sur ce projet, avez bâti ce plan de vie parisienne, le greffant sur les fonctions politiques de M. Donis ?

— C'est-à-dire...

— Vous voyez bien; tout, mon ami, dites-moi tout.

— Mais il n'y a là-dedans rien que je ne puisse vous dire, car il n'y a rien que de très-simple. Sainte-Austreberthe, m'ayant parlé de son mariage, a ajouté que s'il se faisait, on réparerait, à l'égard de M. Donis, l'injustice qui avait été précédemment commise, et là-dessus je me suis vu tout de suite à Paris avec vous. Il ne faut pas vous tourmenter ainsi pour une chose si naturelle.

— C'est que ce qui est naturel pour vous ne l'est pas pour moi ; rien n'est naturel, rien n'est simple pour ceux qui sont en faute, partout ils voient des sujets de crainte.

— Même quand il n'y en a pas.

— Même quand il n'y en a pas. Puisque j'ai peur de moi, je puis bien avoir peur des autres, et je vous avoue, sans vouloir blesser votre amitié, que j'ai peur de M. de Sainte-Austreberthe.

— Vous ne le connaissez pas.

— La peur est instinctive ; il me trouble : j'ose à peine le regarder ; et avec lui, qu'il parle ou qu'il se taise, je suis gênée.

— Je serais désolé de vous voir dans de mauvaises dispositions à son égard, car c'est sur vous qu'il compte pour décider son mariage.

— Il vous l'a dit?

— Assurément.

— Il vous a gagné à sa cause ; à votre tour, vous devez me gagner ; puis je gagnerai M. Donis, c'est cela, n'est-ce pas? C'est ainsi que les choses s'enchaînent. Sans détours, répondez-moi, Raymond.

— Et pourquoi voulez-vous que j'aille chercher

des détours? Je n'ai aucun embarras à vous dire que c'est cela.

— C'est ainsi, vraiment ainsi? Mais alors il sait donc l'influence que vous avez sur moi? Comment la connaît-il? Qui lui a appris la vérité? Vous voyez bien que les choses ne sont pas simples, comme vous dites. Elles sont affreuses, au contraire, épouvantables. Vous avez donc parlé? Il vous a entraîné, séduit, n'est-ce pas, trompé? Il vous a fait tomber dans un piége, et vous avez parlé, vous avez parlé? Voyons, voyons, qu'avez-vous dit? Ah! c'est bien l'homme terrible et dangereux que je redoutais.

— Voulez-vous me laisser m'expliquer?

— Vous voyez bien que je meurs d'impatience.

— Eh bien! écoutez-moi, et n'allez pas, emportée par votre imagination et votre angoisse, plus loin que mes paroles. Quand Sainte-Austreberthe a su que je devais vous voir, il m'a chargé d'apprendre quelles étaient vos dispositions à son égard, et si vous seriez hostile à son projet. Mais il ne m'a pas chargé de vous demander la main de mademoiselle Marthe; je ne suis pas son ambassadeur, je suis son confident. Il sait que je suis reçu chez vous sur le pied de l'intimité, il me demande d'user de cette intimité pour apprendre l'accueil qui sera fait à sa demande. Il n'y a rien la que de naturel.

— Oh! tout vous paraît naturel, à vous, mon ami!

— Il est vrai qu'en même temps il me prie de l'appuyer auprès de vous, en vous le présentant sous le jour où il veut être vu et jugé, et cela encore est pour moi naturel, et je l'appuie, et j'insiste de toutes mes forces pour que vous l'accueilliez favorablement, pour que vous soyez son alliée, enfin pour que vous fassiez ce mariage, que je trouve heureux à tous les points de vue, aussi bien pour Sainte-Austreberthe que pour nous.

— Et pour Marthe, le sera-t-il aussi? Vous n'avez pas pensé à elle, n'est-ce pas? et je comprends que vous l'ayez oubliée; mais moi, je dois y penser. Sans doute, je voudrais voir Marthe mariée, car je tremble devant elle quand je ne rougis pas. Marthe, en sortant de cette maison, m'enlèverait un poids bien lourd. En devenant sa belle-mère, j'avais espoir de gagner son cœur; malgré mes avances, je n'ai point réussi. C'est ma faute, sans doute, ou plutôt c'est la faute de notre situation respective. Si je n'ai pas pu être une mère pour elle, comme je le désirais, je ne serai jamais une marâtre. Si je ne lui ai pas fait de bien, au moins je ne lui ferai pas de mal. De même que je vous répondais tout à l'heure que je ne pèserais pas sur les décisions de

M. Donis pour assurer notre amour, de même je vous réponds maintenant que je ne pèserai pas davantage sur Marthe. Tous deux doivent rester en dehors de mes sentiments et même au-dessus. Mais ce n'est pas là la réponse que je vous prie de transmettre à M. de Sainte-Austreberthe, et même je compte que vous la garderez pour vous.

— Et que dois-je lui dire alors?

— Écrivez-lui que vous vous êtes acquitté de votre mission, que vous m'avez parlé, et que je désire lui répondre moi-même. Qu'il vienne.

— Et que lui voulez-vous?

— L'interroger et savoir. Qu'il vienne!

XXVI

C'était M. de de Mériolle lui-même que Sainte-Austreberthe attendait: il fut donc assez surpris en recevant un billet ainsi conçu :

« Je me suis acquitté de la mission que vous
» m'avez fait l'honneur de me confier, mon cher
» vicomte. J'ai plaidé votre cause avec toute la
» chaleur qu'une amitié dévouée pouvait y mettre,
» et j'ai présenté toutes les bonnes raisons qui
» m'étaient suggérées par mon vif désir de vous
» voir triompher. Cependant l'affaire n'est point
» encore terminée. On veut vous voir, on veut cau-
» ser avec vous.

» Venez donc à Château-Pignon, et je ne doute
» pas du succès; vous achèverez ce que j'ai ébau-
» ché. Si vous partez demain de Bordeaux à onze
» heures, vous me trouverez sur la route, allant
» au-devant de vous. Je crois bon que nous ayons

» un entretien, afin que je puisse vous raconter ce
» que j'ai dit et ce qui m'a été répondu. Sans doute,
» je pourrais vous faire ce récit dans cette lettre,
» mais ce serait un travail de tous les diables dont
» je me sens incapable. J'ai toujours eu le respect
» du papier blanc et l'horreur du papier noirci

» Agréez avec indulgence pour cette fois et con-
» fiance pour l'avenir l'assurance de mon dévoue-
» ment. Je n'ai rien tant à cœur que de vous prou-
» ver que je suis votre ami.

» R. DE MÉRIOLLE DE BROSSAC DE GAUDENS. »

— Si ce grand dadais voulait signer ses lettres d'une façon plus brève et les écrire plus longues, cela vaudrait mieux, se dit Sainte-Austreberthe en lisant ce billet. Enfin je le ferai causer.

Cela ne fut pas difficile, car M. de Mériolle était plein de son sujet et il ne demandait qu'à parler. Il avait même préparé un récit de sa négociation qui devait, croyait-il, lui faire honneur aux yeux de Sainte-Austreberthe, et prouver à celui-ci qu'il avait mis sa confiance aux mains d'un ambassadeur aussi fin que prudent. Il est vrai que, dans le cours de ce récit, devaient se trouver certains passages dangereux, mais il espérait les franchir rapidement ou les tourner.

Il alla jusqu'à la fin sans être interrompu par un geste ou par un mot, et ce fut seulement quand il se tut, fier de sa narration et attendant des remercîments, que Sainte-Austreberthe prit la parole.

— Ainsi, dit-il, la situation est celle-ci : Madame Donis veut un entretien avec moi?

— Parfaitement ; elle veut que, en lui répétant ce que vous m'avez dit, vous lui donniez certaines explications dans lesquelles un tiers ne peut pas entrer.

— Vous croyez que c'est là le but de cet entretien?

— Sans doute ; ne le croyez-vous pas comme moi?

— Je crois qu'elle a surtout souci de savoir pourquoi je me suis adressé à vous plutôt que de m'adresser à elle directement.

— Et qu'allez-vous lui dire? Songez, mon cher vicomte, que madame Donis est un cœur fier, une âme haute ; si elle avait le soupçon que son secret est connu, elle se tuerait.

— Rassurez-vous, et soyez convaincu que mourir et se tuer sont deux verbes qu'on emploie surtout au futur ; au moins pour moi je ne les ai jamais vu conjuguer qu'à ce temps. « Si vous me trompiez, si vous m'oubliiez, je me tuerais. » Cela fait admirablement dans la bouche d'une femme, avec des yeux mouillés et des lèvres frémissantes. Mais lorsqu'elle est trompée ou bien oubliée, aux bras de la mort, elle préfère ceux d'un consolateur, dans lesquels elle se jette avec le courage du désespoir, pour s'y reposer bientôt avec délice.

— Vous ne connaissez pas le caractère résolu de madame Donis.

— Soyez convaincu que je ne ferai rien pour qu'il se révèle tel que vous le craignez ; ce que vous avez dit, je le répéterai. Cependant je dois vous faire observer qu'il est regrettable que vous n'ayez pas usé de toute votre influence sur madame Donis pour lui arracher un consentement formel : cela eût singulièrement facilité ma tâche et en même temps assuré votre tranquillité.

— Que vouliez-vous que je fisse ?

— Un homme comme vous peut, sur la femme qui est sa maîtresse, tout ce qu'il veut. Je pensais que vous parleriez à madame Donis de manière à lui faire comprendre que vous vouliez mon mariage avec mademoiselle Marthe ; si vous l'aviez convaincue de la nécessité de ce mariage, elle vous aurait cédé.

— Je lui ai dit qu'il me serait agréable qu'il se fît.

— Et elle vous a répondu qu'il lui était agréable

à elle de ne point intervenir dans le choix de mademoiselle Marthe. C'est là précisément, mon cher ami, que vous ne vous êtes pas rendu nettement compte de la situation. Si ce mariage m'était seulement agréable, tout cela serait parfait; mais, comme il doit s'accomplir malgré tout et quand même, il faut que les uns et les autres nous allions au delà de ce qui nous est agréable. J'aurais dû insister là-dessus avec vous, et je suis coupable de ne pas l'avoir fait; la faute est à moi, à moi seul.

— Vous auriez insisté, que je n'aurais pas pu faire plus que je n'ai fait.

— Vous croyez?

— C'est faire injure à mon dévouement que d'en douter.

— Ce que c'est que de ne pas s'entendre et de se promener dans une phraséologie vague, au lieu de marcher droit au but. Je vois maintenant que nous avons l'un et l'autre perdu notre temps dans le long entretien que nous avons eu à Bordeaux; vous avez cru que je m'adressais à votre dévouement, et moi j'ai cru m'adresser à votre intérêt. Arrivé à Château-Pignon, vous avez mis en œuvre tout ce que vous suggérait ce dévouement, dont je ne doute pas, je vous en donne ma parole; mais vous n'avez pas employé les ressources décisives que devait vous inspirer votre intérêt. Vous voyez bien que nous ne nous sommes pas compris. Si vous m'aviez mieux connu, vous auriez su que je ne fais jamais appel au dévouement de mes amis quand je peux mettre en jeu leur propre intérêt : le dévouement nous fait faire le possible, l'intérêt nous fait tenter l'impossible. Vous d'abord, madame Donis ensuite, vous vous êtes arrêtés au possible ; vous n'avez pas voulu violenter madame Donis, et, de son côté, elle n'a pas voulu violenter mademoiselle Marthe.

— Je vous assure, fit M. de Mériolle avec dépit, que j'ai fait ce que j'ai pu, tout ce que j'ai pu.

— Et moi, mon cher monsieur, je vous répète que vous n'avez pas fait tout.

— Si vous n'aviez pas confiance en moi, il était bien simple de ne pas me demander un service, que vous ne me jugiez pas capable de vous rendre.

— Toujours la même phraséologie. C'est là le point délicat entre nous. Nous ne nous entendons pas, parce que nous ne parlons pas la même langue.

— M'avez-vous demandé de disposer madame Donis en votre faveur ?

— Si cette phrase vous plaît, je l'accepte pour vous faire plaisir, et je vous réponds que je vous ai en effet demandé cela.

— M'avez-vous demandé d'user de l'influence que je pouvais avoir sur elle pour la décider à accepter votre mariage avec mademoiselle Marthe?

— Parfaitement.

— Ne vouliez-vous pas qu'à son tour elle employât son influence sur M. Donis et sur mademoiselle Marthe pour obtenir leur consentement au mariage?

— Sans aucun doute, et tous ces points sont clairement fixés par vous.

— Eh bien, alors...

— Alors, vous croyez qu'en vous priant de présenter ces demandes et de les faire accepter, c'était un service que je réclamais de votre amitié, un simple service.

— Il me semble que cela en avait tout le caractère.

— Je vois qu'il faut parler net. Vous savez que j'aime mademoiselle Donis et que je veux l'épouser. Pour arriver à ce mariage, je ferai tout, le possible, l'impossible, ce qui s'appelle tout ; et, dans la bouche d'un homme résolu, vous savez ce que ce mot si petit renferme. C'est-à-dire que s'il existe des obstacles entre mademoiselle Donis et moi, je les briserai, quels qu'ils soient ; et si je trouve des moyens pour réussir, je les employerai, quels qu'ils soient aussi. Cela bien entendu, reprenons les choses d'un peu plus haut. Arrivé à Bordeaux avec mon idée bien arrêtée d'épouser mademoiselle Donis, j'étudie ma situation. Comment serai-je accueilli par cette famille de bourgeois? Des préjugés provinciaux peuvent me faire repousser, je ne dois donc pas m'avancer à la légère. Tandis que je cherche le meilleur chemin, je vous rencontre; je suis attiré par vos qualités charmantes...

Bien que depuis un quart d'heure M. de Mériolle eût changé de sentiment sur celui qui avait été son cher vicomte, il fut touché par ce compliment, et il s'inclina comme au temps où un mot de Sainte-Austreberthe le gonflait d'orgueil.

— Nous nous lions; le hasard nous met à une table de jeu et je vous gagne une grosse somme que vous ne pouvez pas me payer. Alors ce même hasard, m'étant toujours favorable, m'offre une compensation qui vaut dix fois, cent fois les 50,000 francs que vous ne me payez pas. Vous êtes l'amant de madame Donis; j'en ai la preuve; c'est-à-dire que je n'ai qu'un mot à prononcer pour décider mon mariage, car madame Donis est le chef de la famille, et qui est maître d'elle est maître du père et de la fille. Cependant ce mot, je ne le prononce pas, et, au lieu de m'adresser à madame

Donis, je m'adresse à vous en vous disant : « Allez la trouver, préparez-la à appuyer mon mariage avec sa belle-fille. » Et vous croyez que je vous ai demandé un service ; c'est moi qui suis votre obligé peut-être?

M. de Mériolle leva la main pour placer un mot, mais Sainte-Austreberthe ne se laissa pas interrompre.

— Vous venez ici, vous plaidez ma cause avec chaleur, j'en suis certain, avec dévouement ; mais madame Donis vous répond qu'il lui est désagréable de se mêler des affaires de mademoiselle Marthe, et, comme il vous est désagréable à vous d'aller plus loin, vous vous arrêtez à cela et vous venez me dire que vous avez fait le possible. Franchement, le croyez-vous ?

— Tout ce qu'il était possible de faire honnêtement, oui, je l'ai fait ; aller plus loin eût été une infamie.

— De la phraséologie vague et sentimentale, ne tombons pas dans la grossièreté.

— Oui, c'eût été une infamie de peser sur la volonté de madame Donis en lui disant que son secret était connu et qu'on pouvait l'exploiter ; d'ailleurs, si j'ai eu la faiblesse de vous confier ce secret, c'est que je vous croyais assez gentilhomme pour le garder.

— Vous me l'avez livré pour 50,000 francs et moi je ne le livrerais pas pour les 15 millions de M. Donis, sans parler de la beauté de Marthe. Allons donc !

— Je saurai bien vous en empêcher.

— En me provoquant, n'est-ce pas, et en me tuant? Eh bien ! non, perdez cette espérance consolatrice. D'abord je ne me battrai pas avec vous, car je ne peux pas éventrer de ma propre main mon sac de 50,000 francs; puis, quand même je me battrais, quand même vous me tueriez, cela ne vous ferait pas rentrer dans la propriété exclusive de votre secret. Tenez, regardez ceci.

Il lui présenta une petite carte.

— Vous voyez, c'est la copie photographique de la lettre de madame Donis, dans laquelle elle vous dit qu'elle est à vous pour toujours. N'ayant pas pu la faire autographier, je me suis contenté de la faire photographier pendant les cinq minutes que je l'ai eue entre les mains. Ceci est une première épreuve; les autres et le cliché sont en sûreté. Vous voyez donc, mon cher monsieur, que vous, madame Donis, M. Donis et mademoiselle Marthe, vous êtes à ma discrétion. Je vais voir madame Donis, j'espère la rendre raisonnable. Si je ne réussis pas par des moyens doux et persuasifs, vous voudrez bien la voir demain, à votre tour, et lui faire comprendre que je dois épouser sa belle-fille ; vous entendez bien, je dois, je veux. Après la signature, je vous rendrai ces photographies, et nous n'en serons pas moins bons amis ; j'ai pour vous beauccup d'amitié et pour madame Donis une véritable admiration. Dites-lui bien que je serai pour elle le gendre le plus soumis et le plus indulgent. Mais nous voici arrivés. Je vous reverrai tantôt.

XXVII.

Madame Donis attendait Sainte-Austreberthe dans le petit salon où la veille elle avait reçu M. de Mériolle. Après les premières politesses, elle lui indiqua de la main un fauteuil auprès d'une des fenêtres qui regardent la Gironde.

Mais, au lieu d'accepter ce siége, Sainte-Austreberthe alla s'asseoir sur le canapé où la veille M. de Mériolle s'était assis, à côté de madame Donis.

— Permettez-moi de prendre cette place, dit-il; car, si mademoiselle Marthe survenait tout à coup pendant notre entretien, je me trouverais fort embarrassé, surpris et décontenancé, ce qui est toujours assez ridicule. De ce canapé et au moyen de cette glace, je la verrais entrer, et, pendant qu'elle traverserait le salon, j'aurais le temps de me remettre. C'est là vraiment une disposition ingénieuse pour éviter les surprises.

Tout d'abord madame Donis l'avait regardé étonnée, mais elle avait bientôt baissé les yeux et elle les tenait fixés sur un losange du parquet. Que signifiaient ces étranges paroles ? Jusqu'où allaient-elles ? Étaient-elles une accusation, un défi, ou bien n'était-elle qu'un simple soupçon ?

Elle réfléchissait, troublée et inquiète, sans penser à répondre. Et, depuis quelques instants déjà, Sainte-Austreberthe s'était tu. Il fallait parler, il fallait surtout dissimuler ce trouble.

— Vous avez désiré m'entretenir ? dit-elle enfin en relevant les yeux, mais sans oser regarder Sainte-Austreberthe.

— Mon Dieu, madame, répondit celui-ci en souriant, ce n'est peut-être pas tout à fait ainsi que doivent se poser nos deux situations. Je ne viens pas pour interroger, je viens me mettre à votre disposition pour vous répondre.

— Oh ! peu importe.

— Sans doute. Cependant il y a là une légère nuance qui doit être marquée, afin d'indiquer le respect dans lequel je me tiens à votre égard. Si M. de Mériolle, notre ami commun, vous a dit que je vous priais de m'accorder un entretien, il a été au-delà de ma pensée.

— M. de Mériolle m'a parlé de vos intentions, et alors je lui ai répondu qu'avant de m'engager je désirais vous voir.

— Alors, c'est bien cela. M. de Mériolle a été le négociateur prudent que j'avais espéré, je ne m'étais pas trompé en plaçant ma confiance en lui. Et c'était là une grande marque de confiance que je lui donnais, car je plaçais entre ses mains le bonheur de ma vie. J'ai hésité un moment entre M. de Cheylus et lui.

— Il est de fait que M. de Cheylus, étant votre ami, semblait indiqué tout naturellement pour cette mission.

— Sans doute.

— Et même permettez-moi de le dire, il y avait beaucoup plus de droits que M. de Mériolle ; son âge, sa position, vos relations anciennes...

— J'en conviens, tout se réunissait pour me faire choisir M. de Cheylus ; et cependant c'est M. de Mériolle que j'ai pris, et, je dois le dire, c'est vous, madame, qui m'avez inspiré ma détermination.

— Moi ? dit madame Donis en pâlissant et en regardant Sainte-Austreberthe en face.

— Vous-même, vous seule.

Madame Donis pensa que le moment décisif était arrivé ; mais, si elle était faible devant des craintes vagues, elle était forte devant un danger déterminé et elle marchait droit à lui.

— Comment cela ? dit-elle, je vous prie.

— Mais par la façon dont vous traitez M. de Mériolle. Je ne me donne pas comme un grand observateur ; cependant il ne m'a pas été difficile, malgré le peu de temps que j'ai eu le plaisir de passer dans votre compagnie, de faire certaines remarques qui ont éclairé mon choix et finalement l'ont décidé.

— Et ces remarques, quelles étaient-elles ?

— La conclusion qu'on en pouvait tirer était que M. de Cheylus n'est pour vous qu'un indifférent, tandis que M. de Mériolle est un ami, un ami intime.

— Je connais M. de Mériolle depuis longtemps, sa famille était liée avec la mienne ; il est bien naturel que...

— Oh ! madame, je vous en supplie, ne me répondez pas comme vous le feriez à un président d'assises qui vous demanderait si vous êtes la parente ou l'alliée de l'accusé. D'abord je ne suis pas ce président, et puis il n'y a pas d'accusé ici ou, s'il y en a un, c'est moi, qui dois vous expliquer pourquoi j'ai choisi M. de Mériolle plutôt que

M. de Cheylus. Cette explication, je vous la donne d'un mot : M. de Mériolle est votre ami. De plus, c'est un charmant jeune homme, franc, ouvert, généreux, discret ; je dirai même secret, ce qui n'est pas un mal, n'est-ce pas ?

Sans répondre, madame Donis inclina la tête en avant : approuvait-elle ? ou bien voulait-elle cacher les émotions diverses et rapides par lesquelles cette parole insidieuse la faisait passer ?

— Maintenant que je vous ai expliqué la raison principale qui m'a fait prendre M. de Mériolle, continua Sainte-Austreberthe, je dois, pour être sincère, vous en indiquer une autre qui à mes yeux avait une certaine importance. Me permettez-vous cette sincérité absolue ?

— Je vous la demande.

— Si j'ai cru remarquer qu'il existait entre vous et M. de Mériolle une vive amitié, et vous venez de me dire que je ne me suis pas trompé, j'ai cru remarquer encore que M. de Mériolle éprouvait pour mademoiselle Marthe un certain sentiment... comment dirais-je bien, de tendresse.

Il s'arrêta pour suivre sur le visage de madame Donis l'effet de ce mot. Elle pâlit instantanément, comme si elle avait reçu au cœur une large blessure par laquelle son sang se serait écoulé

— Marthe, dit-elle, Marthe !

— Il ne s'agit pas de mademoiselle Marthe, mais seulement de M. de Mériolle ; mademoiselle Marthe est au-dessus du soupçon. Mais il n'en est pas de même de M. de Mériolle ; ayant remarqué ses yeux allanguis lorsqu'il la regardait, les intonations émues de sa voix lorsqu'il lui parlait, j'ai cru qu'il y avait là un indice qui devait être étudié. Un sentiment tendre de M. de Mériolle pour mademoiselle Marthe n'était point incompatible avec l'amitié qu'il vous témoigne, au contraire. L'aimait-il ? Je ne pouvais lui poser cette question ; secret comme il l'est, je n'aurais rien su. Je pensai alors à faire de lui mon confident et mon négociateur. S'il l'aime, me dis-je, il refusera de me servir, puisque je serai son rival. Il a accepté le rôle que je lui proposais, il m'a servi auprès de vous. Il n'aime donc pas mademoiselle Marthe, ou, s'il l'aime (car j'en suis toujours pour mon sentiment tendre, certain de ne pas me tromper là-dessus), il a des raisons qui ne lui permettent pas de penser à l'épouser. Et pour moi, c'est là le point capital. M. de Mériolle, mon rival, j'avoue que cela m'eût fort effrayé, car il a pour plaire à mademoiselle Marthe des qualités que je n'ai pas. Cela dit, j'espère, madame, que vous voyez comment j'ai été amené à faire un choix, qui tout d'abord a pu vous paraître insolite.

— Insolite, en effet, dit madame Donis après un moment de silence, car Sainte-Austreberthe ne parlant plus, il fallait bien qu'elle dît quelque chose. Mais quoi dire? M. de Mériolle aimait Marthe? Cela était-il possible?

— Maintenant, continua Sainte-Austreberthe, pour que vous compreniez tout à fait ce choix de ma part, il faut que je vous dise ce que j'attendais de M. de Mériolle et le service que je le priais de me rendre auprès de vous.

— M. de Mériolle m'a parlé de vos désirs et de vos projets.

— J'aime mademoiselle Marthe, et du jour où cet amour est entré dans mon cœur, je n'ai plus eu qu'un but et qu'un désir : devenir son mari. C'est à cela que j'emploierai désormais ce que j'ai d'intelligence et d'énergie. Lorsqu'on aime, on a des frayeurs et des timidités que n'ont pas ceux qui considèrent le mariage comme une affaire. Si je n'avais pas aimé mademoiselle Marthe et si je n'avais vu dans mon mariage avec elle qu'une simple affaire, j'aurais prié mon ami le comte de Cheylus de s'adresser en mon nom à M. Donis, et j'aurais tranquillement attendu le résultat de cette démarche diplomatique. Mais il n'en pouvait être ainsi pour moi, c'est alors que j'ai pensé à faire agir M. de Mériolle. Je ne lui ai pas dit : « Allez demander en mon nom la main de mademoiselle Donis, » mais simplement : « Vous êtes l'ami de madame Donis, rendez-moi le service de m'apprendre quels sont les sentiments de sa famille à mon égard. » De plus, j'ai ajouté que je le priais d'user de toute l'influence que ses relations d'amitié pouvaient lui donner sur vous, madame, pour vous rendre favorable à ma demande.

— C'est ce que M. de Mériolle a fait et il m'a parlé de vous en ami dévoué.

— Et cependant il n'a pas réussi ; au moins m'a-t-il rapporté qu'il n'avait pas pu obtenir de vous l'engagement d'appuyer ma demande.

— Et voilà pourquoi j'ai désiré vous répondre directement : c'est afin de bien expliquer que si j'éprouve des scrupules à m'occuper du mariage de Marthe, ce n'est point que j'aie des objections à opposer à votre demande ; je désire tout simplement rester neutre dans ce mariage, de manière à ne pas peser sur la détermination de Marthe et de mon mari. Dans ma réserve, il n'y a rien qui vous soit personnel, je vous demande de le croire ; elle m'est inspirée par ma situation. Vous savez que je ne suis pas la mère de Marthe.

— Une belle-mère telle que vous, madame, est une mère.

— Une mère ne se remplace jamais. Si j'ai pris la place de la mère de Marthe dans cette maison, je ne l'ai pas prise dans le cœur de ma belle-fille, et c'est précisément pour cela que je ne veux pas la prendre dans la direction de sa vie ; je ne me sens pas le droit de lui imposer ma volonté.

— Et qui parle de volonté ?

— Mes désirs si vous aimez mieux, ou même mon expérience dans une chose aussi grave que le mariage. D'ailleurs, j'ai là-dessus des idées personnelles, que j'hésiterais à faire prévaloir puisqu'elles ne sont pas celles de tout le monde.

— C'est parce que je pense comme vous sur le mariage que je tiens tant à entrer dans votre famille. Si je n'ai pas pu voir mademoiselle Marthe sans l'aimer, je n'ai pas pu voir votre intérieur si pur, si heureux, si calme, sans l'envier et sans désirer y entrer. Vous parliez des mères tout à l'heure ; moi, je n'ai pas eu de mère, ayant perdu la mienne alors que j'étais encore enfant. Mon père, absorbé dans les grandes affaires qui ont pris tout son temps et toute son activité, n'a jamais pu s'occuper de moi, si bien que je suis arrivé à trente ans sans avoir connu, pour ainsi dire, les sentiments de la famille. La seule tendresse, la seule caresse dont j'aie gardé le souvenir est le baiser que ma mère m'a donné avant de mourir. J'avais quatre ans. Mais, si je ne les ai jamais connus, ces sentiments, je les ai bien des fois désirés, et quand je les ai vus dans leur expansion chez vous, je me suis juré de tout faire pour en avoir ma part. Ça été la convoitise d'un affamé.

Madame Donis était évidemment surprise de l'entendre parler ainsi; elle le regardait, cherchant à lire en lui. Il continua :

— Ah ! j'ai fait de beaux projets, de doux rêves. Je me suis vu à Paris avec mademoiselle Marthe, avec vous, avec M. Donis, réunis tous les quatre dans une étroite intimité ; et c'est alors que j'ai pensé à m'adresser d'abord à vous. Cela n'était peut-être pas très-correct, j'en conviens. Jusqu'à un certain point, cela était même de l'intrigue; mais il me semble que l'intrigue, ainsi comprise et pratiquée, est pardonnable. N'est-ce pas, madame?

— Je ne vois là rien que de bien naturel.

— Jai frappé à la porte où j'ai cru qu'on m'ouvrirait, si je le demandais avec des paroles d'amour et de tendresse, au lieu de me présenter à celle où l'on ne doit parler que d'affaires, de loi, d'intérêts. Décidé à tout faire pour réussir, j'aurais été moins naïf peut être avec une famille qui n'eût pas été, comme la vôtre, un modèle d'honneur et de bonheur ; j'aurais cherché l'endroit faible par où j'aurais pu m'introduire dans cette famille, si on m'avait refusé la grande porte. Il y a tant de familles qui ont ainsi des portes cachées, par lesquelles un homme habile peut pénétrer dans leur intérieur. Mais avec vous, j'ai cru qu'il n'y avait qu'une chose à faire, et je vous ai envoyé M. de Mériolle pour vous demander votre appui. Maintenant que vous savez dans quelles conditions je me présente, maintenant que vous me voyez devant vous suppliant et sans armes, j'espère que vous ne me le refuserez pas. Au reste, je n'insiste pas pour aujourd'hui, et ne vous demande pas de réponse. Vous me la ferez connaître par M. de Mériolle ; puisqu'il a commencé cette négociation, il est juste qu'il la termine.

XXVIII

Lorsque Sainte-Austreberthe avait quitté M. de Mériolle, celui-ci était resté stupéfait sur la route, hésitant et perplexe.

Que devait-il faire? que pouvait-il faire?

Son premier mouvement avait été de courir après le vicomte et de le retenir n'importe comment; de force, s'il le fallait. Il était plus vigoureux que Sainte-Austreberthe; une fois qu'il le tiendrait au collet, il l'empêcherait bien d'avancer. Mais déjà la voiture s'était éloignée au trot de ses deux chevaux; il ne la rejoindrait pas dans la montée, même en courant, et courir était ridicule pour un homme comme lui, M. de Mériolle de Brossac de Gaudens. Se jeter à la tête des chevaux et les arrêter était héroïque, mais courir derrière une voiture n'était pas correct. Il y a des choses qu'un homme du monde ne peut pas risquer, sous peine de se compromettre.

Alors il avait pensé à suivre Sainte-Austreberthe. Sans doute il arriverait après lui à Château-Pignon, et déjà sans doute bien des choses seraient dites quand il entrerait dans le salon; mais enfin il tomberait au milieu de l'entretien pour défendre madame Donis et s'expliquer lui-même.

Et, dans cette intention, il s'était rapidement dirigé vers le château; mais bientôt il avait ralenti le pas, et il s'était arrêté sous un bouquet d'arbres qui recouvraient de leur ombrage un banc de pierre. Comment défendre madame Donis? Comment s'expliquer, par quelles paroles, par quelles raisons? A quoi bon se jeter à travers cet entretien, s'il n'avait rien à dire, et il avait beau chercher, il ne trouvait rien contre ce fait accablant d'avoir montré la lettre de madame Donis et de l'avoir laissée assez longtemps entre les mains de Sainte-Austreberthe, pour que celui-ci en fît prendre copie.

Toutes les explications, toutes les excuses ne prévaudraient jamais contre cette copie, et, pour le réduire à l'impuissance et au silence, Sainte-Austreberthe n'avait même pas besoin de parler : un geste suffisait.

Pour la première fois, il eut le sentiment net de

la faute qu'il avait commise, car jusqu'à ce moment, il s'était complu dans une sorte d'indulgence facile et il avait plaidé pour lui-même les circonstances atténuantes. Est-ce que tous les jours on ne voit pas les hommes avouer qu'une femme est leur maîtresse, par cela seul qu'on parle de cette femme et qu'on vante sa beauté? L'indiscrétion est une affaire de vanité.

Mais maintenant il ne pouvait plus s'endormir dans ces illusions commodes ; ce n'était point d'une simple indiscrétion qu'il était coupable et ce n'était point la vanité qui l'avait dictée, cette indiscrétion.

Il se laissa tomber sur le banc et il resta là abîmé dans ses poignantes réflexions, écrasé sous le poids de sa responsabilité, et se disant, se répétant sans cesse qu'à quelques pas de lui, dans ce château dont il apercevait les combles au milieu de la verdure, cette malheureuse femme qu'il avait perdue se débattait en ce moment sous la parole impitoyable de Sainte-Austreberthe.

Car elle était bien perdue et perdue par lui ; elle lui avait donné son amour, et en échange il lui rendait la honte. Combien de fois lui avait-elle dit : « Ne me demandez pas de vous écrire, c'est là qu'est le danger ! » Et alors il avait ri de ses craintes, il s'était moqué de ses frayeurs, il s'était plaint de ses hésitations. Ce n'était pas l'aimer que de refuser de lui écrire ; c'était douter de sa prudence, c'était suspecter sa loyauté : sa loyauté, sa prudence !

Qu'allait-elle penser de cette loyauté, lorsqu'elle verrait que sa lettre avait été livrée ! Qu'allait-elle faire dans son désespoir ? Se tuer peut-être ! Sainte-Austreberthe, qui ne la connaissait point, pouvait plaisanter sur cette mort ; mais lui qui avait eu tant de preuves de sa fierté, lui qui savait combien facilement elle se laissait entraîner aux résolutions extrêmes, emportée par la violence de sa nature !

Quelle se tuât ou ne se tuât point, il y avait en tout cas une chose certaine : c'en était fini de leur amour, ils ne se verraient plus. Et instantanément toutes les joies que cet amour lui avait données lui emplirent le cœur, plus intenses, plus profondes dans le souvenir qu'elles ne l'avaient été dans la réalité. Comme elle prononçait doucement son nom de Raymond ! Quelle musique que sa voix ! Quelle flamme que son regard ! La brise qui soufflait de la Gironde, et qui passait par dessus le château pour venir jusqu'à ce bouquet d'arbres où il restait haletant, lui apportait comme un parfum de leurs anciennes journées de bonheur ; il lui semblait que le bruissement de ce feuillage lui racontait l'histoire de leur amour. C'était dans ce petit bois, qui couronnait la colline, que pour la première fois il lui avait serré la main; c'était autour de cette pelouse, dans ce chemin sablé, marchant côte à côte, par une belle matinée d'automne, qu'ils avaient échangé les paroles décisives qui les avaient liés l'un à l'autre; ils s'étaient arrêtés là, ils s'étaient longuement regardés, et, sous ses yeux suppliants, elle lui avait ouvert son âme. Et tout cela ne serait plus désormais qu'un souvenir !

Comment n'avait-il pas senti plutôt la puissance de cet amour qui, à cette heure, l'étreignait si fortement? Heureux des plaisirs qu'il lui donnait, il n'en avait jamais sondé la profondeur. Parfois, dans des moments de bouderie ou de brouille, il s'était dit qu'une rupture lui était indifférente, et qu'après tout madame Donis était une femme comme une autre; mais cela n'était ni sincère ni vrai. Non, cet amour n'était point un caprice, qu'un caprice nouveau pouvait effacer du jour au lendemain; non, madame Donis n'était pas une femme qu'une nouvelle maîtresse pouvait faire oublier. Quelle autre aurait ses élans de tendresse passionnée et son recueillement dans la joie! Quelle autre saurait dire comme elle : « je t'aime ! »

Quelle autre saurait se taire comme elle en laissant parler ses yeux noirs, qui disaient tant de choses ? Elle n'avait point été sa première maîtresse, mais elle était la première qui lui eût fait connaître l'amour tel qu'il le sentait et le comprenait maintenant. Et tout cela ne serait plus qu'un rêve !

Alors, à ces souvenirs qui se succédaient dans sa tête chancelante, s'en mêlait un autre, qui, pour être d'un genre différent, ne lui laissait pas moins une impression cruelle. Son père avait été le type de « l'ami des femmes » et à Bordeaux il avait eu pendant quarante ans la réputation d'un Don Quichotte sentimental. Pour lui, la femme était un être sacré, et la seule leçon qu'il eût donnée et répétée à satiété à son fils était que la femme doit être respectée, quand même et quoi qu'elle puisse faire. A ce moment, il avait ri plus d'une fois de ces leçons, qui lui paraissaient d'un troubadour par trop rococo; mais maintenant elles lui revenaient pour l'accabler et redoubler le trouble de ses idées.

Certainement, si son père s'était trouvé à sa place, il eût inventé quelque chose, il eût tenté l'impossible, pour venir au secours de cette femme, sa victime. Mais lui n'inventait rien, et il restait attendant, dévoré d'impatience, d'angoisse et de remords.

Ah ! qui eût pu croire que Sainte-Austreberthe était capable d'une pareille infamie ! Spéculer sur la lettre d'une femme ! Lui le célèbre vicomte recourir à des moyens de chantage !

Enfin il vit la voiture qui avait amené Sainte-Austreberthe revenir devant le perron du château, puis bientôt elle redescendit la côte : son sort était maintenant décidé. Quel était-il ?

Au moment où la voiture arrivait devant son bouquet d'arbres, il sortit vivement et se plaça devant les chevaux, qui ne s'arrêtèrent que contre lui.

— Oh ! oh ! dit Sainte-Austreberthe, vous arrêtez les gens comme un bandit d'opéra-comique.

Mais sans répondre à cette plaisanterie, M. de Mériolle ouvrit la portière et s'assit vis-à-vis de Sainte-Austreberthe.

— Eh bien ? dit-il.

— Eh bien, cher monsieur, je vous remercie de la peine que vous avez cru devoir prendre pour moi ; c'est très-aimable à vous d'avoir bien voulu m'attendre.

— Je vous ai attendu, parce que j'avais hâte de savoir...

—Pourquoi dire cela et m'enlever la douce illusion dans laquelle je me complaisais?

— De l'entretien que vous venez d'avoir, a pu résulter le malheur d'une femme que j'aime ; je vous demande de ne pas me faire attendre plus longtemps dans l'angoisse.

— Eh! bon Dieu, que vous êtes devenu sentimental! C'est l'ombrage de ces arbres qui a produit cet effet, leur parfum, leur fraîcheur. Comment donc les appelez-vous, que je retienne leur nom pour en user au besoin?

M. de Mériolle mit la main sur la portière.

— Oui ou non, dit-il, voulez-vous me parler de madame Donis?

— Eh! monsieur, je ne demande que cela. Mais pourquoi cette angoisse? Vous figurez-vous que je suis entré chez elle, la menace à la bouche et cette lettre à la main? Si vous avez pu me croire capable d'une pareille grossièreté, vous ne me connaissez pas.

— Cependant tout à l'heure...

— Tout à l'heure vous m'aviez, passez-moi le mot, exaspéré par votre obstination à ne pas vouloir comprendre nos situations respectives, et je me suis laissé entraîner à un mouvement de violence que je regrette. Je suis tout disposé à vous en demander pardon, si je vous ai blessé.

— C'est de madame Donis qu'il s'agit, non de ma dignité.

— Il s'agit de la mienne, qui s'est trouvée engagée de ce mouvement de colère, et que je tiens à dégager.

— Madame Donis.

— Eh bien! je crois que madame Donis se rendra aux raisons que j'ai fait valoir. Naturellement je me suis tenu dans un certain vague qui m'a paru l'impressionner; elle réfléchira, et si vous voulez peser sur ses réflexions, je crois que le résultat me sera favorable. Elle ne voudra pas se mettre mal avec moi, parce que sans savoir précisément ce qu'elle doit craindre, elle sent que je suis maître d'elle. Comment, par quels moyens? C'est ce que je me suis gardé de lui apprendre, et je compte que vous ferez comme moi. Si vous lui laissez voir que vous me craignez, sans rien déterminer, elle me craindra dix fois plus encore; l'inconnu est bien autrement effroyable que le danger certain et attendu. Je serais à votre place, que j'amènerais madame Donis à vouloir elle-même ce mariage, sans qu'elle pût jamais soupçonner l'intérêt que j'aurais à ce qu'il se fît. Avec du tact et un peu d'habileté, vous pouvez très-bien rester dans les termes où vous êtes en ce moment.

— En ce moment?

— Où vous étiez avant ma visite, car je n'ai rien dit qui puisse vous compromettre.

M. de Mériolle respira.

— C'est votre affaire, continua Sainte-Austreberthe. Quant à moi, vous devez comprendre que j'ai tout intérêt à ne pas pousser les choses à l'extrême; car, lorsque mon mariage sera fait, et il se fera, je ne veux pas que ma belle-mère ait à rougir devant moi. A la longue cela tend les rapports et conduit à l'inimitié. Si les choses vont comme je l'espère, je saurai bien persuader ma belle-mère qu'elle a eu tort de me craindre, attendu que je n'ai jamais rien su qui fût de nature à menacer son repos ou son honneur. En moi elle trouvera le fils le plus soumis et le plus respectueux. Et vous, mon cher monsieur de Mériolle, vous trouverez un gendre facile et bon enfant; car je serai votre gendre.

M. de Mériolle eut un mouvement de répulsion.

— Allons, continua Sainte-Austreberthe, rassurez-vous et soyez convaincu que je serai heureux de tout ce qui pourra nous rapprocher. Nous oublierons tous deux le moment désagréable que nous venons de passer, et nous nous retrouverons ce que nous étions hier, deux bons amis. Seulement, pour cela, il faut, bien entendu, que mon mariage se fasse, mais il se fera, n'est-ce pas? et de bonne volonté encore. Voulez-vous que je vous descende ci? Oui, n'est-ce pas? Alors à bientôt.

XXIX

En rentrant à Bordeaux, Sainte-Austreberthe se fit annoncer chez M. de Cheylus.

— Vous visitez nos environs, dit celui-ci avec son sourire railleur ; très-jolis, n'est-ce pas ? Je suis heureux de voir que vous prenez plaisir à ces excursions ; je ne vous savais pas ami de la nature : goût délicat, plaisir des âmes simples et des esprits portés à l'enthousiasme.

— Je viens de Château-Pignon.

— Ah ! ah ! autre chose alors. Émotions du cœur ! joies du premier amour, que vous êtes douces à contempler !

— J'ai fait une visite à Madame Donis, je n'ai pas vu mademoiselle Marthe.

— Mais vous aussi, passions coupables, troubles des sens, vous avez vos enivrements !

— Je comprends votre raillerie, dit Sainte-Austreberthe sans se fâcher. Vous voulez me reprocher de ne pas vous avoir tenu au courant de mes affaires depuis quelques jours.

— Moi, vous adresser un reproche, cher ami ? moi, votre hôte ? Allons donc. Vous êtes libre ici comme chez vous. Tout ce que je vous demande, c'est d'user de moi quand vous avez besoin de mes services. Commandez, j'obéirai ; il n'est même pas nécessaire que je comprenne.

— Il vous est arrivé, n'est-ce pas, de désirer une femme ?

— Quelquefois même il m'est arrivé d'aimer.

— Alors, quand vous ne connaissez pas cette femme, vous avez hâte d'apprendre tout ce qu'on peut raconter sur son compte. Si on vous dit qu'elle est facile, qu'elle a eu des amants et qu'elle aime le changement, cela ne vous déplaît pas, parce que cela vous fait espérer de réussir rapidement ; mais, du jour où vous avez réussi et où cette femme est à vous, tout ce que vous avez appris sur elle vous blesse et la vue de ceux qui vous ont instruit vous peine.

— Cette fable montre ?...

— Cette fable montre que la famille Donis m'est aujourd'hui sacrée. J'ai appris sur elle tout ce que j'avais intérêt à savoir.

— Et maintenant qu'elle est à vous...

— Elle n'est point encore à moi, mais j'ai l'espérance que cela se réalisera bientôt. Alors je me considère déjà comme étant un de ses membres, et ce qui la touche me touche moi-même. Je ne peux pas parler de ma belle-mère comme je parlais de Madame Donis, de ma femme comme je parlais de Mademoiselle Marthe.

— Et de M. de Mériolle et de M. Heyrem?

— Il m'est agréable de n'en pas parler du tout.

— Vous me rendrez ce témoignage que je ne vous ai pas tourmenté à ce sujet. En arrivant ici, nous passions notre temps à parler de la famille Donis et de ceux qui l'approchent; depuis vous avez paru désirer vous enfermer dans un silence diplomatique. Adoptons le silence. Il y a quelques jours, vous m'admettiez à l'honneur de collaborer à vos plans; aujourd'hui vous êtes ténébreux comme un traître de drame. C'est parfait. Je vous l'ai déjà dit, je suis et je serai ce que vous voudrez.

— Croyez-bien, mon cher comte, que cette réserve ne m'est point inspirée par un sentiment de défiance.

— Je ne l'ai jamais pensé; j'ai cru que vous aimiez mieux faire vos affaires tout seul, et j'ai compris cela, sans me permettre de chercher les raisons qui vous déterminaient.

— Enfin le moment est venu de vous montrer que la confiance que je mets en vous n'a point changé, je viens donc vous prier de demander pour moi la main de Mademoiselle Martha à son père.

— Comment! moi, cher ami, et pourquoi pas le général? Sans doute je suis touché de la marque d'amitié que vous me donnez, mais ne vaudrait-il pas mieux que le général vînt à Bordeaux?

— Je ne crois pas.

— Cela aurait une certaine importance, qui frapperait M. Donis et le toucherait dans sa vanité, si j'ose m'exprimer ainsi en parlant de votre beau-père.

— Peut-être la démarche de mon père aurait-elle le résultat que vous prévoyez, et je conviens avec vous qu'elle pourrait être utile à ce point de vue; mais, d'un autre côté, elle aurait des inconvénients.

— Et lesquels?

— Je ne tiens pas à mettre mon père en relation trop intime avec M. Donis.

— Avez-vous peur qu'il ne demande Mademoiselle Martha pour lui?

— Cela, non ; mon père n'est pas encore d'âge à se marier, et s'il se marie un jour, ce qui peut très-bien arriver, ce sera quand il sera tout à fait vieux, impotent et invalide. Alors, s'il est amoureux de quelque drôlesse, et il le sera ; si la drôlesse résiste, et il est probable qu'elle résistera, il l'épousera. Mais, tant qu'il ne sera pas contraint d'employer cette ressource suprême pour satisfaire ses désirs, il ne l'emploiera pas. Ce n'est pas cela que je crains.

— Alors je persiste dans mon idée : il serait bon de le prier de venir à Bordeaux.

— Rien ne serait plus mauvais, au contraire.

— Entendre, c'est obéir, comme disent les Orientaux.

— Oh ! mon cher comte, je ne demande pas mieux que de discuter cette question d'opportunité avec vous. Vous voudrez bien m'accorder, n'est-ce pas, que je connais mon père mieux que vous ?

— Cela est tout naturel.

— Eh bien, connaissant mon père, ses idées, ses habitudes, son caractère, j'ai la conviction que si je lui offrais le moyen d'entrer en relations d'intimité avec M. Donis, il en profiterait pour fourrer celui-ci dans quelque bonne affaire qui nous coûterait trop cher. Il en est de la fortune de la famille

Donis comme de sa réputation, je ne veux pas qu'on y touche.

— Désormais c'est votre bien.

— Précisément, et mon père ne s'arrête pas à ces considérations étroites.

— Cependant il faudra bien qu'il entre en relations avec la famille Donis.

— Sans doute, mais le plus tard possible. Je n'ai pas la prétention de me marier sans montrer mon père, et je trouve même qu'en uniforme, avec toutes ses croix, il fera très-bien dans la cérémonie et sera tout à fait décoratif. Mais je ne tiens pas à ce que des liens s'établissent entre lui et M. Donis d'abord, et plus tard entre lui et ma femme. Nous nous verrons tout juste pour respecter les convenances, plus serait trop.

— Vous n'êtes pas fanatique de la famille.

— La famille? je ne la connais pas. Est-ce que j'ai eu une famille? Est-il juste que mon père vieillard trouve auprès de moi, ce qu'étant enfant, je n'ai pas trouvé près de lui? A cinq ans, j'ai été exporté en pension; à sept ans, emprisonné au lycée. Lorsque j'en suis sorti, à quatorze ans, par un coup de tête (de ma part réfléchi), je n'ai pas plus vu mon père que je ne l'avais vu pendant mes neuf années d'emprisonnement. De temps en temps, quand le hasard nous faisait nous rencontrer, nous avions, il est vrai, d'excellents rapports, mais ce n'étaient que ceux de deux camarades qui ne sont pas du même âge. Quand vous vous êtes marié, est-ce que vous avez ouvert votre maison à vos camarades de votre vie de garçon, surtout aux vieux?

— Oh! j'ai été si peu marié, d'ailleurs ce n'est pas une femme que j'ai épousée, c'est un beau-père.

— Pour moi, j'ai des idées sur les vieillards qui m'empêcheront de les admettre dans mon intérieur.

— Il y a vieillards et vieillards.

— Non, il y a vieillards et vieux. Les vieillards qui restent chez eux à la campagne, qui se couchent de bonne heure, qui se lèvent matin, et qui mettent ce qu'ils ont encore de force au service de leurs petits-enfants; ceux-là, je n'aurais pas trop de répugnance à les accueillir chez moi. Mais les vieux, jamais. Et j'entends par vieux ceux qui s'appliquent à paraître plus jeunes qu'ils ne sont en réalité; ceux qu'on rencontre le soir dans les théâtres, dans les bals, sur les boulevards, marchant la taille serrée dans un vêtement trop étroit, la peau bien grattée par le rasoir et rougie par le vinaigre, les yeux ouverts, les narines dilatées, reniflant et s'allumant quand une femme passe près d'eux.

Pour moi le mari qui, sous prétexte d'amitié, de camaraderie, de relations anciennes, de parenté même, a la faiblesse d'admettre ces vieux chez lui est un imbécile, et pour lui mieux vaudraient tous les chérubins du monde.

— Oh! oh!

— Une femme qui cède à l'amour d'un jeune homme n'est pas pour cela perdue, tandis que celle qui est effleurée par le souffle d'un vieux l'est à jamais; il dessèche tout ce qu'il y a de jeune en elle, c'est-à-dire de bon, et il y dépose le germe de toutes les corruptions. J'ai eu des maîtresses qui avaient été façonnées par des vieux, je sais ce qu'elles valent. Toutes ces raisons et beaucoup d'autres encore, dans lesquelles il est inutile d'entrer, font que je m'adresse à vous pour être mon négociateur auprès de M. Donis, et je compte que vous voudrez bien me rendre ce service.

— Soyez convaincu que je le ferai avec plaisir; je devais me défendre, je me suis défendu, maintenant je suis heureux de me rendre. Et sur quelles bases doivent porter ces négociations?

— D'abord j'aime mademoiselle Marthe, c'est là le premier point à établir, et mon amour est une véritable adoration. Tout ce que le lyrisme pourra vous offrir doit être bravement employé par vous, ne craignez pas les exagérations : amour, passion, folie, voilà les trois mots qui doivent peindre mon état.

— Je parle assez mal cette langue.

— Pour votre compte personnel peut-être ; mais l'avocat n'est pas tenu à ne dire que ce qu'il pense, tout ce qui vous passera par l'esprit sera bon. D'ailleurs mademoiselle Marthe est assez jolie pour justifier mon enthousiasme, et sincèrement je crois que si j'étais homme à perdre la tête, elle me la ferait bien perdre : positivement elle a un charme.

— Ne demandez-vous que mademoiselle Marthe?

— Oh! non ; et c'est là le second point sur lequel vous aurez sinon à insister, au moins à marquer légèrement. Vous devrez faire entendre que malgré tout mon amour pour mademoiselle Marthe, je ne pourrais pas l'épouser si elle ne m'apportait pas une grosse dot, une très-grosse dot, le quart au moins de la fortune de M. Donis. Et c'est à propos de cette condition qu'il sera bon de déployer toute votre science des affaires, votre finesse persuasive, votre séduction.

— M. Donis est un habile négociant.

— C'est justement pour cela que nous devons montrer une certaine exigence. Si nous étions trop modestes dans nos demandes, il conclurait tout de suite de notre facilité que nous n'avons rien de notre côté. Mademoiselle Donis a sa fortune, moi j'ai mon nom et ma position : c'est un échange.

— Quelle position?

— Celle que j'aurai et qui est d'autant plus belle qu'elle n'existe qu'en expectative. Au reste, il est juste de dire que cette position sera celle que M. Donis voudra. Je la demanderais aujourd'hui, je la ferais demander par mon père, on me la refuserait peut-être ; mais lorsque j'aurai à faire valoir le titre de gendre de M. Donis, on me l'accordera : la raison politique fera ce que n'aurait pas pu faire la raison d'amitié. C'est donc pour soutenir le rang que cette position nous donnera, qu'une grosse dot est indispensable. De plus, vous aurez à faire valoir encore que j'entraînerai mon beau-père avec moi ; en donnant sa fille comme gage au gouvernement, il aura le droit d'exiger de lui tout ce qu'il voudra. Mais, pour ces questions accessoires, je m'en remets pleinement à vous ; mieux que personne, vous saurez trouver la clef d'or qui nous ouvrira le cœur de M. Donis.

— On le crochetera.

— Maintenant le dernier point que je vous recommande, c'est de vous arranger de manière à ne pas obtenir une réponse immédiate; il est bon que M. Denis réfléchisse.

— A deux?

— A deux et même à trois. La réflexion éclairée est mère de la sagesse.

XXX

M. de Cheylus voyait très-souvent M. Donis, le soir, à la préfecture; mais comme la demande de Sainte-Austreberthe devait être présentée avec une certaine solennité, il n'eût pas été convenable d'en parler incidemment après une séance de la commission.

Il fut donc décidé que M. de Cheylus irait faire cette demande en grande cérémonie, à l'hôtel des allées de Tourny.

Mais quand madame Donis n'habitait pas Bordeaux, M. Donis ne restait pas à son hôtel; il passait ses journées entières à son comptoir du quai des Chartrons, et ne rentrait guère chez lui que pour dîner. Quant au déjeuner, il le prenait en travaillant, et, comme il avait gardé les habitudes de sobriété et de frugalité de sa jeunesse, il se contentait de ce que la femme du gardien pouvait lui préparer dans sa méchante cuisine : des œufs à la coque, un plat de ceps dans la saison des champignons, ou tout simplement un morceau de fromage. Ayant sous la main les meilleurs vins de la Gironde, il buvait avec délice un verre d'eau plus ou moins clair.

M. de Cheylus remonta en voiture et se fit conduire sur le quai des Chartrons. Ce n'était pas très-correct d'aller relancer M. Donis au milieu de ses employés, mais le temps pressait, et d'ailleurs la démarche à l'hôtel avait été faite.

Au comptoir de M. Donis étaient annexés de vastes entrepôts qui, se reliant de magasin en magasin, couvraient une grande étendue de terrain. On dit à M. de Cheylus que M. Donis était dans ses magasins, et on lui proposa de l'aller prévenir ; mais il refusa et voulut se mettre lui-même à sa recherche.

Alors, assurant son lorgnon sur son nez et collant contre lui les pans de sa redingote, il se risqua à travers ces magasins qui sentaient terriblement l'épicerie. Comment un homme qui avait gagné une belle fortune pouvait-il prendre plaisir à vivre au milieu de ces caisses, ces ballots, ces sacs, et à respirer toute la journée l'odeur de la mélasse, du suif, des épices, de la morue, se mêlant à la puantour des cuirs verts nouvellement arrivés de la Plata.

Ce fut seulement dans un des derniers magasins qu'il trouva M. Donis, occupé à rouler lui-même une petite barrique. Si celui-ci n'avait pas parlé, M. de Cheylus eût passé près de lui sans le reconnaître, car jamais l'idée ne lui serait venue que l'homme qui marchait devant lui courbé sur la pièce qu'il manœuvrait pouvait être un millionnaire. Mais en arrivant devant un commis, cet homme qu'il avait pris pour un manœuvre s'arrêta.

— Qu'est-ce que c'est que ce fût que je viens de trouver traînant dans le passage? dit-il; je vous ai déjà prié de veiller à cela. Ne vous laissez pas encombrer; le *Molière* est à quai; il va vous arriver aujourd'hui 150 tierçons saindoux, et demain par la *Prudence* 489 boucauts ceylan et 40 surons caraque.

Et à la voix il reconnut M. Donis.

— Comment! c'est vous, monsieur le préfet? dit celui-ci en l'apercevant.

— Je suis allé à votre hôtel, on m'a dit que je vous trouverais ici, je suis venu.

— C'est pour une affaire urgente?

— Importante au moins et confidentielle.

— Alors je vous demande la permission de vous

conduire dans mon bureau; nous pourrons y causer en liberté.

— Si je ne vous dérange pas?

— Oh! pas du tout; ce que je fais est une besogne de surveillance qui peut très-bien se remettre.

— Et qui pourrait même se déléguer si vous le vouliez.

— Pour cela je ne suis pas de votre avis, et je tiens pour les anciennes idées : l'œil du maître. On dit : Donis a de la chance, c'est un malin. Ni chance, ni malice. Seulement je me lève matin. Si je ne fais pas tout moi-même, je sais comment tout se fait, et, ce qui est le grand point, on m'attend toujours. Si je suis fier de ma fortune, c'est que je l'ai gagnée et bien gagnée.

On traversa tous les magasins par lesquels M. de Cheylus avait déjà passé, et l'on gagna le bureau particulier de M. Donis.

— Mon cher monsieur Donis, dit le préfet lorsque la porte eut été fermée, vous devez bien penser que je ne suis pas venu vous déranger sans un motif sérieux. Je vous demande donc la permission de m'expliquer en toute sincérité.

M. Donis s'inclina.

— Vous avez peut-être remarqué, continua M. de

Cheylus, que depuis mon arrivée à Bordeaux, il n'est personne à qui j'aie témoigné autant d'estime, autant de sympathie qu'à vous. Mais je ne suis pas un homme à qui les paroles suffisent, et je veux que toujours mes actes suivent mes paroles ; enfin je suis de ceux qui pensent que la foi qui n'agit point n'est point une foi sincère.

— Je n'ai pas besoin de preuves, dit M. Donis, pour croire à la sincérité des bons sentiments que vous voulez bien me témoigner.

— Oui ; mais, si vous n'avez pas besoin de recevoir ces preuves, j'ai besoin, moi, de vous les donner. Ce n'est pas seulement comme homme, c'est encore comme préfet.

— Alors je vous demande la permission de faire une distinction.

— Je sais ce que vous allez me dire, et vous prie de ne point entrer dans une explication qui me peinerait ; chez moi, l'homme et le préfet ne font qu'un.

— Alors la situation devient assez difficile.

— Elle peut, si vous le voulez, devenir très-facile. Depuis que je suis ici, j'ai eu à votre égard une préoccupation constante, qui a été de vous ramener au gouvernement.

— Et cela vous paraît facile?

— Cela me paraissait impossible hier, mais aujourd'hui il en est tout autrement. Hier je sentais que je ne pouvais réparer la faute qui avait été commise envers vous qu'en vous rendant le siége de député de la Gironde, que selon moi on a eu le tort grave de vous enlever, mais devant un pareil acte, se dressaient des obstacles qui me faisaient reculer, je l'avoue. C'était répudier ce qu'avait fait mon prédécesseur, et de plus, c'était me mettre presqu'en opposition avec le gouvernement.

— Mais je ne désire plus être député. Je l'ai été. J'ai voté selon ma conscience. On m'a trouvé dangereux pour l'ordre et la dynastie, on m'a combattu; j'ai échoué. Il n'y a pas de raisons aujourd'hui pour que le gouvernement change à mon égard, car moi je n'ai pas changé. J'ai eu sa confiance, je l'ai perdue; je n'ai rien fait pour la regagner et je ne ferai rien.

— Vous m'auriez répondu cela hier, je me serais retiré, mais aujourd'hui les conditions ne sont pas les mêmes. Malgré tout mon désir de vous voir représenter notre département, — et ce désir était vif, car je considère notre députation comme incomplète tant que vous n'en ferez pas partie; je ne pouvais pas venir vous proposer d'être notre candidat.

— Il est de fait que m'appuyer aujourd'hui auprès des électeurs après m'avoir combattu il y a quelques années, eût été assez curieux.

— Si l'on s'inquiétait des électeurs, on ne ferait jamais des élections politiques. Le suffrage universel est une machine dirigée par les préfets, qui fonctionne sans savoir ce qu'elle fait. L'élection est une espèce de sacre et rien de plus; les anciens rois avaient la coutume de se faire sacrer à Reims, mais ils n'en étaient pas moins rois sans cette cérémonie. Jamais je n'ai eu souci de mes électeurs : je fais mon député moi-même et je le leur donne tout simplement à baptiser. J'ai toujours et partout agi de cette manière; j'espère bien ne pas éprouver ma première déception dans la Gironde. Ce n'était donc pas la crainte des électeurs qui me retenait, mais la difficulté de justifier à Paris le choix que je faisais de vous. Quand je leur aurais dit que vous étiez le négociant le plus honorable de Bordeaux et l'honneur de votre contrée; quand je leur aurais prouvé qu'un homme de mérite comme vous, ayant l'expérience des affaires, la capacité financière, la science du commerce, la droiture du jugement, la sûreté de l'esprit, avait sa place obligée au Corps législatif, je n'aurais rien obtenu, et d'un mot, en me rappelant votre vote et surtout l'influence que vous aviez eue sur un grand nombre de vos confrères, on m'aurait battu, repoussé. J'en étais là dans mes réflexions, cherchant toujours un moyen de rendre votre utile appui au gouvernement, et ne trouvant rien lorsqu'un incident heureux est venu me tirer d'embarras. Vous savez comment mon ami le vicomte de Sainte-Austreberthe m'est arrivé un beau jour?

— Mon Dieu, non.

— Sainte-Austreberthe était fatigué de la vie parisienne et il éprouvait le besoin de venir se retremper dans la vie provinciale, plus simple et plus facile. Il m'a fait l'honneur de me demander l'hospitalité, et j'ai été heureux de la lui accorder, car j'ai pour lui une vive amitié et, au milieu de mes occupations sérieuses, ce m'est un vrai délassement de jouir de sa compagnie; vous ne sauriez vous imaginer le plaisir qu'on a à passer quelques heures avec lui après une journée de travail : esprit, gaieté, bon sens, finesse, il a tout. Vous vous rappelez au moins comment vous vous êtes rencontré avec lui à Pressac, où je l'avais emmené pour lui montrer mes pompiers. Vous l'avez invité à Château-Pignon; il a vu mademoiselle Marthe, et, avec le bon goût qui le caractérise, il s'est épris pour elle d'une véritable passion. Depuis, il l'a revue ici : la passion a été en augmentant, et...

ma foi! mon cher monsieur Donis, il faut dire les choses simplement, il m'a chargé de vous la demander en mariage.

— Vous me prenez tellement à l'improviste, dit M. Donis avec embarras, et ma surprise est tellement grande, que je ne sais vraiment...

— Comment me répondre? Mais je ne veux pas que vous me répondiez aujourd'hui. Vous vous entourerez de renseignements, de conseils, vous réfléchirez, et dans quelques jours nous reparlerons de ce projet dont la réalisation me comblerait de joie. Il faut que je vous raconte à ce propos un fait qui vous montrera combien l'homme est égoïste. Savez-vous à quoi je pensais pendant que Sainte-Austreberthe me parlait de son amour?

— C'est assez difficile à deviner.

— Je pensais à vous et à moi. Je ne me disais pas : Ce mariage va unir deux êtres jeunes et charmants tous deux, dont l'un porte brillamment un beau nom de la cour, et l'autre un grand nom du commerce français. Je n'avais point souci de l'avenir splendide qui pouvait s'ouvrir devant eux. Ce n'était point Sainte-Austreberthe, ambassadeur, que je voyais, ni la vicomtesse, sa femme, faisant briller dans une cour étrangère la grâce française. Non, je n'avais qu'une idée, qu'une seule, et je ne me disais qu'une seule chose : enfin je tiens le moyen de faire de M. Donis mon député.

M. Donis se prit à sourire.

— Ne riez pas, poursuivit M. de Cheylus avec émotion, vous qui mieux que personne savez ce que c'est que la poursuite d'une idée. Véritablement j'ai vu là une intervention de la Providence. Quelles objections pourra-t-on m'opposer si vous accordez mademoiselle Marthe à Sainte-Austreberthe ? Comment viendra-t-on me parler de votre opposition à la dynastie et de votre indépendance séditieuse, vous qui précisément choisissez votre gendre parmi les plus fermes soutiens et les amis les plus dévoués de cette dynastie ? Ce n'est plus seulement comme député qu'on voudra vous avoir, mais comme ministre, comme sénateur. Vous riez de moi, de mes idées, de mes projets ; vous trouvez que je vais bien vite et que, dans un projet qui touche au bonheur de votre famille, je ne vois que le côté politique. Mais, que voulez-vous ? je ne suis qu'un préfet, je vous l'ai dit ; de plus, je suis l'homme qui est en proie à une idée fixe, et cette idée est que vous soyez député de la Gironde. Cela sera-t-il ? Ne me répondez pas, je vous en prie, et laissez-moi vous serrer la main avec tout le bonheur de l'espérance. A bientôt, n'est-ce pas ? mon cher député.

XXXI

M. Donis était la sincérité même, et pourtant, lorsqu'il avait répondu à M. de Cheylus qu'il ne désirait point être député, il avait manqué à cette sincérité.

Son élection, quelques années auparavant, avait été un des grands bonheurs de sa vie et lorsque, dans la salle des Etats, il avait entendu appeler son nom, le nom du fils d'un tonnellier, pour prêter serment à l'empereur, il avait ressenti un sentiment de joie orgueilleuse qui n'était pas oublié. Il était donc quelqu'un, et sa fortune n'était point due uniquement à un heureux concours de circonstances et de combinaisons chanceuses. Cette élection le prouvait bien, et elle était, à ses propres yeux, la consécration de son mérite. Cependant, le jour où sa conscience lui avait imposé le devoir de résister aux demandes du gouvernement, il n'avait point hésité, et bienque les avertissements ne lui eussent point manqué, bien que de tous côtés on lui eût dit que l'opposition ouverte qu'il faisait à un projet caressé par la cour empêcherait sa réélection, il avait persisté dans ce qu'il croyait être son devoir d'honnête homme.

Combattu avec acharnement par l'administration, il n'avait point en effet été réélu, et les conditions dans lesquelles cet échec s'était produit avaient eu pour lui quelque chose de profondément blessant. Pour l'attaquer, tous les moyens avaient été bons, l'injure publique aussi bien que la calomnie hypocrite, et, pendant six mois, il avait eu le chagrin de se voir bafoué et insulté dans les mêmes journaux qui, quelques mois auparavant, ne citaient jamais son nom sans l'accompagner d'une épithète louangeuse. Pour adversaire, on ne lui avait pas opposé un homme honorable, devant la situation ou la valeur duquel il eût pu succomber sans honte, mais un négociant déconsidéré et universellement méprisé. Enfin, pour exaspérer ses blessures, il avait eu la douleur de voir ceux qu'il avait obligés et dont il se croyait sûr le renier et l'abandonner; aussi, retombé des grandeurs dans son comptoir, avait-il pensé plus d'une fois à redevenir ce qu'il avait été.

Sans doute, ses intérêts aussi bien que ses goûts

le retenaient à Bordeaux, au milieu de ses affaires ; le bonheur, pour lui, ne consistait point à aller s'asseoir, de deux heures à six heures, sur son siége du corps législatif, pour y écouter avec obéissance et béatitude les communications du gouvernement. Au palais Bourbon, il préférait de beaucoup ses magasins du quai des Chartrons ; à l'éloquence de M. Rouher, il préférait aussi celle de ses correspondants, lui disant sans phrases : « J'ai reçu votre honorée en date du... » Mais malgré tout, il ne pouvait s'élever au-dessus de ces idées de revanche ; pour lui c'était mieux qu'une vengeance, c'était une sorte de réhabilitation.

On comprend que la communication de M. de Cheylus tombant dans un esprit ainsi préparé, ainsi échauffé, dut y mettre le feu. Ce n'était pas lui qui revenait au gouvernement pour demander son pardon, c'était au contraire le gouvernement qui revenait à lui. Le chemin était détourné, il est vrai, mais enfin les avances étaient formelles. Député ! député ! il pouvait l'être encore, et son adversaire serait abandonné comme il avait été pris.

Pendant assez longtemps après le départ du préfet, M. Donis se laissa caresser par ces idées, mais peu à peu la réflexion lui venant, il se dit que, dans une affaire aussi sérieuse que le mariage de sa fille, il devait se mettre à l'abri de son ambition e de ses désirs personnels. Ce qui importait à Marthe c'était d'être heureuse, et ce n'était point que son père fût ou ne fût pas député.

Pouvait-elle être heureuse avec le vicomte de Sainte-Austreberthe ?

Il voulut appliquer son esprit sur cette question; mais bientôt il s'aperçut qu'il n'était pas dans des conditions d'impartialité suffisantes pour le faire avec une entière justice. Ce n'était pas seulement à Sainte-Austreberthe qu'il pensait, c'était encore à M. de Cheylus; et aussitôt le souvenir des paroles de celui-ci lui revenait, impérieux et troublant, avec tout le cortége d'images qu'il avait su si habilement évoquer.

Alors, avant de prendre un parti et d'admettre l'idée de ce mariage, il résolut de consulter sa femme; bien que ce ne fût pas son jour d'aller à Château-Pignon, il fit atteler et se mit en route aussitôt.

Madame Donis connaissait trop bien son mari pour ne pas voir qu'il était sous le coup d'une préoccupation sérieuse; inquiète et troublée comme elle l'était, elle eut hâte de l'interroger.

Il lui raconta la visite et la demande de M. de Cheylus; puis après, il lui raconta fidèlement les phases diverses par lesquelles cette demande l'avait fait passer.

— Vous désirez donc être député? dit-elle, surprise de trouver chez son mari cette idée ambitieuse qu'elle ne soupçonnait pas.

— Franchement, oui ; je le désire parce que c'est pour moi une revanche, et aussi parce qu'il peut être utile à notre contrée que je le sois. Cependant, malgré ce désir, que je vous confesse en toute sincérité, je n'aurais jamais rien fait dans ce sens, si l'on n'était venu au-devant de moi. Dans la vie, la rancune me paraît une mauvaise chose ; dans la politique, c'est une sottise. Je ne suis pas de ceux qui prennent un gouvernement ou qui le repoussent en bloc, et qui disent tout est bien ou tout est mal. Je crois qu'un gouvernement quel qu'il soit est perfectible, et que tous les honnêtes gens doivent s'employer à son amélioration, attendu que ces améliorations, si lentes qu'elles soient, valent mieux que les révolutions. C'est peut-être là une opinion bourgeoise, mais c'est la mienne ; d'ailleurs je ne suis rien de plus qu'un bourgeois. Donc, en principe, je suis tout disposé à retourner au corps législatif, si les électeurs veulent bien m'y renvoyer ; mais il ne faut pas que ces dispositions de ma part influent sur le mariage de

Marthe, et voilà pourquoi je viens vous consulter.

— Vous me mettez dans un étrange embarras.

— Je le pense bien, mais votre embarras doit être moins grand que le mien, car vous n'avez pas de considérations politiques qui puissent peser sur votre détermination. Ce que je vous demande, c'est l'expression de votre sentiment donnée en toute liberté.

— Mais je ne connais pas M. de Sainte-Austreberthe.

— Pour le moment, il ne s'agit pas de M. de Sainte-Austreberthe, de ce qu'il vaut ou de ce qu'il ne vaut pas : c'est un point qui sera examiné plus tard avec toute l'attention dont je suis capable, car vous devez bien penser que je ne vais pas jeter ma fille dans les bras d'un inconnu. Ma tendresse pour Marthe, que j'aime, vous le savez, de tout mon cœur, vous est une garantie du soin que j'apporterai à cette enquête. A l'heure présente, ce que je vous demande, c'est votre avis, votre conseil, sur la question de savoir si je dois ouvrir l'oreille aux propositions de M. de Sainte-Austreberthe, ou si je dois la fermer, et, si je vous demande ce conseil, c'est que je ne me trouve pas assez indépendant pour me prononcer seul. Vous savez quelle confiance j'ai dans votre esprit, quelle estime j'ai pour votre caractère si ferme et si droit; je vous appelle à mon aide.

Madame Donis ne répondit pas, et pendant plusieurs secondes elle regarda son mari; tandis que celui-ci, les yeux fixés sur elle, tâchait, de son côté, de lire ce qui se passait dans son cœur. L'estime pour sa femme, dont il venait de parler, n'était point une formule de vaine politesse, c'était l'expression de la vérité, et il eût été le plus malheureux des hommes, si sa femme l'avait blâmé : pour lui elle était une conscience vivante qu'il interrogeait dans ses heures de trouble, et par laquelle il était fier de se laisser guider.

— Je vous ai parlé des raisons politiques, dit-il en continuant, qui me portent à rentrer au corps législatif; mais j'en ai d'autres d'une nature différente, qui me poussent de ce côté tout aussi fortement et même plus fortement encore peut-être. Vous savez, ma chère Eléonore, quelle est ma tendresse, quel est mon amour pour vous.

— Vous êtes le meilleur des maris.

— Malgré mon désir de l'être, il s'en faut de beaucoup que je le sois, et bien des causes m'empêchent de faire ce que je voudrais. Je suis vieux et vous êtes jeune; je suis un bourgeois parvenu et vous êtes née dans un monde dont je ne connais ni les usages ni les plaisirs.

— Oh ! mon ami.

— Je sais ce que je suis et je porte cinquante années sur ma tête grise, qui m'empêchent de changer. Que voulez-vous ? j'ai toujours travaillé, et ma grande joie, c'est de travailler encore. Mais ce qui est joie pour moi ne l'est pas pour vous. Je n'ai pas pu vous associer à mon travail, et je comprends très-bien qu'il n'est pas gai pour une femme jeune, active, intelligente comme vous, d'avoir un mari qui passe toutes ses journées à son comptoir, et qui rapporte le soir, avec lui, l'odeur de ses magasins, sans parler des soucis de ses affaires, plus désagréables encore.

— Me suis-je jamais plainte ?

— Ceux qui se plaignent ne sont pas ceux qui souffrent le plus. Bien des fois j'ai voulu changer ces habitudes de ma jeunesse et me montrer pour vous le mari que je devrais être ; mais elles sont plus puissantes que ma volonté, et quand je me suis dit que je resterais près de vous, malgré moi, elles m'entraînent à mon comptoir. Et les raisons ne me manquent pas, je vous assure : c'est un navire qui arrive, c'en est un qui va partir, toutes plus fortes les unes que les autres. Sans doute il y aurait un moyen radical de réformer cela, ce serait d'abandonner les affaires.

— Mais je ne le voudrais pas.

— Franchement, ni moi non plus. J'ai besoin de travailler, non pour m'enrichir, comme on le pourrait croire, — je trouve que nous avons assez de fortune, — mais pour travailler, pour le plaisir, pour avoir l'orgueil et la récompense du succès. Ma vie est là, et tant que nous resterons à Bordeaux, elle sera ce qu'elle a été jusqu'à ce jour. Voilà pourquoi des raisons de sentiment s'ajoutent aux raisons politiques, qui me font désirer être député. Député, je suis obligé d'habiter Paris, et vous venez vous y fixer avec moi, pendant plusieurs mois, dans une maison digne de vous. A Paris, vous êtes placée dans des conditions bien différentes de celles qui vous sont faites à Bordeaux, et vous trouverez des plaisirs qu'il est impossible de vous donner ici. A Paris, je n'ai plus de comptoir, plus d'affaires; mes occupations de député ne prennent pas tout mon temps du matin au soir, et je peux passer quelques heures avec vous, si vous le voulez bien. Je serais si heureux de vous témoigner, autrement qu'en paroles, ma reconnaissance pour le bonheur que vous me donnez.

Il était évident pour madame Donis qui connaissait son mari, que celui-ci lui demandait une approbation bien plus qu'un conseil. Il était décidé à accueillir l'idée de ce mariage et il venait lui demander de l'appuyer dans cette idée. Ce n'était point ainsi qu'elle avait cru que les choses se présenteraient, et pour elle il n'était plus question, comme elle l'avait craint, d'avoir à disposer son mari en faveur d'un projet. Ce projet il l'admettait, et il voulait simplement être confirmé dans son sentiment. Sa propre responsabilité se trouvait donc singulièrement allégée. Cependant elle ne voulait pas se rendre.

— Vous avez peur de céder à votre désir, dit-elle ; le mien par la perspective que vous me montrez se trouve engagé à vous appuyer ; je n'ai donc pas plus d'indépendance que vous et je vous demande à me récuser. Ne me faites pas, je vous en prie, l'arbitre du sort de Marthe qui n'est pas ma fille : la responsabilité m'en serait trop lourde.

— Si j'ai peur de ma conscience, je suis sûr de la vôtre : aidez-moi donc, je vous prie, jamais je n'ai réclamé vos conseils dans des circonstances aussi solennelles ; vous savez combien je voudrais que Marthe fût heureuse.

Elle resta silencieuse pendant de longues minutes; irrésolue, hésitante, cruellement oppressée par la lutte qui se livrait en elle.

— Hé bien? demanda à la fin M. Donis, voyant qu'elle ne se prononçait pas.

— En vérité, je ne sais que dire.

— Votre sentiment?

— Mon sentiment est partagé, et je ne sais de quel côté me décider.

— Mais votre raison?

— Ma raison est d'accord avec la vôtre; évidemment il y aurait avantage pour nous tous (elle frissonna en prononçant ce mot) à ce que ce mariage se fît.

— Alors je suis décidé.

— Ne le soyez pas, je vous en conjure; avant tout sachez ce qu'est vraiment M. de Sainte-Austreberthe; puis, si l'enquête que vous ferez sur son compte lui est favorable, consultez Marthe et qu'elle prononce en dernier ressort. Il faut que la vie d'une femme ne soit décidée que par son cœur.

XXXII

M. Donis n'avait point donné les premières années de sa jeunesse à l'amour, et si à trente ans il avait épousé, lui déjà riche, une jeune fille sans fortune, ce n'était point parce qu'il cédait à la passion, mais seulement parce que cette jeune fille lui paraissait réunir les qualités de simplicité, d'honnêteté et de tendresse qu'il voulait trouver chez sa femme.

Devenu veuf, il s'était enfermé dans le travail et ce qu'il avait d'activité et de forces avait été employé et usé dans les affaires.

Pendant quinze ans, il avait mené une vie fiévreuse, où il n'y avait place ni pour la distraction ni pour la rêverie.

Mais alors le hasard lui avait fait rencontrer mademoiselle du Prada, et pour la première fois, il avait compris que la fortune est impuissante à nous cuirasser contre les atteintes de passion.

Pour cette jeune fille, ou plus justement cette jeune femme hautaine et belle, qui n'avait pas 2,000 francs de rente, il avait été pris d'un amour profond, qui lui avait révélé tout un côté de la nature humaine, dont il s'était moqué pendant vingt-cinq ans, quand il l'avait remarqué chez ses amis. Il avait passé des nuits sans sommeil parce qu'elle ne l'avait pas regardé. Il avait ramassé la fleur qu'elle respirait et il l'avait conservée avec plus de soin, qu'il n'en avait jamais mis à garder son portefeuille la veille des grandes échéances. Un sourire l'avait transporté, un froncement de sourcil l'avait plongé dans le désespoir. Le jour où elle avait daigné accueillir l'offre de sa main, il avait cru qu'il allait devenir fou de joie.

Le mariage n'avait pas refroidi cet amour, et sa femme lui était devenue plus chère par cette unique raison qu'elle était sa femme. Elle faisait partie de son bonheur et le complétait. Par cela seul qu'elle portait son nom, elle avait acquis une qualité nouvelle. Comme tout ce qui appartenait à la maison Donis, elle était parfaite. Devant elle on devait s'incliner et baisser pavillon, comme on s'inclinait devant la fortune et devant la réputation du chef de la famille. Il poussait les choses si loin, qu'avec ses amis il ne se gênait pas pour dire, lorsqu'on parlait mariage ou ménage : « Ma femme qui, par sa nature, est bien au-dessus de la vôtre, » et on ne lui riait pas au nez, tant sa sincérité était grande.

Pour lui, cette supériorité était article de foi, et si à ses yeux la femme était un être insignifiant toujours, malfaisant quelquefois, il faisait une exception en faveur de la sienne, qui, à tous les points de vue et sous tous les rapports, était la perfection même. Pour l'esprit, pour le cœur, supérieure à toutes et à tous ; pour le jugement, l'égale des hommes les plus forts.

Il était si bien convaincu de cette supériorité, que, depuis son mariage, il ne décidait plus une grande affaire sans auparavant en parler à sa femme. Et celle-ci, qui avait l'horreur du commerce et de tout ce qui sentait la boutique, était obligée de donner sérieusement son avis sur la question de savoir s'il fallait vendre ou s'il fallait garder telle ou telle denrée. Tout d'abord elle avait voulu se défendre en se retranchant derrière son ignorance, mais il n'avait point admis ses excuses.

Les raisons *pour*, avait-il dit, je les connais ; les raisons *contre*, je les connais aussi ; et d'un côté comme de l'autre, elles me paraissent également fortes. Que votre inspiration décide ; je m'en remets à elle. C'est un oracle que je demande.

— Mais les oracles peuvent tromper; ils doivent même presque toujours tromper.

— Pas les vôtres.

Alors elle avait pris l'habitude de rendre ainsi des oracles auxquels son mari se conformait avec une foi aveugle : ni les erreurs qu'elle commettait ni la répugnance qu'elle montrait lorsqu'il l'obligeait à intervenir dans ses affaires n'avaient pu le rebuter. Les erreurs, il les expliquait lui-même par cent raisons meilleures les unes que les autres. La répugnance, il la comprenait chez une femme qui, par sa naissance et son éducation, était placée au-dessus de ces choses de la terre; n'étant pas née, n'ayant pas été élevée pour le commerce, il était tout naturel qu'elle n'aimât pas à s'en occuper. Chez elle c'était une preuve de race, que ce mépris de l'argent.

Si d'ordinaire il admettait facilement le peu d'enthousiasme qu'elle montrait à approuver ses projets ou ses plans, il fut peiné de la voir accueillir avec tant de froideur l'idée d'aller habiter Paris pendant la session du corps législatif. Cette fois, ce n'était plus d'une question commerciale qu'il s'agissait, c'était de leur vie, de leur vie intime.

Quelle joie pour lui, si elle avait paru s'associer à son ambition!

Le propre de la nature de M. Donis était le besoin d'approbation ; repoussé du côté de sa femme ou tout au moins assez mal accueilli par elle, il pensa à se tourner vers sa fille. N'était-ce pas elle qui se trouvait la première intéressée dans ce projet de mariage ? Pourquoi ne la pas consulter ? ou plutôt pourquoi ne pas lui parler de ce projet ? Pour l'entretenir de la demande de Sainte-Austreberthe, il n'était pas nécessaire de connaître le résultat de l'enquête qu'on ferait sur celui-ci. Marthe était une fille raisonnable, qui devait savoir ce qui la concernait.

Plein de cette idée, il quitta sa femme et monta à l'appartement de sa fille.

Elle était à son piano. Au bruit que fit la porte en se refermant, elle tourna la tête, et, ayant reconnu son père, elle se leva vivement pour venir lui sauter au cou.

— Ah ! papa, dit-elle en l'embrassant à pleines lèvres, à trois ou quatre reprises, quelle bonne surprise tu nous fais ! nous ne t'attendions pas aujourd'hui.

— Je ne devais pas venir, en effet.

— Tu n'es pas malade, au moins ? Mais non, avec une mine comme ça on ne peut pas être malade ; tu es frais comme le printemps. C'est pour nous voir alors que tu es revenu? C'est bien gentil à toi.

— C'est pour causer avec toi, mon enfant.

Elle regarda son père, et instantanément elle pâlit : son cœur venait d'être étreint par le pressentiment d'un danger.

— Tu me fais peur.

— Je te fais peur, parce que je veux causer avec toi? Tu n'es plus la petite fille que tu étais autrefois, et qui se mettait à trembler quand elle me voyait entrer dans sa chambre pendant qu'on l'habillait, parce qu'elle savait que j'allais la faire compter : sept, huit, neuf, onze. Maintenant tu sais dire dix, maintenant, tu as 19 ans.

— Pas encore, papa.

— Enfin tu es assez grande pour qu'on parle raison avec toi, et c'est pour parler de choses sérieuses, très-sérieuses, que je suis revenu.

— Et moi qui étais gaie!

— Mais j'espère bien que ce que j'ai de sérieux à te dire ne va pas t'attrister. On vient de me demander ta main. Est-ce effrayant ?

— Oh! papa, je t'en prie, ne plaisante pas; si tu savais...

— Mon enfant, je ne plaisante pas; je regarde le mariage comme la chose la plus grave de la vie, et je veux, tu le sais bien, que ta vie soit heureuse.

Voilà pourquoi je te parle de la demande qui m'a été adressée. C'est pour te consulter.

Ce mot lui rendit la respiration ; car, bien qu'elle s'efforçât de sourire, elle étouffait. La consulter, il s'agissait seulement de la consulter : rien n'était donc décidé, rien n'était perdu.

— Et qui nous fait cet honneur? dit-elle en tremblant.

— J'ai reçu la visite de M. le comte de Cheylus, qui est venu me parler au nom de M. de Sainte-Austreberthe.

— M. de Sainte-Austreberthe ! c'est lui ! lui !

— Comme tu dis cela, tu attendais donc sa demande ? Alors elle est la bienvenue.

— Oh ! mon père, je te jure...

— Tu n'as pas besoin de me jurer, mon enfant ; j'ai pleine confiance en toi. Tu me dis que tu n'attendais pas la demande de M. de Sainte-Austreberthe, je te crois.

— Je dis qu'elle n'est pas la bienvenue, et, puisque vous me consultez, je vous dis aussi que M. de Sainte-Austreberthe ne me plaît pas.

— Tu le connais à peine.

— Je le connais assez pour savoir que je n'en veux pas et qu'il ne sera jamais mon mari, jamais, jamais.

— Marthe, dit M. Donis avec sévérité, ce n'est pas là parler raisonnablement.

Elle se mit à genoux devant son père, et s'appuyant sur lui de manière à le regarder dans les yeux :

— Oh! cher père, dit-elle d'une voix suppliante, laisse-moi, je t'en prie, te parler avec sincérité. Tu m'as dit que tu voulais me consulter; tu m'as dit que tu me voulais heureuse...

— En doutes-tu?

— Oh! non, et c'est pour cela que je m'adresse à ton cœur, à ta tendresse, cher père, à ta bonté, crois-moi quand je te dis que je ne pourrais jamais aimer M. de Sainte-Austreberthe et que je serais malheureuse, malheureuse à mourir, si je devenais sa femme.

— Qu'as-tu à lui reprocher?

— Il ne me plaît pas, et puis... j'ai peur de lui.

— Peur de lui? Mais c'est de la folie. M. de Sainte-Austreberthe n'est-il pas le jeune homme le plus élégant que tu connaisses? N'est-il pas beau garçon? Je trouve qu'il a une très-belle tête. En quoi te déplaît-il? S'il était laid ou désagréable, je comprendrais cette aversion instinctive.

— Il a une belle tête, il est élégant, si tu veux; je ne sais pas, je ne l'ai pas regardé.

— Et tu dis que tu as peur de lui ? Voyons, ma chère Marthe, il faut parler raisonnablement, et tout ce que tu me débites là est de la folie. De M. de Sainte-Austreberthe, nous ne savons rien, si ce n'est qu'il est le jeune homme distingué et beau garçon que nous avons vu. Ce jeune homme demande ta main, faut-il la lui accorder ?

— Non, non, mille fois non !

— Voilà, je te le répète, où ta folie commence ; car, avant de répondre, il faut savoir, et tu ne sais pas. Dans le mari qui se présente, il y a trois points à considérer : ce qu'est l'homme. Cela, nous le voyons, c'est un homme charmant.

— Pas pour moi, et tu sais bien qu'on plaît ou qu'on déplaît sans raison, par sympathie ; je ne sais pas comment, mais enfin par une cause toute-puissante.

— Le premier point admis, continua M. Donis, il reste à savoir ce qu'est cet homme moralement, et enfin ce qu'il est socialement. Cela nous ne le savons pas, et, avant de nous prononcer, avant d'accueillir ou de repousser M. de Sainte-Austreberthe, c'est ce qu'il nous faut étudier et c'est ce que je vais faire. Si M. de Sainte-Austreberthe n'est pas digne de toi, nous déclinerons immédiatement sa demande ; si au contraire il en est digne, je veux qu'avant de le refuser formellement tu apprennes à le connaître. Je ne dis pas que je te l'imposerai pour mari ; mais je tiens essentiellement à ce que rien ne se fasse à la légère, ni l'accord ni le refus. Dans ce mariage, j'aperçois des avantages sociaux pour toi comme pour moi ; il est de mon intérêt de père de ne pas les repousser à l'aveugle et tout simplement par cette belle raison que tu as peur d'un homme que tu ne connais pas. Dans notre position, ma chère fille, on ne se marie pas comme les gens de rien, qui n'ont à consulter que leur caprice. Tu es, par ta fortune, un des beaux partis de France ; cela t'impose des devoirs envers la société.

— Mais c'est pour soi qu'on se marie, ce n'est pas pour la société.

— Pour les deux ; de même que quand on fait fortune, c'est pour soi et pour la société. Au reste, tu connais mes idées quant à ce dernier point, tu sais à quels obligations je me crois imposé par ma position ; ces idées je les étends jusqu'au mariage, jusqu'à la mort, c'est-à-dire à tout.

— C'est payer trop cher la fortune, dit Marthe en embrassant son père, et tu me fais envier les pauvres.

XXXIII

Pendant que madame et M. Donis, diversement attaqués ou circonvenus, étaient ainsi amenés à accueillir la demande de Sainte-Austreberthe, M. de Mériolle s'occupait de son côté à lui faire opposition.

Tout d'abord, lorsque Sainte-Austreberthe l'avait quitté en sortant de Château-Pignon, il était resté abasourdi sur la grande route, encore plus accablé de ce second entretien qu'il ne l'avait été du premier. Sa pensée ne pouvait s'arrêter à rien de précis ; elle flottait au caprice de son inquiétude, insaisissable comme une fumée que la brise la plus légère incline tantôt d'un côté, tantôt de l'autre, couche ras de terre ou enlève au ciel, sans jamais lui laisser le temps de prendre une forme fixe.

C'était la première fois qu'il se trouvait jeté au milieu de circonstances aussi graves, et il s'y trouvait perdu comme l'homme qui tombe à la mer sans savoir nager. Quels mouvements faire ? à quoi s'accrocher ? comment se sauver ?

Jusque-là la vie s'était présentée pour lui si facile et si coulante, qu'il n'avait eu d'autre peine que de se laisser vivre, en acceptant des choses comme elles se présentaient.

Enfant, il avait été mis dans une maison d'éducation où les bons pères, chargés de l'élever, avaient reçu pour instruction de ne pas le fatiguer. Qu'il sût quelques bribes de latin, un peu d'histoire sainte, l'ordre des rois de France et les honnêtes légendes des règnes de Henri IV, Louis XIV et Louis XVI, avec cela les noms des huits ou dix grandes villes de l'Europe : c'était plus qu'il n'en fallait pour un homme qui n'aurait pas besoin de travailler.

Jeune homme, il avait trouvé les portes du monde grandes ouvertes devant lui, et il n'avait eu d'autre souci que de savoir comment il dépenserait d'une façon convenable et distinguée, la fortune que son père venait de lui laisser. Ne sachant rien de la vie, se figurant, avec une bonne foi égale à sa naïveté, qu'un homme de sa naissance n'a pas d'autre rôle ou d'autre devoir sur la terre que de dépenser galamment sa fortune en brillant, il s'était religieusement appliqué à remplir ce programme, et il avait eu le bonheur et l'honneur de réussir.

En moins d'une année, il était devenu le type le plus parfait du gandin et du petit crevé qui eût jamais fleuri sur les bords de la Garonne ; de Bordeaux à Toulouse, en passant par Arcachon et Pau, il s'était acquis une célébrité, à ses yeux la plus glorieuse qu'on pût désirer. On copiait le nœud et la couleur de ses cravates, la coupe de ses habits, la forme de ses chapeaux; on parlait de ses soupers; il avait mis à la mode une salade composée, dont il était l'inventeur et qui portait son nom.

Quand il passait à cheval dans les allées de Tourny, il avait la satisfaction de voir les hommes et les femmes se retourner pour le suivre des yeux, et dans les rues commerçantes il y avait des jeunes gens qui se collaient contre les vitres du magasin paternel pour l'admirer. Ils restaient là, bouche béante, devant lui, éblouis, fascinés, et ils l'enviaient comme lui-même, dans ses voyages à Paris, admirait et enviait Sainte-Austreberthe, lorsqu'il l'apercevait à Longchamps ou dans une avant-scène des Variétés.

Pendant plusieurs années, il avait mené cette belle existence, sans que les feuilles de rose sur lesquelles il était couché formassent un seul pli ; par ses mains ouvertes, sa fortune s'était peu à peu écoulée, de façon à accroître sa réputation, et sa gloire s'était enrichie de ce que son patrimoine perdait. Il était universellement reconnu qu'il ne comptait jamais ni avec lui-même ni avec personne, il était l'arbitre de l'élégance. Quel homme était plus heureux que lui ?

Pour compléter ce bonheur, il avait été aimé par madame Donis, et cela juste au moment où il lui devenait assez difficile de continuer à éblouir de son luxe et de sa générosité les vieilles cocottes parisiennes, en déplacement de galanterie dans les villes d'eaux du Midi. Sans doute il eût préféré que sa maîtresse fût mariée à un homme titré, au lieu d'être la femme d'un simple commerçant ; il y avait pour lui quelque chose d'humiliant à penser qu'elle portait un nom bourgeois, et que sa fortune avait été gagnée à vendre du sucre, du poivre et autres denrées coloniales, ni plus ni moins que dans l'épicerie. Mais enfin elle était de race, son sang était noble ; et puis ses équipages étaient les plus corrects de Bordeaux, elle se mettait bien, et sa maison avait vraiment du *chic*.

Enfin c'était « la belle madame Donis » et ce mot seul le remplissait d'une joie orgueilleuse. Il était l'amant de la plus belle femme de Bordeaux.

Et c'était au milieu de ce bonheur tranquille, alors que tout lui souriait, et qu'il se pouvait croire (comme il le croyait réellement) l'homme le plus heureux du monde, que ce terrible coup de foudre venait le frapper. Qu'avait-il fait à la fortune, de quelle faute s'était-il rendu coupable envers elle, pour qu'elle se vengeât aussi cruellement sur lui?

Lorsqu'il commença à se débrouiller un peu dans son désarroi d'idées, il pensa tout d'abord à aller à Château-Pignon. Il avouerait la vérité, toute la vérité à madame Donis; prévenue, elle pourrait aviser et peut-être même se défendre. Si douloureux que fût pour lui cet aveu, il devait l'accepter comme une expiation.

Mais il n'eut pas fait cent pas du côté du château qu'il s'arrêta. Jamais il n'oserait affronter le regard de celle qu'il avait perdue et devant elle parler franchement: il hésiterait, il se jetterait dans les détours, les faux-fuyants, et il sortirait de cet entretien comme il en était déjà sorti, c'est-à-dire en laissant l'inquiétude derrière lui.

Alors, comme il tenait à faire quelque chose qui fût au moins un semblant de justification, il s'arrêta à un moyen qui avait à ses yeux le double avantage de lui épargner la honte d'un aveu d'abord, et ensuite de donner une satisfaction à son orgueil.

Il allait payer les 50,000 francs qu'il devait à Sainte-Austreberthe, et alors, n'ayant plus à traîner ce boulet, il serait maître d'agir comme il voudrait. Puisqu'il avait perdu madame Donis, c'était à lui qu'il appartenait de la sauver, à lui seul ; et il la sauverait.

Lorsque cette idée héroïque eut frappé son esprit, il se sentit rassuré et, sans perdre une minute, il voulut la mettre à exécution. Il marcha rapidement jusqu'au premier village qui se trouvait devant lui, et là, ayant loué une voiture, il se fit conduire à Bordeaux, où, sans s'arrêter, il prit le chemin de fer pour arriver le jour même chez sa mère, qui habitait un petit village entre Sauternes et Bazas.

En mourant, M. de Mériolle père, qui était l'ami de toutes les femmes, la sienne seule exceptée, avait légué toute sa fortune à son fils, et à la mère de celui-ci il n'avait laissé qu'une rente garantie par un capital de 100,000 francs ; la nue propriété de ce capital appartenait au fils, les intérêts à la mère. Lorsque Raymond de Mériolle était arrivé à exploiter la dernière couche de son héritage, il avait pensé à tirer parti de ce capital, mais il n'avait pas réussi ; les prêteurs s'étaient refusés à lui avancer une somme importante sur une rente dont l'usufruitière n'avait que quarante-six ans. Décidé à payer Sainte-Austreberthe coûte que coûte, il voulut faire une tentative auprès de sa mère ; si celle-ci consentait à donner la garantie, il trouverait facilement les 50,000 francs qui lui étaient nécessaires.

Mais, malgré les instances, les prières, les supplications, malgré les explications les plus touchantes, madame de Mériolle refusa imperturbablement cette garantie. C'était une femme dévorée par la phthisie, et que son mal, autant que les souffrances qu'elle avait endurées pendant son mariage, avaient plongée dans une humeur sombre. Vivant tristement dans un petit bien de campagne avec une seule servante, elle pouvait se traîner à peine, et quand elle retrouvait un peu de souffle, c'était pour se plaindre de tout et de tous : du temps, de la vie, de ses voisins, de son médecin, de son curé et principalement de son fils qui l'abandonnait.

— Non, dit-elle, je ne te donnerai point la garantie que tu me demandes. Rien ne me fera céder, et toutes tes explications sont inutiles. Ton père s'est conduit d'une façon misérable et folle avec moi. Si, au lieu de me laisser cette petite rente, il m'avait laissé l'usufruit de sa fortune entière, nous aurions encore cette fortune et tu vivrais largement avec 30,000 francs par an à Bordeaux.

Interrompue par un accès de toux, elle reprit bientôt :

— Du train dont vont les choses, il n'est pas difficile de conjecturer que tu n'auras bientôt plus un sou ; je veux qu'à ce moment tu trouves cette rente que je partagerai avec toi. Prie le bon Dieu qu'il me fasse vivre assez longtemps pour te la conserver ; mais je crains bien que tu ne tardes pas à être maître de ton capital ; je ne peux plus marcher, la fièvre ne me quitte pas, et il m'est impossible de manger. C'est ta faute, à cause des inquiétudes que tu me donnes ; et puis c'est aussi la faute de M. Caupenne ; il veut me soigner à sa guise et il n'entend rien à ma maladie.

Ce fut tout ce qu'il put obtenir et il repartit le soir, comme il était arrivé le matin, en plus mauvaise situation même, car il n'avait plus l'espérance.

Comme il passait devant la maison de M. Caupenne, le médecin, il aperçut celui-ci sur sa porte, et il alla à lui pour savoir à quoi s'en tenir sur l'état de sa mère.

— Elle est bien mal, répondit le médecin, bien bas, et il faut vous attendre à une catastrophe prochaine, imminente.

— Que me dites-vous là ?

— La triste vérité, et c'est mon devoir qui me force à vous en prévenir.

Bien qu'il n'existât pas entre la mère et le fils une tendresse très-grande, M. de Mériolle fut atterré. Il savait sa mère malade, mais il ne la croyait pas mourante. Mourante sa mère, celle qui l'avait élevé... Il se fit un déchirement en lui.

— Il faut la sauver, dit-il; tout espoir ne doit pas être perdu, mon cher monsieur Caupenne.

— Elle est au dernier période de la phthisie, et c'est un miracle qu'elle vive encore.

— Si on ne peut pas la sauver, on peut au moins la prolonger; il faut faire quelque chose. Êtes-vous bien certain de ne pas vous tromper? Si je vous donnais un médecin de Bordeaux en consultation! je suis très-bien avec M. Bertas et aussi avec Gardère.

— Je serais très-heureux d'avoir cette consultation, et si vous voulez attendre un peu, je vais vous écrire quelques renseignements sur l'état de madame votre mère; vous communiquerez mon mot à ces messieurs et celui d'entre eux, qui croira pouvoir faire quelque chose de plus que moi, sera le bienvenu.

Pendant que le médecin écrivait ce mot, M. de Mériolle retourna chez sa mère, sous le prétexte qu'il avait oublié quelque chose, mais en réalité pour l'embrasser; et jamais la malheureuse femme n'avait été embrassée si tendrement.

— Tu m'étouffes, dit-elle; mais c'est égal, comme cela tant que tu voudras.

Il rentra tard à Bordeaux, et il fut obligé de remettre au lendemain, pour voir les médecins qu'il voulait emmener en consultation.

Comme il se rendait chez eux, le hasard voulut qu'il rencontrât un des prêteurs auxquels il avait eu recours le plus souvent, et celui-là même qui, quelques mois auparavant, avait refusé de lui avancer 20,000 francs sur sa nue propriété.

En l'apercevant, une idée terrible lui traversa l'esprit; il marcha à lui, et lui tendant la consultation de M. Caupenne :

— Lisez cela, dit-il, et vous verrez que vous avez eu tort de me refuser il y a six mois.

Après quelques minutes de conversation, le prêteur demanda le temps d'aller voir M. Caupenne, et, le soir même, M. de Mériolle, comme prix de l'abandon de sa nue-propriété, toucha les 50,000 francs qu'il devait à Sainte-Austreberthe.

Aussitôt il courut à la préfecture.

— Nous sommes quittes, dit-il, et maintenant je suis un homme que vous trouverez devant vous.

— Vous savez, dit Sainte-Austreberthe en souriant, que si vous voulez m'acheter mes photographies, elles sont à vendre ; seulement vous trouverez peut-être que je les tiens à un prix un peu élevé, c'est quinze millions.

XXXIV

Sainte-Austreberthe fut assez mécontent de ce remboursement; car, dans la partie qu'il engageait, il voulait avoir tous les atouts en main; et, à ses yeux, c'en était un très-important que de garder barres sur M. de Mériolle.

— Maintenant que ce grand flandrin se croit libéré, se dit-il, il est capable de vouloir se mettre au travers de mon chemin pour me jouer quelque mauvais tour. Heureusement qu'il n'est pas fort. Mais je n'en ai pas moins été maladroit, de lui laisser voir tout ce que je pouvais contre lui et contre madame Donis. J'aurais dû m'en tenir avec lui comme avec elle, à une inquiétude vague. Quelle sottise de faire le bravache! C'est le voisinage de la Gascogne qui m'a entraîné. Aura-t-il le courage d'aller se confesser à sa maîtresse? Le danger est là. Seul, il n'est guère redoutable, mais à deux ils pourraient m'embarrasser. Elle est intelligente et résolue ; il faudrait compter avec elle. Comment diable a-t-elle pu prendre pour amant un pareil nigaud ? Elle aura cru que parce qu'il était bête, elle pourrait faire de lui ce qu'elle voudrait, comme si les imbéciles n'appartenaient pas à tout le monde.

Mais ce mouvement de mauvaise humeur ne tint pas longtemps chez Sainte-Austreberthe ; car, tout en examinant les diverses résolutions auxquelles M. de Mériolle pouvait être poussé, il maniait entre ses doigts les liasses de billets de banque qui avaient été déposées devant lui. Il les comptait, il les empilait, il les divisait de manière à en former des dessins sur la table, et le flic-flac du papier chiffonné produisait un petit bruit qui le distrayait très-agréablement.

— Baste ! se dit-il en forme de conclusion, acceptons gaiement ces 50,000 francs. Il n'osera pas parler ; il est trop timide, trop respectueux avec elle, il l'aime et il la craint ; et puis, en tout cas, j'ai mes photographies : c'en est assez pour les tenir tous deux. Il n'y a qu'à attendre en les surveillant.

Mais il fut dérangé dans cette surveillance par

une dépêche qu'il reçut de son père et qui était ainsi conçue :

« Reviens immédiatement. Je ne puis faire seul ce que tu m'as demandé. J'agis de mon côté, il faut que tu agisses du tien. Il y a urgence. Le succès de l'affaire dépend de ta célérité. »

Cette dépêche à la main, il alla trouver M. de Cheylus pour lui annoncer son départ; il était quatre heures du soir, et il devait prendre le train-poste de six heures trente minutes.

— Comment! s'écria le préfet, vous partez, vous abandonnez Bordeaux?

— Vous voyez qu'il le faut.

— Sans faire une visite à M. Donis?

— Vous m'excuserez auprès de lui.

— C'est assez difficile.

— Vous direz que j'ai été rappelé auprès de mon père malade. Avec un peu d'émotion dans la voix, l'effet est certain sur des braves gens de la province, et, pour mieux colorer cette nouvelle, vous ferez annoncer dans vos journaux que le général de Sainte-Austreberthe vient d'être atteint d'une maladie qui inspire des inquiétudes. Mon empressement à partir me vaudra la réputation d'être un fils dévoué et tendre; ça ne ne peut pas faire mal auprès du beau-père. Demain je vous enverrai une dépêche pour démentir la nouvelle. Quand on sait manœuvrer les journaux, ils peuvent rendre quelques services : c'est pour cela que j'ai toujours toléré auprès de moi les reporters des journaux à informations ; avec une politesse en public, on leur fait dire ce qu'on veut.

— Je ne nie pas que la tendresse filiale ait de l'influence sur la famille Donis, mais il n'en est pas moins vrai que vous lui sacrifiez votre tendresse d'amant ; car enfin vous quittez mademoiselle Marthe pour aller à Paris, et si vous saviez ce que ce seul mot « Paris » représente pour nos jeunes filles de province !

— Hélas ! il le faut bien.

— Vous êtes juge de ce que vous devez faire : mais pour moi je regrette votre départ. Si vous saviez comme vous étiez intéressant ici ? C'était surtout avec M. Donis que vous étiez superbe à voir.

— Et lui ?

— Lui aussi. Vos deux attitudes rendaient le spectacle tout à fait curieux.

— Dites amusant si vous voulez.

— Franchement pour moi il l'était. On sentait qu'entre vous il s'était fait une convention tacite : l'affaire étant entrée dans une phase diplomatique, c'était à des tiers qu'il appartenait de la traiter

Alors l'un et l'autre vous évitiez tout ce qui pouvait y faire allusion. Vous, un futur gendre ? Allons donc ! il n'en avait jamais été question. L'embarras de M. Donis était vraiment très-drôle ; votre aisance était admirable. Ma parole d'honneur ! vous êtes un étonnant comédien ; vous jouez tous les rôles avec une égale supériorité. Triste, gai, tendre, effrayant, comique, tragique : vous êtes l'homme que vous voulez. Quand il vous plaira, vous serez le premier préfet de France.

— Après vous, mon cher comte.

Ils se regardèrent un moment, puis tous deux en même temps ils se mirent à rire.

— Puisque vous prononcez le mot de préfet, dit Sainte-Austreberthe, qui revenait toujours le premier à son affaire, vous me rappelez, cher ami, que j'ai des recommandations de toutes sortes à vous présenter avant mon départ. Sans doute, je m'éloigne en laissant derrière moi une situation qui est bonne, cependant elle n'est pas assurée. En mon absence, je compte sur vous pour parer aux dangers qui peuvent la menacer.

— Et d'où peuvent-ils venir ces dangers ? Il est assez difficile de les prévoir quand on ne connaît pas le fort et le faible de cette situation, ce qui est précisément mon cas. Je vois que M. Donis vous est jusqu'à présent favorable. J'ai cru comprendre que vous aviez des moyens d'influence sur madame Donis, M. de Mériolle est votre ami et même votre lieutenant. Où sont vos adversaires ?

— Ne comptez pas trop sur madame Donis et sur M. de Mériolle.

— Comment cela ?

— M. de Mériolle est furieux contre moi, à propos des 70,000 francs qu'il a eu la bêtise de perdre, et, comme il vient de m'apporter les 50,000 francs qu'il me restait devoir, je ne serais pas surpris qu'il voulût me les faire payer. Quand je vois un homme trop pressé de s'acquitter, je me tiens en défiance : pour moi, il y a dans cet empressement la presque certitude d'un désir de vengeance ; et, quand on paye son créancier, c'est que l'humiliation de lui devoir l'emporte sur la douleur de se séparer de son argent. Et c'est là un indice grave : je n'ai jamais vu une main pleine se tendre vers moi, pour me rembourser, sans regarder si, dans l'autre, il n'y avait pas un revolver armé. Défiez-vous donc de M. de Mériolle.

— Que peut-il contre vous ?

— Si je le savais, je marcherais à lui et je le désarmerais ; j'ai peur de l'inconnu.

— Et madame Donis ?

— Je crains madame Donis, parce que je crains M. de Mériolle.

— Très-bien, très-bien, dit M. de Cheylus en souriant.

— Je vous demande donc de vous tenir sur vos gardes avec eux, et de me prévenir, si vous trouvez quelque chose qui vous inquiète.

— Je ne vois pas en quoi cette demande touche le préfet.

— Aussi n'est-ce ni à madame Donis ni à M. de Mériolle que je pensais, quand je me suis adressé au fonctionnaire.

— C'était à Philippe Heyrem alors ?

— Précisément.

— Il n'est pas à Bordeaux.

— Il peut revenir en mon absence.

— Il a pris un passe-port il y a six jours, c'est-à-dire samedi dernier, pour Murcie, où il a des intérêts dans une mine d'argent; il est parti le lundi, il n'est pas probable qu'il revienne demain. On ne traverse pas toute l'Espagne en quelques jours, et, s'il va à Murcie pendant que vous êtes à Bordeaux, c'est qu'il y est apelé par des affaires importantes.

— Votre explication paraît bonne, mais elle ne me rassure qu'à moitié; parti le lundi, il a été à

Murcie le mercredi ; il peut être de retour ici le dimanche, c'est-à-dire après-demain.

— Cela n'est guère probable.

— Au jeu, je compte sur les probabilités ; mais, pour les choses de la vie, je ne suis pas joueur ; il me suffit qu'un événement puisse se produire pour que je me tienne en défiance contre lui. Que M. Heyrem revienne lundi à Bordeaux, mardi, mercredi, enfin pendant que je suis à Paris ; que d'une façon quelconque, soit par M. Donis, soit par madame Donis, soit par Mériolle, soit même par mademoiselle Marthe, il apprenne que j'ai demandé la main de mademoiselle Donis, ne voyez-vous pas là un danger ?

— Sans doute, mais que faire à cela ?

— Je ne sais pas ; seulement il me semble que, si j'étais préfet, je saurais trouver un moyen d'empêcher M. Heyrem de nous nuire.

— Vous voyez bien que j'avais raison de vous dire que vous pouviez être le meilleur préfet de France ; car là où je n'aperçois pas les moyens d'agir, vous en trouvez, vous. Quels sont-ils, je vous prie ?

— Heyrem, n'est-ce pas, est hostile au gouvernement de l'empereur ?

— Il est orléaniste.

— Cela suffit ; il est en relations avec les princes

d'Orléans; il a été les visiter en Angleterre, et il s'est montré en leur compagnie à Bade, ce que peu de Français ont osé faire; je vous en réponds, moi, qui ai vu l'année dernière le comte de Paris se promenant seul sur l'hippodrome d'Iffetzheim, sans qu'un seul Français s'approchât de lui. C'est donc un homme dangereux; de plus c'est un homme de valeur qui, à un moment donné, pourrait se faire le centre d'une résistance ou diriger un mouvement insurrectionnel. On devrait s'assurer de lui.

— On le devrait peut-être, on ne le peut pas. Heyrem est sur la liste des gens qui seraient immédiatement arrêtés, si certaines circonstances graves et imprévues se produisaient; son mandat d'arrêt est tout préparé. Mais, pour le mettre à exécution, il faut que les circonstances auxquelles je fais allusion arrivent; et, tant qu'elles restent simplement dans le domaine des probabilités, je ne peux rien contre lui en ma qualité de préfet, et, comme c'est malgré tout un homme aimable, je lui serre la main. Il est vrai que, depuis qu'il m'a rangé dans la classe des oiseaux de proie, je lui garde une dent; mais je sais attendre, et plus nous attendrons, plus elle sera longue.

— Je comprends que vous attendiez, mais je ne

suis pas dans les mêmes conditions que vous : je suis menacé.

— Prouvez-moi qu'il conspire, fournissez-moi une raison, même un prétexte pour le faire arrêter, et je n'hésite pas. Mais, pour le moment, en pleine tranquillité, il n'est pas suffisant de dire qu'il est orléaniste. Cela est fâcheux, j'en conviens avec vous, mais il faut respecter quand même les apparences de la légalité.

— Pourquoi ne le ferions-nous pas enfermer comme fou? Une fois qu'il serait dans un hospice d'aliénés, on pourrait le garder longtemps.

— Cher ami, dit M. de Cheylus en riant aux éclats, je ne suis pas un préfet à poigne ; je ne suis pas un dompteur; je suis un charmeur; je passe la main sur le dos de mes ennemis, je leur siffle un petit air de musique, et je les fais ainsi marcher, payer et danser. Ne me sortez pas de ma manière, je ne ferais rien de bon.

— Enfin, dit Sainte-Austreberthe, je vois que ce que j'ai de mieux à faire, c'est de revenir le plus vite possible.

— Sans aucun doute ; seulement, puisque vous allez à Paris, profitez-en pour vous occuper des projets de M. Donis sur l'amélioration de la navigation dans la Gironde. Faites écrire le ministre, faites-le agir. Qu'il soit bien prouvé que vous avez une puissance réelle et que vous obtenez ce que vous voulez.

— En peu de jours, il sera difficile d'obtenir quelque chose.

— Des promesses, cher ami ; le monde se nourrit de promesses. Maintenant, comme il est difficile, j'en conviens, de décider une aussi grosse affaire d'un mot, faites-moi nommer commandeur de la Légion d'honneur. On verra que vous savez servir vos amis, et c'est une bonne manière pour en acquérir de nouveaux. En un mot, éblouissez-nous de votre crédit.

XXXV

Le train-poste de Bordeaux arrive à Paris à cinq heures et demie du matin. Sainte-Austreberthe, qui connaissait les habitudes de son père, et qui savait que jamais et en aucune circonstance, le général n'avait changé les heures de ses repas et de son lever, n'eut pas l'idée de se présenter devant lui à une heure si matinale ; il eût été vraiment bien reçu, et il en eût entendu de belles.

A dix heures, le général se levait ; jamais avant, jamais après. De dix heures à onze heures, il se livrait aux mains habiles de son valet de chambre, et, naturellement, il n'était pas visible. A onze heures, il déjeunait, et c'était le bon moment pour traiter avec lui les affaires sérieuses ; la vue de la table bien servie et le fumet des mets préparés le mettaient de belle humeur ; lorsqu'on avait enlevé les cloches d'argent qui recouvraient les plats et lorsqu'on avait débouché les bouteilles, il était prêt à écouter et à discuter les questions les plus difficiles ; avec son appétit, son esprit s'était éveillé. C'était dans l'estomac qu'était placé chez lui l'organe de la bienveillance.

Dans ces conditions, Sainte-Austreberthe ne pouvait pas se présenter chez le général avant le déjeuner, et, si pressé qu'il fût d'apprendre pourquoi on l'appelait à Paris, il avait cinq heures à attendre. Il se fit donc conduire à la Sainte-Barbe ; mais, en traversant la place de la Concorde, l'idée lui vint d'aller faire une visite matinale à Balbine. Elle demeurait rue Royale, il passait près d'elle. Depuis trois semaines qu'il était à Bordeaux, il n'avait pas eu de distractions, et précisément parce qu'elle n'était plus sa maîtresse, elle avait pour lui un certain attrait de curiosité. Comment allait-elle le recevoir, si elle le recevait ? Il sonna pendant plus de dix minutes à la porte de l'appartement avant qu'on vînt lui ouvrir, et il allait partir, croyant qu'on ne voulait pas ouvrir, quand la porte s'entre-bâilla.

— Comment ! c'est vous, monsieur le vicomte ? s'écria la femme de chambre, que la vue de Sainte-Austreberthe réveilla mieux que n'avaient pu le faire les coups de sonnette.

— Madame peut-elle me recevoir ?

— Madame dort.

— S'il n'y a que cela, j'entre.

Le bruit qui s'était fait à la porte et qui s'était continué dans l'antichambre avait traversé la salle à manger et le salon, pour aller réveiller mademoiselle Balbine. Quand Sainte-Austreberthe arriva près d'elle, il la trouva se frottant les yeux et répétant machinalement : Qu'est-ce que c'est ?

— Comment ! c'est toi ? s'écria-t-elle en reconnaissant Sainte-Austreberthe ; — puis, se mettant à rire, — il n'y a que toi pour vous faire de pareilles surprises.

— Comme il n'y a que toi pour les supporter bravement.

— Conviens, mon cher, qu'on ne tombe pas chez une femme à six heures du matin, sans avoir fait crier gare la veille au soir. C'est de la dernière imprudence, et il faut reconnaître que tu as une fameuse veine. Si jamais ma vertu était attaquée et persécutée, tu serais mon témoin, n'est-ce pas ?

— Alors ?

Elle se drapa en riant :

— Ce que j'étais hier, je le suis aujourd'hui.

C'est un vers, n'est-ce pas ? Mais j'ai mieux que des vers plus ou moins faux pour te répondre, viens voir.

Elle le prit par la main et, le conduisant à un meuble dont elle tira un tiroir :

— Regarde. Voilà tes bibelots : ils y sont tous, et tu peux les compter ; il n'y en a pas plus, il ne s'en est pas glissé d'adultères parmi eux. Peut-on savoir ce qui me procure l'honneur de ta visite ?

— Je viens te demander l'hospitalité en attendant que mon père s'éveille.

— Ce n'est pas chez le général que tu oserais t'introduire à six heures du matin : et l'on dit du mal des femmes ! Ah ça ! d'où viens-tu ? Personne n'a pu me dire où tu étais.

— J'étais en province.

— C'est grand la province. As-tu trouvé une femme au moins ? En voilà une idée de se marier. Qu'est-ce qui a pu te mettre ça dans la tête ? Mais, mon cher, tu n'es pas plus fait pour le mariage que... que moi. Une femme, des enfants : je ne te vois pas dans ce rôle-là. C'est Gil Perez dans la tragédie. Il arrive un moment où l'idée du mariage vous prend tous : c'est comme la coqueluche, qui attrape les enfants à un certain âge. Vous avez roulé sur tous les oreillers brodés de Paris, vous êtes las ; vous voulez vous marier. Puis vous n'êtes pas plus tôt mariés que vous nous revenez. Ma parole d'honneur, on dirait que vous ne cherchez dans le mariage que les moyens de nous faire un sort.

— Tu sais que le « professeur de morale » n'est pas un bon rôle pour toi.

— Je ne joue pas la comédie, je parle par expérience. Si j'avais voulu te donner un successeur, sais-tu qui ce serait?

— J'aime autant ne pas le connaître.

— Eh bien! ce serait un de tes anciens amis, le marquis de Virrieux. Il est marié depuis deux ans à peine. Mademoiselle Charroux, sa femme, est très-gentille ; il a un enfant, et, malgré tout, il en a assez du mariage. Il m'a déjà donné une maison à Auteuil, et si je n'y ai pas encore pendu la crémaillère, c'est que je n'ai pas voulu.

— Virrieux?

— Oui, Virrieux, et dans deux ans, si tu te maries bientôt, tu feras comme lui et même mieux que lui, car tu es un autre homme ; je te connais. Tu sais, n'envoie pas aux renseignements chez moi: amant, oui ; mari, jamais. Oh! la pauvre petite !

— Si tu voulais parler d'autre chose, dit Sainte-Austreberthe ; ce n'est pas précisément pour cela que je suis venu te faire visite.

On parla d'autre chose, et dix heures et demie arrivèrent bien vite.

Quand Sainte-Austreberthe se présenta chez son père, celui-ci allait se mettre à table.

— Tu arrives à propos, dit le général d'une voix joyeuse; nous allons déjeuner ensemble, et nous pourrons causer en mangeant : deux plaisirs à la fois.

Cependant on ne causa pas tout de suite, et l'on attendit que le domestique, qui servait le déjeuner, fût sorti en fermant la porte derrière lui.

Alors le général, posant ses deux coudes sur la table, de manière à bien respirer l'arome du café versé dans sa tasse, s'adressa à son fils :

— Tu as été surpris par ma dépêche, n'est-ce pas, et tu t'es dit que je t'appelais à mon aide parce que j'étais un paresseux?

— Pas précisément.

— Tu as eu tort; je ne suis pas homme à mettre de la négligence ou de la mollesse dans une affaire qui nous intéresse si vivement, tous deux.

— C'est juste.

— Quand j'ai reçu ta lettre, qui me disait que M. Donis allait très-probablement s'adresser à M. Charroux pour obtenir des renseignements sur toi, et cela parce que M. Charroux, après avoir été son collègue au corps législatif, était resté son meilleur ami, je ne m'en suis pas tenu, comme tu me le conseillais, à voir M. Charroux pour le disposer à envoyer une réponse favorable; j'ai fait plus.

— Et quoi donc?

— Ce que je vais te dire est presque un secret d'État, tu dois donc l'oublier en sortant d'ici. J'ai voulu savoir dans quels termes M. Donis s'adressait à Charroux et ce qu'il lui demandait précisément; car, si je parvenais à savoir cela, j'étais en meilleure situation pour inspirer la réponse. Tu sais que Charroux habite la rue Saint-Nicolas-d'Antin, et le hasard a voulu que le service de la surveillance des lettres fût très-bien organisé dans ce quartier. J'ai demandé que les lettres adressées à Charroux et portant le timbre de Bordeaux fussent l'objet d'une surveillance spéciale. Comme je pouvais en ce moment faire cette demande dans des conditions particulières qui ne permettaient pas le refus, on me l'a accordée, de mauvaise grâce, il est vrai, mais peu importe. Deux jours après la réception de ta lettre, il en est arrivé une à l'adresse de Charroux venant de Bordeaux. Au lieu de la remettre à son adresse, le facteur attaché au service de la sûreté publique l'a déposée chez un concierge engagé dans ce service; là on l'a prise, on l'a portée chez l'agent chargé d'ouvrir les correspondances surveillées. Après l'avoir copiée, on l'a recachetée, et M. Charroux l'a reçue à la septième distribution au lieu de la recevoir à la première. En même temps je recevais la copie.

— Vous l'avez ?

Le général acheva le café qui était dans sa tasse, et, étant passé dans son cabinet, il en revint bientôt portant une feuille de papier plié en deux.

— Je ne te la donne pas, dit-il; prends-en seulement connaissance.

La lettre était longue. Pendant que Sainte-Austreberthe la lisait, le général s'occupa à verser dans sa tasse un mélange de café et de cognac, dosé dans de savantes proportions. Dans ses excursions en Normandie pour la remonte et les haras, il avait fait une étude approfondie du *gloria*, et il mettait une certaine coquetterie à préparer ce mélange, qu'il réussissait d'ailleurs d'une façon magistrale. Exempt de préjugés, il ne demandait de titres de noblesse ou de distinction ni aux mets qu'il consommait ni aux femmes qu'il aimait; et si les unes flattaient son goût, si les autres excitaient ses désirs, c'était assez pour qu'il les adoptât. Le bonheur de l'homme est borné, disait-il; c'est une sottise de ne pas chercher à étendre ses limites.

— Tu vois, dit-il quand Sainte-Austreberthe eut achevé la lecture de la copie, qu'il y a trois points principaux dans la lettre de ton futur beau-père. Dans le premier, il s'adresse à l'amitié, à la probité, à la finesse, à la droiture de Charroux, pour obtenir sur nous, toi et moi, des renseignements précis et sincères, et il compte que, par sa position et ses relations, Charroux est à même de les lui donner mieux que personne.

— Est-ce vrai?

— Parfaitement vrai. Dans le second point, M. Donis, pensant que Charroux, qui peut et doit me très-bien connaître, est dans des conditions moins favorables à ton égard, demande qu'en ce qui te touche, on consulte le marquis de Virrieux, qui a été ton camarade et qui a vécu dans ton monde avant d'épouser mademoiselle Charroux. Enfin, dans le troisième, M. Donis prévient Charroux que, pour s'entourer de toutes les références possibles, il adresse une seconde lettre au père La Chappelle, qui, de son côté, fera une enquête différente. Voici la position très-claire : nous avons contre nous Charroux, le marquis de Virrieux et le père La Chapelle. Sur Charroux, j'ai des moyens d'action; il a besoin de nous et de moi en particulier. Sur le père La Chapelle, j'ai des moyens d'influence. Je crois donc pouvoir me charger d'eux tout seul.

— Mais M. Charroux n'a-t-il pas déjà répondu à M. Donis?

— Non, car la lettre de M. Donis n'a été remise chez lui qu'avant-hier seulement, et il était parti le matin pour Deauville, d'où il ne revient que demain. C'est demain qu'il lira cette lettre, et, avant qu'il réponde, j'aurai le temps d'agir. De ton côté, il faut que tu emploies les quelques heures que nous avons devant nous, à agir sur le marquis de Virrieux ou autour de lui. Je ne le connais pas, je ne suis pas de son âge, je n'ai pas de relations avec ses amis; c'est à toi qu'il appartient d'arranger les choses de telle sorte que, consulté sur toi par son beau-père, il ne te soit pas défavorable. Comment es-tu, comment étais-tu avec lui?

— Bien; mais, alors même que Virrieux parlerait de moi comme il parlerait de lui-même, cela ferait une mauvaise impression sur M. Donis, qui ne comprend absolument rien aux habitudes de notre monde.

— Peux-tu faire parler Virrieux autrement?

— Je ne sais pas, c'est à voir.

— Eh bien! alors, vois : on peut dire que ton affaire est entre tes mains. Jusqu'à présent je reconnais qu'elle a été bien menée, et je te félicite; mais rien n'est fait tant qu'il reste quelque chose à faire. Voilà pourquoi je t'ai appelé. Cela t'a contrarié de quitter Bordeaux?

— Cela m'a gêné; j'ai là-bas des adversaires qu'il était nécessaire de surveiller.

— Et puis cela t'a ennuyé de quitter la jeune fille; car j'espère bien que tu l'aimes, cette enfant?

— Mon Dieu, mon père, je n'en sais rien, et c'est même là une contrariété pour moi. J'avais cru que, me trouvant en face d'une jeune fille honnête et charmante, ce qu'est réellement Marthe, je sentirais mon cœur se remplir d'un sentiment que jusqu'alors je n'ai pas connu. Ce sentiment n'est pas éclos, mon cœur ne s'est pas ouvert. Sans doute Marthe me plaît, elle me plaît même beaucoup; mais je ne ressens pour elle rien que je n'aie déjà ressenti pour d'autres, et, à vrai dire, ce que je ressentais n'était pas grand'chose; du désir, oui; mais de l'amour tel qu'on le comprend dans le monde, non. Cela me manque.

— Allons, décidément tu es très-fort; seulement je ne sais pas si je dois t'admirer ou te plaindre. En tous cas, je ne t'envie pas et pour mon compte, j'aime mieux toutes les faiblesses dans lesquelles les femmes m'ont fait tomber, que ta force.

XXXVI

Sainte-Austreberthe sortit de chez son père fort embarrassé.

Pendant plusieurs années, Virrieux et lui avaient été amis ou tout au moins ils avaient vécu dans le même monde, se rencontrant dans les mêmes cercles, dans les mêmes restaurants, chez les mêmes femmes : il pouvait donc donner sur ses habitudes et sur son caractère les renseignements les plus précis.

Et c'était là qu'était précisément le danger. Avec ses idées d'ordre et de régularité, il était bien certain que M. Donis ne comprendrait absolument rien au genre d'existence qu'on avait mené à la Sainte-Barbe pendant plusieurs années.

Il fallait donc que Virrieux glissât légèrement sur les côtés scabreux de cette existence, et ne parlât de la Sainte-Barbe que comme d'une société de jeunes gens lancés à corps perdu dans les plaisirs de la vie parisienne ; et encore cela serait-il assez difficile à faire accepter par M. Donis.

Par quels moyens l'amener à cela ? Il était impossible de le lui demander franchement : d'abord parce qu'on ne pouvait pas avouer qu'on savait qu'il serait consulté, et puis ensuite parce qu'il était homme à dire juste le contraire de ce qu'on attendait de lui. Plus d'une fois il avait eu à se plaindre de Sainte-Austreberthe, des causes graves de dissentiment et de rivalité avaient existé entre eux, et il était à craindre que, trouvant une occasion de faire payer ses anciens griefs, il en profitât.

Toutes les fois que Sainte-Austreberthe s'était trouvé dans des circonstances périlleuses, et cela lui était arrivé souvent, il avait toujours su prendre une prompte résolution, en faisant la part du feu. Il recourut encore à cette méthode héroïque, et, ne pouvant supprimer son passé comme on brûle une lettre compromettante, il décida de s'attacher seulement au présent. Alors, partant de cette idée qu'il fallait qu'on le représentât à M. Donis comme un homme tout différent aujourd'hui de ce qu'il avait pu être autrefois, il pensa à se servir de Balbine ; et, des Tuileries à la rue Royale, il bâtit un plan qui devait amener ce résultat.

— Décidément tu es l'homme des surprises, dit Balbine en le voyant entrer; tu arrives quand on ne t'attend pas.

— Je te gêne?

— Pas le moins du monde; je te répète ce que je t'ai dit ce matin, je suis libre.

— Et cela ne commence pas à t'ennuyer?

— Mon Dieu! que les hommes sont bêtes... sans exception! Mais pourquoi me demandes-tu ça? car avec toi, il faut faire attention à tout, et quand tu as l'air de lâcher une bêtise, c'est bien souvent une finesse.

— Pour savoir simplement si tu t'ennuies de ta liberté, parce que si elle t'ennuyait...

— Tu as vu Virrieux?

— Si tu ne dis pas de bêtises, toi, tu te rattrapes sur les grossièretés; sais-tu que c'est roide de me demander si je parle pour le compte de Virrieux?

— Crois-tu que ce ne soit pas roide de me conseiller de renoncer à ma liberté? Comment? j'ai la bonté d'être fidèle à M. le vicomte ou plutôt à son souvenir, et M. le vicomte vient me dire : « Fais-moi l'amitié de me remplacer plus vite que ça? » Et tu reviens exprès pour me débiter ce compliment? Pourquoi ne me l'as-tu pas servi ce matin?

— Parce que ce matin ta constance me flattait,

tandis que maintenant elle m'inquiète. Ce matin, j'arrivais de la province, je n'avais vu personne ; tandis que maintenant j'ai rencontré quelques amis et chez tous ça été le même cri : « Vous savez que Dalbine est un modèle de fidélité ; c'est incroyable, c'est admirable ; il faut qu'elle vous aime terriblement. »

— Eh bien ?

— Eh bien ! cela est certainement admirable, et j'en suis touché comme je dois l'être, mais dans ma situation cela devient dangereux. Tu sais que j'ai un futur beau-père, un papa beau-père, comme on dit à ton ancien théâtre ; en ce moment, il est en train de faire une enquête sur mon compte. Que dira-t-il, s'il apprend que, pour épouser sa fille, j'ai quitté une maîtresse, mais que, de son côté, cette maîtresse ne veut pas me quitter ?

— Il dira : « Tout est rompu, mon gendre. »

— Et c'est là justement ce que je ne veux pas qu'il dise ; voilà pourquoi, puisque tu dois me donner un jour ou l'autre Virrieux pour successeur, je serais bien aise que ce fût...

— Tout de suite. Franchement je n'ai pas envie de te flatter, mais je peux dire que je n'ai jamais vu ton pareil.

— Et sais-tu ce que tu devrais faire? continua Sainte-Austreberthe sans s'émouvoir.

— Non, mais venant de ta part je suis certaine d'avance que c'est original; aussi, pour la curiosité de la chose, je te promets d'avance de suivre ton conseil.

— Alors tu dis à Virrieux que tu acceptes sa maison, et, pour fêter la crémaillère, tu invites d'Espoudeilhan, Chicot Palluel, le duc, Montrevault, et quelques-unes de tes amies; enfin tu m'invites moi-même. Après le dîner, tu t'arranges pour qu'une grosse partie s'engage entre les hommes, ce qui ne sera pas difficile puisque le duc sera là.

— Si tu veux ruiner Virrieux, je m'y oppose, attendu que je me réserve ce soin.

— Sois tranquille; je ne toucherai pas une carte.

Balbine réfléchit un moment, puis lui tendit la main.

— Eh bien! dit-elle, ça va. Puisque c'est là le conseil que tu me donnes en guise d'adieu, je l'accepte. Nous verrons qui rira le dernier. Ton jour?

— Demain, après-demain.

— Après demain alors, je t'écrirai l'heure.

Sainte-Austreberthe employa ces deux jours à s'occuper de l'amélioration de la Gironde. Avec son père, il vit les ministres, les chefs de division, les ingénieurs, et l'on organisa un commencement d'agitation autour de cette question. Une note fut insérée au *Journal officiel* pour informer le commerce de Bordeaux que le gouvernement se préoccupait de ses plaintes, et qu'on allait bientôt prendre des mesures importantes pour donner satisfaction aux justes demandes des populations ; cette note insista à plusieurs reprises sur le zèle de M. Donis, et rendit justice à son activité et à sa persévérance. En même temps le général fit agir les influences toutes-puissantes dont il disposait, de manière à obtenir en faveur de son fils des promesses qui eussent aux yeux de M. Donis la valeur d'un engagement formel, et ces promesses, il les obtint telles qu'il les pouvait désirer.

Le surlendemain, à huit heures, Sainte-Austreberthe fut reçu, dans la maison d'Auteuil, par Balbine, qui avait près d'elle le marquis de Virrieux. Les autres convives étaient déjà arrivés ; les hommes étaient ceux qu'il avait fait inviter ; les femmes étaient le dessus du panier des vieilles célébrités du tour du lac, c'est-à-dire pour lui d'anciennes connaissances. Parmi elles, il s'en trouvait une cependant qu'il n'avait jamais vue : celle-là avait dix-sept ans à peine, et son admirable beauté virginale contrastait étrangement avec les charmes travaillés de ses compagnes, sa simplicité avec leur luxe.

— Quelle est cette merveille? demanda Sainte-Austreberthe à Balbine.

— C'est ma vengeance ; tu m'as donné Virrieux, je te donne Léonide. Suis-je assez bonne? J'ai eu l'attention de te choisir ce qu'il y a de mieux dans la mousseline, puisque maintenant tu n'aimes plus que la vertu. Sois aimable avec elle, quand ce ne serait que pour Virrieux, qui a été vraiment très-bien quand je lui ai signifié que je voulais t'avoir pour te faire mes adieux.

Si les hommes étaient les plus beaux joueurs du monde parisien, ils n'en étaient pas par contre les plus beaux parleurs ni les esprits les plus fins ; mais peu à peu les femmes s'animèrent, et en répétant les drôleries et les bons mots qu'elles avaient appris, la veille ou le matin, de leurs amants qui payaient en esprit, elles apportèrent un peu de gaieté dans ce dîner, qui menaçait d'être triste. Les vins aussi commencèrent à agir et à délier les langues.

— A la bonne heure, s'écria Balbine à un moment où les conversations tournaient à l'intimité, c'est un dîner de fiançailles et non de funérailles.

Seuls Sainte-Austreberthe et Léonide ne paraissaient pas donner ce caractère à leur entretien, et, tandis que peu à peu les convives s'étaient formés en groupes de deux, le voisin et la voisine, ils en étaient restés au même degré de froideur qu'au début du dîner. Sainte-Austreberthe avait vraiment bien autre chose à faire que de s'occuper de cette petite fille, qui se tenait immobile sur sa chaise, n'osant pas parler, n'osant pas manger, rougissant quand les hommes la regardaient ou bien lui adressaient un mot, étouffant quand les femmes lançaient quelques drôleries par trop salées.

A dix heures, le dîner prit fin. Dans le salon, une table de jeu était préparée.

— Messieurs, dit Balbine, il faut qu'il soit bien entendu, une fois pour toutes, que vous êtes ici chez vous et que chacun doit prendre son plaisir où il le trouve.

Les hommes ne se firent pas prier, car les cartes avaient plus d'attrait pour eux que les femmes.

— Eh bien, Sainte-Austreberthe, vous ne prenez pas cette chaise ? demanda le marquis de Virrieux.

— Non, merci ; je ne joue pas...

— Avant trois heures du matin, dit le baron d'Espoudeilhan, qui connaissait le système du vicomte.

— Ni à trois heures ni à six, ni maintenant ni jamais.

— C'est un vœu alors ?
— Peut-être.

Ce fut un feu nourri d'exclamations et de railleries.

— C'est un converti, dit Balbine. Il ne boit plus, il n'aime plus, il ne joue plus; c'est l'homme de son nom, une sainte. Sainte-Nitouche remplace Sainte-Austreberthe.

Comme on connaissait généralement l'état de gêne de Sainte-Austreberthe, on trouva une explication toute naturelle à cette réserve.

— Il n'a plus le sou ! dit un des joueurs à l'oreille de son voisin, mais assez haut cependant pour que Sainte-Austreberthe l'entendît.

Sans se fâcher, celui-ci alla s'asseoir sur un divan, à côté de Léonide, qui, pour se donner une contenance, regardait un album, et il se mit à la faire causer. C'était une manière comme une autre de tuer le temps, et il en avait de reste devant lui, car il importait à la réussite de son plan de ne se retirer qu'avec les derniers joueurs.

Isolée dans son coin et n'étant plus un sujet de curiosité pour les convives, la jeune fille répondit sans trop d'embarras aux questions qui lui étaient posées avec douceur; en moins d'une heure, Sainte-Austreberthe sut son histoire entière.

Alors se levant, et allant trouver Balbine, qu'il prit à part :

— C'est vrai, dit-il, l'histoire de cette petite ? Sa mère est mourante et dans quelques jours on va vendre ses meubles.

— Tout ce qu'il y a de plus vrai. La mère est ma blanchisseuse de dentelles : c'est une femme qui a eu autrefois une position et qui, ayant perdu son mari ruiné, a été obligée de travailler pour vivre. Elle revenait sur l'eau quand un procès l'a rendue responsable d'une dette de son mari. Il s'agit de 10,000 fr. On l'a saisie. De plus, elle est mourante. Alors j'ai eu pitié de la petite et je l'ai habillée. Si elle devient ton élève, ça la mettra en bon chemin.

Sainte-Austreberthe revint s'asseoir près de Léonide.

— Je viens de parler de vous avec mademoiselle Balbine, dit-il, et ce qu'elle m'a dit de vous me rend tout à fait votre ami. Acceptez, je vous prie, ces 10,000 fr., — il lui glissa une liasse de billets de banque, — et rentrez chez madame votre mère, qui a besoin de vous. Ce n'est pas un don, c'est un prêt. Vous savez mon nom, cela suffit. Dites adieu à mademoiselle Balbine et pardonnez-lui : son intention n'était pas mauvaise.

Un quart d'heure après, Balbine rentra seule dans le salon.

— Messieurs, dit-elle en mettant la main sur la table de jeu, il vient de se passer une chose prodigieuse qui doit être connue.

Alors elle raconta, malgré l'opposition de Sainte-Austreberthe, comment la petite Léonide venait de partir avec dix mille francs.

— Que ceux qui y comprennent quelque chose lèvent la main, dit-elle ; pour moi, j'admire.

Personne ne leva la main, et tout le monde se regarda avec stupéfaction : comme l'avait dit Balbine, la chose était prodigieuse.

Quand le premier moment d'émotion fut calmé, elle s'approcha de Sainte-Austreberthe :

— Tu sais que je t'adore, lui dit-elle à voix basse; je vais faire une scène à Virrieux et le renvoyer à sa femme. Reviens à 7 heures.

— Je pars à 10 heures pour Bordeaux.

— Viens tout de même, quand ce ne serait que pour dix minutes.

XXXVII

— Eh bien! dit M. de Cheylus en voyant arriver Sainte-Austreberthe, êtes-vous content de votre voyage?

— Je crois qu'il aura de bons résultats, mais il ne faut pas vendre la peau de l'ours avant que l'ours ne soit né; attendons.

Et ce fut tout ce qu'il voulut dire : il était fatigué du voyage; il demanda à se retirer.

Le lendemain, en sortant, sa première visite fut pour M. Donis, qu'il alla trouver au comptoir du quai des Chartrons. Il fut reçu par le négociant comme il ne l'avait jamais été : chaudes poignées de main, sourires affectueux, paroles du cœur, ce qu'on donne à un ami intime. L'article du *Journal officiel* avait produit l'effet espéré.

— Je vous prie de me pardonner, dit Sainte-Austreberthe, qui pour la première fois de sa vie trouvait que l'épicerie sentait bon, si je suis venu vous déranger au milieu de vos affaires...

— Vous ne me dérangez nullement.

— Mais, ayant à vous parler d'affaires, j'ai pensé que vous voudriez bien m'excuser si je n'attendais point à ce soir pour vous communiquer les bonnes nouvelles que j'apporte. Dans mon voyage à Paris si brusquement décidé...

— Comment va le général, je vous prie?

— Bien, je vous remercie. Son indisposition n'avait pas de gravité, et je me suis alarmé trop tôt; mais un père, vous savez, on perd la tête, et, au premier mot d'inquiétude, le cœur vous emporte.

— Ces sentiments vous honorent.

— Enfin mon rapide voyage à Paris a été bon à quelque chose, puisqu'il m'a permis de m'occuper du projet qui vous préoccupe si vivement.

— J'ai vu, par le *Journal officiel*, que vous aviez mis le temps à profit.

— Comment! le *Journal officiel* s'est déjà occupé de la question?

— Assurément; tenez, voici l'article.

Et M. Donis tendit à Sainte-Austreberthe un numéro de l'*Officiel*, qui avait déjà dû passer par bien des mains, tant il était chiffonné et usé dans les plis.

Sainte-Austreberthe le prit et, après avoir cherché un instant, il se mit à lire attentivement l'article, comme s'il ne le connaissait pas.

— Voilà qui est bien, dit-il en rendant le journal à M. Donis ; cet empressement me paraît d'un heureux augure, c'est un indice qu'on tiendra les promesses qu'on nous a faites. C'était justement de ces promesses que je venais vous entretenir ; maintenant ma visite est inutile, puisque vous en savez autant que moi.

Mais M. Donis ne l'entendait pas ainsi ; il voulait, au contraire, l'histoire complète et détaillée des démarches de Sainte-Austreberthe, et celui-ci lui arrangea un récit qui fit encore plus de plaisir au négociant, que ne lui en avait fait la lecture de l'*Officiel*.

Sainte-Austreberthe avait un véritable talent pour composer et débiter des histoires de ce genre. Sans rien préciser, sans nommer personne, sans citer un seul chiffre ou une date, il sut persuader M. Donis que la question si importante de l'amélioration du cours de la Gironde était entrée dans une phase nouvelle.

— Au reste, dit-il avec une modestie parfaite, je n'ai été que la mouche du coche dans cette affaire ; la poire était mûre, il n'y avait qu'à tendre la main pour la recevoir. Tout le monde dans le gouvernement, du haut jusqu'en bas, savait que la question s'imposerait un jour ou l'autre ; et il est bien certain que, si la députation de la Gironde avait voulu s'en occuper, la question serait venue depuis longtemps à l'ordre du jour. Il est donc bien regrettable, en se plaçant à ce seul point de vue, que vous ne soyez plus député.

Et sur ce mot, qui devait donner à réfléchir à M. Donis, il prit congé. Quant à sa demande et à ses espérances, il n'y fit pas la plus légère allusion ; à un certain moment, M. Donis ayant voulu aborder ce sujet, il détourna la conversation pour la rejeter sur la Gironde. Le cours de la Gironde, l'embouchure de la Gironde, le courant, le jusant, les bancs de sable, les dunes, les vases : il ne paraissait pas qu'il y eût pour lui d'autre affaire au monde que celle-là, et il en parlait si bien, qu'il eût assurément *collé* l'ingénieur du service maritime, si celui-ci s'était trouvé là pour lui faire opposition.

En arrivant sur le quai, Sainte-Austreberthe se trouva face à face avec M. de Mériolle qui se préparait à entrer chez M. Donis. M. de Mériolle parut stupéfait, et ce fut à peine s'il salua Sainte-Austreberthe ; mais celui-ci marcha sur lui en souriant de son sourire des mauvais jours.

— Tant que nous serons à Bordeaux, dit-il, il me paraît convenable que nous gardions en public l'attitude que nous avions autrefois; n'est-ce pas votre avis?

— Je n'accepte pas cette leçon, dit M. de Mériolle avec roideur.

— Parce que vous n'avez pas réfléchi ; mais tantôt, demain, quand vous aurez compris que nous ne pouvons nous fâcher qu'en disant la vérité, ce qui nous gênerait tous deux, vous verrez que j'ai raison.

— Et s'il me convient de dire la vérité ?

— Dites-la, seulement je crois que vous aurez tort : vous serez déshonoré, madame Donis sera perdue, et vous ne m'empêcherez pas d'épouser mademoiselle Marthe, car il me sera facile de prouver qu'en vous arrachant le secret de madame Donis, je n'avais d'autre but que de rompre une liaison coupable et de ramener une femme malheureuse à son mari. Et c'est là un beau rôle. Tout le monde sera pour moi, personne ne sera pour vous. Pesez donc vos paroles avant de parler, et vos actions avant d'agir. Ainsi, dans le cas où votre intention serait en ce moment de m'aller démolir auprès de M. Donis, ce qui me paraît probable, à en juger par votre air redoutable, réfléchissez que vous auriez tort de céder à ce mouvement héroïque. Vous m'avez déjà menacé de vous mettre devant moi et de me barrer le chemin; sérieusement ne faites pas cela. Je ne veux pas, comme vous, employer le langage de la menace, ce qui n'est pas d'un galant homme; cependant je vous préviens que, si je n'épouse pas mademoiselle Marthe, vous aurez tout à craindre de moi.

— Le jour où je n'aurai plus de ménagements à garder, je saurai bien vous forcer à vous battre.

— Vous me forcerez à vous tuer, voilà tout; et si cela vous plaît je me rendrai alors volontiers à votre désir, car si je ne me bats pas avec vous en ce moment, malgré l'envie que vous en avez, ce n'est pas par crainte, c'est parce que vous m'êtes utile, et je ne veux pas commettre la sottise de casser dans un moment de colère une pièce nécessaire à mon jeu.

— Et si je vous fais demain une injure publique ?

— Nous irons nous battre après-demain matin, seulement j'aurai employé ma soirée de demain à prendre mes précautions pour le cas peu probable où je serais tué par vous. Alors, conformément à ces précautions, M. et madame Donis recevront chacun un exemplaire de mes photographies. Madame Donis ne sera donc pas sauvée par ma mort.

Elle ne le sera pas davantage par la vôtre, car j'aurai toujours en ma possession ces fameuses photographies, c'est-à-dire le moyen de faire d'elle ce que je voudrai. Vous voyez que tout ce que vous ferez pour sortir de cette situation sera inutile ; elle est désagréable pour vous, j'en conviens ; mais à qui la faute ? Maintenant que ceci est dit, continuez votre chemin ; je ne veux pas retarder plus longtemps votre visite à M. Donis.

Au moment où Sainte-Austreberthe était parti pour Paris, M. de Mériolle était décidé à faire une tentative auprès de M. Donis pour éclairer celui-ci. Sans doute, il ne dirait pas la vérité entière, mais enfin il s'exprimerait de façon à éveiller l'inquiétude du négociant. Le départ de Sainte-Austreberthe avait arrêté l'exécution de ce projet, et M. de Mériolle s'était dit avec une douce satisfaction qu'il était inutile d'intervenir dans cette affaire, si Sainte-Austreberthe, renonçant de lui-même à épouser Marthe, abandonnait la partie. Mais, au retour du vicomte, il avait perdu cette espérance d'un arrangement favorable et pacifique, et alors il avait été repris de ses idées d'intervention. Il fallait qu'il fît quelque chose personnellement ; pour lui, c'était une satisfaction qu'il donnait à sa conscience.

Les menaces de Sainte-Austreberthe ne l'arrêtèrent point dans son projet, et, lorsque le vicomte se fut éloigné dans la direction de la ville, il entra résolûment chez M. Donis.

Grande fut la surprise de celui-ci en le voyant entrer, car c'était la première fois qu'il le voyait à son comptoir.

— Vous ici ? dit-il ; que se passe-t-il donc ?

— J'avais besoin de vous parler en particulier, et j'ai pensé qu'ici nous aurions plus de liberté.

— Que puis-je pour votre service, mon cher M. de Mériolle ? Vous savez que je vous suis tout dévoué, et s'il s'agit d'une demande que les jeunes gens ont toujours un certain embarras à présenter, ne vous gênez pas avec moi.

— Je vous remercie mille fois, répondit M. de Mériolle, que cette offre bienveillante mettait mal à l'aise ; mais ce n'est pas de moi qu'il s'agit, c'est de vous.

— De moi ?

Et M. Donis eut peine à cacher son envie de rire, tant il lui paraissait plaisant de penser que M. de Mériolle pouvait lui rendre service.

— De vous et de Sainte-Austreberthe. Vous savez qu'en arrivant à Bordeaux, Sainte-Austreberthe et moi nous nous sommes liés assez intimement. Étant du même monde, ayant les mêmes goûts, les mêmes idées, les mêmes relations, nous étions naturellement attirés l'un vers l'autre. Vous comprenez ça?

C'était une habitude chez M. de Mériolle de demander sans cesse à ses interlocuteurs « s'ils comprenaient ça, » et cette précaution était généralement inutile, ses phrases étant aussi simples que ses pensées.

— Cette intimité m'a permis d'apprendre bien des choses que les autres ne connaissent pas. Vous comprenez ça. Ainsi je sais que Sainte-Austreberthe a le projet d'épouser mademoiselle Marthe.

M. Donis eut un mouvement de surprise.

— Si je vous parle de cela, ce n'est pas pour vous demander où en sont les choses, cela ne me regarde pas; mais c'est pour vous avertir... pour vous dire... pour vous conseiller... Enfin, à votre place, avant de répondre à la demande de Sainte-Austreberthe, je voudrais savoir ce qu'il est réellement. Sans doute d'apparence il est séduisant, mais vous comprenez, l'apparence n'est pas tout.

— Mon cher ami, dit M. Donis en lui tendant la main, je vous remercie d'abord de votre démarche; elle est d'un brave cœur, d'un honnête garçon.

Ce serrement de main et ces paroles cordiales

redoublèrent le malaise de M. de Mériolle, qui rougit jusque dans les cheveux.

— Elle ne m'étonne pas de votre part, car je connais et j'apprécie votre loyauté; je sais aussi l'amitié que vous avez pour moi, pour nous, et je fais maintenant appel à cette loyauté et à cette amitié. Que savez-vous sur le compte de M. de Sainte-Austreberthe? Parlez franchement, sincèrement, je vous en prie.

Ce n'était point ainsi que M. de Mériolle avait cru que les choses se passeraient : il avertirait M. Donis de bien connaître Sainte-Austreberthe, et ce serait tout. Il voulut s'enfermer dans ce plan, mais, bon gré, mal gré, il dut répondre aux demandes pressantes de M. Donis.

Alors il tâcha d'expliquer ce qu'était pour lui Sainte-Austreberthe; mais il n'avait point la science du portrait, et d'ailleurs il n'avait rien de précis à lui reprocher, nulle accusation catégorique à formuler. Après qu'il eut expliqué que c'était un joueur et raconté ce qu'il savait des grandes parties dans lesquelles Sainte-Austreberthe s'était trouvé engagé, il n'eut à répéter que les histoire de femmes qu'il connaissait.

A mesure qu'il parlait, M. Donis, tout d'abord manifestement inquiet, se rassérénait. Au milieu du récit qui touchait aux maîtresses, il l'interrompit.

— Mon cher monsieur de Mériolle, dit-il en souriant, je vous réitère mes remercîments; cependant je ne dois pas vous cacher que votre intervention aurait plus de poids sur moi si je la croyais entièrement désintéressée.

— Que voulez-vous dire?

— Je veux dire que ceux qui me croient aveugle se trompent; je vois clair et sais ce qui se passe autour de moi.

M. de Mériolle eut un frisson.

— Il vous déplaît que Marthe se marie, n'est-ce pas? continua M. Donis. Eh bien! mon cher ami, elle se mariera; je ne sais si ce sera avec M. de Sainte-Austreberthe, mais, si ce n'est avec lui, ce sera avec un autre. Il faut vous habituer à cette idée.

— Ma foi, se dit M. de Mériolle quand il se trouva sur le quai, ce bourgeois est vraiment trop naïf. J'ai fait ce que j'ai pu; quoi qu'il arrive, ce n'est pas ma faute.

Et il s'en alla, la conscience soulagée. Il avait fait le possible auprès de M. Donis; à celui-ci, désormais la responsabilité. Quant à renouveler cette tentative avec madame Donis, il n'y fallait pas songer : ils ne parlaient plus entre eux de Sainte-Austreberthe ; et si malgré tout il ramenait la conversation sur ce sujet, il savait bien qu'il serait entraîné à en trop dire, ce qu'il ne voulait pas.

XXXVIII

Les jours s'écoulèrent ; six jours, huit jours, sans que M. Donis parlât à M. de Cheylus de la demande de Sainte-Austreberthe. Lorsqu'il se rencontrait avec le préfet ou avec le vicomte, ce qui arrivait presque tous les soirs, il n'était question que de la Gironde ; du mariage, jamais un seul mot.

Cependant il avait dû recevoir les renseignements qu'il avait demandés, car Sainte-Austreberthe savait par son père que M. Charroux et le Père La Chapelle avaient écrit à Bordeaux. Mais, par malheur pour son impatience et son inquiétude, il ne savait pas ce qu'ils avaient écrit ; car, si le général avait des moyens tout-puissants pour surveiller les lettres qui arrivaient à Paris, il n'en avait pas pour celles qui partaient de Paris. Pour les lettres de cette catégorie, la surveillance est en effet beaucoup plus difficile ; on ne peut pas savoir d'avance dans quelle boîte elles seront mises, et le système des facteurs et des concierges, bon pour la distribution, n'est plus praticable pour le départ. Il faudrait les saisir dans les bureaux mêmes, c'est-à-dire mettre dans le secret de cette opération beaucoup trop de monde, et de plus s'exposer à des refus et à des indiscrétions.

Puisque M. Donis avait reçu les réponses qu'il attendait, il était étrange qu'il ne s'expliquât point. Pourquoi ce retard ? Cherchait-il un prétexte pour justifier son refus ? M. de Mériolle avait donc eu le courage de parler ? madame Donis n'avait donc pas compris les dangers qui la menaçaient ? M. Charroux et le père La Chapelle n'avaient donc pas écrit dans le sens que le général indiquait ?

Ni Sainte-Austreberthe ni M. de Cheylus ne s'expliquaient à ce sujet ; mais, à la façon dont ils parlaient entre eux de M. Donis, il était évident que tous deux commençaient à trouver ce retard menaçant.

— Vous avez vu M. Donis aujourd'hui? demandait Sainte-Austreberthe chaque soir.

— Oui, il m'a parlé de la Gironde.

L'empressement que M. de Cheylus mettait à répondre : « Il m'a parlé de la Gironde » était plus éloquent que toutes les explications du monde.

Enfin M. Donis vint un matin à la préfecture, et il annonça à M. de Cheylus qu'il serait bien aise de voir Sainte-Austreberthe dans la journée.

— M. le vicomte a pris la peine de venir une fois me faire visite à mon comptoir, dit-il ; s'il n'a rien qui l'en empêche aujourd'hui, je serais bien aise de le voir et de causer quelques instants avec lui.

— Sainte-Austreberthe est sorti à cheval ; après déjeuner, je vous l'enverrai.

— C'est cela ; je l'attendrai de deux à cinq heures.

— Il s'agit de la Gironde ? dit M. de Cheylus en souriant malicieusement.

— Non ; il s'agit de la demande en mariage que vous m'avez adressée au nom de M. de Sainte-Austreberthe, et si je ne vous apporte pas à vous directement ma réponse, monsieur le préfet, c'est qu'auparavant j'ai besoin de discuter quelques questions intimes avec M. de Sainte-Austreberthe.

— Ne croyez pas à de l'indiscrétion de ma part, je vous prie. Si j'ai hâte de connaître cette réponse, c'est que le moment des élections approche et que je me trouve dans un grand embarras. Votre prédécesseur... Je puis bien l'appeler ainsi, n'est-ce pas ?

— Mieux, mon successeur ; car jusqu'à présent il n'est que cela.

— Il a été votre successeur comme vous serez le sien. Donc, votre prédécesseur me tourmente pour avoir ma promesse formelle de l'appuyer, et je ne sais comment me tirer d'affaire avec lui. Il fait une cour effrénée à Cara. Vous savez, Cara, c'est ma petite chienne blanche, celle qui se tient toujours dans le fauteuil qui est près de mon bureau, et qu'on dit être ma favorite ; et je ne peux pas laisser cette petite exposée à ses séductions, il y aurait là comme un engagement moral de ma part.

Puis, quittant le ton de la raillerie pour parler sérieusement :

— J'ai déjà tâté les maires de votre circonscription et je suis sûr d'un succès éclatant pour vous. Ils me pressent maintenant de me prononcer, et je ne peux plus différer, sous peine de compromettre le prestige de l'administration.

— A ce soir, dit M. Donis en se sauvant, comme s'il craignait d'en entendre davantage.

D'ordinaire Sainte-Austreberthe n'était pas l'homme le plus exact du monde, mais dans cette circonstance il manqua à ses habitudes ; comme deux heures sonnaient, il entra dans le comptoir de M. Donis. Bien qu'il s'agît de quinze millions il était pleinement maître de lui ; à la vérité, il se sentait au cœur une oppression qui l'étreignait, mais sa tête n'était point troublée et son esprit n'avait jamais été si calme ; il avait la conviction que s'il perdait la partie, ce ne serait point par sa faute. M. Donis, assis devant son bureau, qu'il déchiquetait avec un canif, était assurément plus ému.

— Les phrases sont inutiles entre nous, n'est-ce pas ? dit M. Donis, et vous savez par M. de Cheylus pourquoi j'ai désiré vous voir.

Sainte-Austreberthe s'inclina.

— Vous savez aussi que si je n'ai pas répondu plus tôt à votre demande, c'est que j'attendais certains renseignements que je n'ai complets que d'aujourd'hui seulement. Ceci dit, — car je suis d'avis qu'on doit tout dire, — j'arrive à l'explication que nous devons avoir. Les renseignements qui portent sur votre position et surtout sur celle de monsieur votre père sont contradictoires.

— Sur ce point, la précision me paraît cependant bien facile. La position de mon père est connue de tous ; il n'y a qu'à ouvrir l'*Almanach impérial* pour voir ce qu'elle est, et je ne crois pas qu'il y en ait beaucoup de plus enviable, non-seulement au point de vue financier, mais encore au point de vue de l'importance et de l'influence qu'elle donne. Quant à la mienne, il était encore plus facile de la faire connaître, puisque je n'en ai pas d'autre que d'être le fils de mon père.

— C'est précisément ce qu'on me dit.

— J'avoue que pour le vulgaire c'est peu ; mais pour ceux qui savent aller au fond des choses, c'est beaucoup, et, si vous voulez prendre la peine de lire ces lettres adressées à mon père, vous verrez que l'avenir qui s'ouvre en ce moment devant moi est autrement beau que celui que je pourrais espérer, si j'avais usé ma jeunesse dans quelque poste subalterne, au conseil d'État comme auditeur, en Allemagne ou en Russie comme secrétaire d'ambassade. J'aurais une filière à suivre et des règles à observer ; aujourd'hui, au contraire, je n'ai qu'à me laisser porter par l'impulsion qui m'est donnée, et rien ne me retient en bas. Lisez ces lettres, je vous prie ; il n'y a aucune indiscrétion. En vue de mon mariage, mon père a voulu savoir quelles pouvaient être mes espérances : ce sont les réponses à ses demandes. Elles s'adressent à vous aussi bien qu'à nous.

— Je vois là des promesses magnifiques, dit M. Donis après avoir lu.

— Mieux que des promesses, des engagements.

— Je ne le conteste point. Mais l'explication que j'attends de vous ne porte pas précisément sur votre position, car ma fille sera assez riche pour elle et pour son mari. Elle porte surtout sur les qualités de ce mari. Or, il faut bien le dire, on adresse à votre jeunesse des reproches qui, s'ils étaient justes, me paraîtraient bien menaçants pour ces qualités.

— Et ces reproches ? Je vous en prie, n'ayez pas de ménagements ; appelez les choses par leur nom ; je comprends trop bien l'importance du devoir que vous accomplissez en ce moment pour me blesser d'un mot, si vilain qu'il soit : se fâche-t-on contre un confesseur ou contre un juge d'instruction ?

— On reproche à votre jeunesse de s'être écoulée dans le jeu et...

— Dites, dites.

— Et au milieu des femmes faciles.

— Vous devez avoir d'autant moins de scrupules à formuler ces reproches, qu'ils sont justes en partie ; mais si je fais cet aveu avec sincérité, je conteste absolument la conclusion qu'on en voudrait tirer pour soutenir que je ne puis pas être un bon mari. J'ai joué, cela est vrai ; j'ai eu des maîtresses, cela est vrai aussi ; mais le jeu est-il devenu chez moi une passion ? Est-il une femme pour laquelle je me sois ruiné et à laquelle je me sois attaché par des liens qu'on ne peut briser ? C'est ce que je nie. Ma vie de jeunesse a été celle des hommes de mon âge et de mon monde. Pour le jeu et pour les maîtresses, nous avons subi la mode comme pour bien d'autres choses. On jouait autour de moi, j'ai joué ; il y avait des femmes près desquelles un homme de mon rang devait se montrer, je m'y suis montré. Si l'on me défendait le mariage pour cela, il faudrait le défendre aussi à tous les hommes de ma génération ; ce serait alors une proscription générale. Et cependant plusieurs de mes anciens camarades, qui ont été coupables comme moi, mais pas plus que moi, de même que je ne l'ai pas été plus qu'eux, se sont mariés en ces derniers temps, et ce sont, je vous assure, d'excellents maris. Il ne me serait pas difficile de vous citer leurs noms.

— C'est inutile.

— Assurément, car la question ainsi envisagée, s'élève au-dessus du particulier et du personnel pour devenir un thème de morale. L'homme qui se marie doit-il être pur comme la femme? Depuis longtemps on discute là-dessus, et l'on discutera longtemps encore sans arriver à une conclusion. Je crois qu'un homme innocent peut faire un excellent mari, mais je crois en même temps qu'un homme expérimenté peut en faire un tout aussi bon : cela dépend uniquement de l'individu. Pour ramener cette question générale à ce qui me concerne personnellement, je vous affirme que l'expérience ne m'a pas desséché le cœur, et que les maîtresses que j'ai pu avoir ne m'ont pas inspiré le mépris de la femme ; au contraire, elles m'ont appris à apprécier la vertu à sa juste valeur, parce que je l'estimais par comparaison. Et voilà pourquoi, lorsque j'ai vu mademoiselle Marthe, j'ai été pris pour elle d'un amour profond, et j'ai senti que ma vie était fixée. A vous qui ne savez pas ce que c'est que le désœuvrement, je ne peux pas faire comprendre quelle influence immense il a sur nos déterminations, nos goûts et nos habitudes. Si je vous disais que depuis que cet amour est entré dans mon cœur, je ne suis plus l'homme que j'étais il y a quelques mois, cela vous paraîtrait un argument d'amoureux, n'est-ce pas ? Et cependant cela est : ce qui naguère était pour moi distraction et plaisir entraînant est maintenant niaiserie. Je regardais à mes pieds, mademoiselle Marthe m'a relevé la tête ; j'ai vu devant moi un but à atteindre. Mais tout cela ce sont des mots, et je sens qu'il faudrait plus pour vous inspirer confiance. Vous devez vous dire qu'on ne change pas du jour au lendemain, et, comme je ne peux pas vous faire descendre dans ma conscience, ma situation devient bien difficile.

M. Donis resta assez longtemps sans répondre ; puis tout à coup, le regardant en face et lui tendant la main :

— Je n'ai pas besoin de descendre dans votre conscience pour savoir ce qui s'y passe, et la façon dont vous vous êtes conduit avec une jeune fille qu'on jetait dans vos bras est pour moi la preuve la plus belle de la sincérité de vos paroles.

— Comment! vous savez?

— Je sais, je sais beaucoup de choses, et vous voyez que mon enquête a été bien faite, dit M. Donis avec satisfaction !

— Mais comment savez-vous?...

— Nous causerons de cela plus tard, demain, par exemple, si vous voulez nous faire l'amitié de venir passer la journée à Château-Pignon.

— Vous consentez donc?...

— Je consens à ce que vous plaisiez à ma fille ; qu'elle vous aime, elle est à vous [1].

FIN DU MARIAGE SOUS LE SECOND EMPIRE

[1] L'épisode qui suit et termine *Un mariage sous le second empire*, a pour titre : *La belle madame Donis*.